中国の金融経済を学ぶ

加速するモバイル決済と国際化する人民元

小原篤次・神宮 健・伊藤 博・門 闖
［編著］

ミネルヴァ書房

はしがき

本書の時代背景

本書は米中貿易戦争が拡大する中で準備された。オバマ政権は貿易協定の環太平洋経済連携協定（TPP）をけん引し，除外される中国は「一帯一路」構想を打ち出した。人民元は2015年，国際通貨基金（IMF）の特別引き出し権（SDR）構成通貨として認められ，中国は2030年頃には名目 GDP で世界一になるだろう。

本書の特徴・構成

本書は中国金融経済に関するテキストである。執筆陣は日本人4名，中国人6名が参加した。露口洋介，神宮健の2名は『日本経済新聞』や『週刊エコノミスト』，童適平，伊藤博，門闖の3名は一般社団法人中国研究所が発行する『中国年鑑』の寄稿者として，それぞれ中国をウォッチしている。

本書は，中国経済論やアジア経済論のほか，経済史，金融論，金融システム論，金融市場論，国際金融論，開発経済学の視点も取り入れている。専門科目のほか，学部や大学院の演習，一般教養などでテキストや参考書として利用されることを想定する。高校までの「調べ学習」で利用する読者もいるだろう。

新しいテーマから，本書の構成を紹介する。本書の読み方でもある。電子商取引のアリババ（本社：浙江省杭州市，ニューヨーク上場），インターネット企業の大手テンセント（本社：広東省深圳市，香港上場）が提供するモバイル決済から，フィンテック，海外で買収を続ける国有商業銀行や人民元の国際化など，中国の最新の金融事情に紙面を割いている。実務家や株式投資家など中国経済事情や金融事情に関心がある方は，第Ⅲ部「フィンテックと金融イノベーション」や第Ⅳ部「金融セクターの国際化」が扱う，第8章から第11章を読んでい

ただきたい。モバイル決済などの普及はこれから本格化する日本の教訓になる。モバイル決済には四角形のQRコードが使われる。トヨタ自動車系の部品メーカーの技術者が，もともと自動車部品管理のために開発したものである。製造技術が，個人向けの金融決済と結びついている好例である。

　次に，中国のマクロ経済分析およびチャイナリスクに関心がある方は，第Ⅱ部「多様化する金融セクター」や終章から読むことをお薦めする。農民，農村問題とも関係する農業金融，主に国内外のインフラ整備や国有企業を支援する政策性銀行，そして，高負債率の問題，不良債権問題など，現在の中国経済や金融全体を理解する上で，欠かせないテーマをカバーしている。

　大学や大学院のテキストとしては，歴史を重視した序章，第Ⅰ部からぜひ読んでいただきたい。本書全体は，事実上，毛沢東に次ぐ最高指導者鄧小平がリードした改革開放の変遷を，1978年の改革開放とその前史，2001年の世界貿易機関（WTO）加盟，そして2008年の世界金融危機以降から米国GDPを抜くと予測される2030年頃までの3期に分け，制度の変化を詳述することで，今後の方向性を考える材料を提供している。

　中国経済は，いわば，巨大な生き物である。改革開放から40年を過ぎた。中国の金融経済の主潮は静ではなく動である。走出去（海外進出）は「一帯一路」につながり，M&Aはじめ対外直接投資が具体化してきた。共産党や政府が示す「戦略」に，地方政府，シンクタンク，国有企業から純粋な民間企業まで巻き込んで，電気自動車（EV）のように高速加速で具現化していく。

　本書が，読者の中国金融経済への理解を深める一助となれば幸いである。

2019年3月

ロンドン・北京・東京・大阪にて

編者一同

中国の金融経済を学ぶ
―― 加速するモバイル決済と国際化する人民元 ――

目　次

はしがき

序　章　中国金融経済を学ぶ目的……………………………………………1
　第1節　中国金融発展のプロセス……………………………………1
　第2節　中国の金融経済を学ぶ目的…………………………………5

第Ⅰ部　金融セクター発展の歴史

第1章　改革開放と中国の金融業……………………………………………13
　第1節　中国金融業前史………………………………………………13
　第2節　金融業における改革…………………………………………17
　第3節　金融業における対外開放……………………………………26
　Column 1　海底油田開発の保険手配……25

第2章　中国金融制度の整備…………………………………………………31
　第1節　中央銀行制度…………………………………………………31
　第2節　金融機関………………………………………………………37
　第3節　金融市場………………………………………………………46
　Column 2　金融監督・金融機関幹部の党人事……45

第Ⅱ部　多様化する金融セクター

第3章　金融業の規制緩和と競争……………………………………………55
　第1節　金融業の管理体制と規制緩和………………………………55
　第2節　銀行業の規制緩和と競争……………………………………59
　第3節　保険業の規制緩和と競争……………………………………64
　第4節　証券業の規制緩和……………………………………………68
　Column 3　改革実験区域の指定と温州金融改革……58

第4章　政策金融と農業・農村金融…………………………………………72
　第1節　金融システムの健全化と政策金融…………………………72

第2節　中国政策金融の歩みと特徴 …………………………………… 76
　第3節　農業・農村への資金供給 ……………………………………… 84
　Column 4　三農問題に対応する新型農業経営体……83

第5章　国有企業改革からベンチャー企業支援へ ……………………… 90
　第1節　国有企業改革のツールとしての株式市場 …………………… 90
　第2節　限定的な市場開放の継続 ……………………………………… 97
　第3節　ベンチャー市場で上場企業が増加する深圳市場 …………… 101
　Column 5　2008年，中国におけるリーマン・ショック……103

第6章　不良債権処理と金融資産管理会社 ……………………………… 106
　第1節　不良債権の発生メカニズムと処理 …………………………… 106
　第2節　不良債権処理のプロセスと長期化 …………………………… 110
　第3節　不良債権処理業界の変容 ……………………………………… 117
　Column 6　過剰債務とゾンビ企業……108

第7章　アセットマネジメントの急拡大 ………………………………… 122
　第1節　資産管理商品の概略 …………………………………………… 122
　第2節　シャドーバンキングによる発展 ……………………………… 130
　第3節　変革期を迎える中国のアセットマネジメント業界 ………… 136
　Column 7　中国の銀行神話と「剛生兌付」……134

第Ⅲ部　フィンテックと金融イノベーション

第8章　モバイル決済・インターネット金融の普及 …………………… 143
　第1節　モバイル決済の普及・拡大 …………………………………… 143
　第2節　他の金融業務のインターネット化 …………………………… 147
　第3節　インターネット金融の役割と意義 …………………………… 158
　Column 8　何が人を金融革新（イノベーション）に駆り出すのか……146

第9章　フィンテックの発展と最新動向 …………………………………… 161
　　第1節　コンセプトと発展のきっかけ ………………………………… 161
　　第2節　中国におけるビッグデータの利用 …………………………… 165
　　第3節　証券業における人工知能（AI）技術の影響 ………………… 169
　　第4節　中国におけるブロックチェーン技術の開発と応用 ………… 172
　　Column 9　ビットコイン（Bitcoin）と中国の水力発電開発……173

第Ⅳ部　金融セクターの国際化

第10章　中国金融業の海外展開 …………………………………………… 181
　　第1節　企業と金融機関による海外展開の加速 ……………………… 181
　　第2節　銀行の国際業務の展開：発展段階・要因の整理 …………… 182
　　第3節　中国の海外展開政策の転換 …………………………………… 184
　　第4節　中国の銀行業の海外展開 ……………………………………… 188
　　第5節　中国の保険業の海外展開 ……………………………………… 192
　　第6節　金融機関の海外展開の新局面 ………………………………… 194
　　第7節　今後の展望 ……………………………………………………… 197
　　Column 10　AIIBと中国のシルクロード（一帯一路）構想……195

第11章　為替管理と人民元の国際化 ……………………………………… 203
　　第1節　中国の為替管理制度の変遷 …………………………………… 203
　　第2節　人民元の国際化の開始と進展 ………………………………… 205
　　第3節　人民元為替レート制度の改革 ………………………………… 216
　　第4節　人民元の現状と今後の展望 …………………………………… 219
　　Column 11　中国の国際収支統計の特徴……218

終　章　経済成長，金融行政，金融政策の展望 ………………………… 223
　　第1節　米中の名目GDP逆転はいつ起きるのか …………………… 223
　　第2節　経済社会政策の形成構造 ……………………………………… 226
　　第3節　金融政策の有効性 ……………………………………………… 228
　　第4節　金融危機は起きるのか ………………………………………… 229

目　次

中国の金融統計：歴史，種類，探し方……235

主要用語対訳一覧（日本語・中国語・英語）……239

あとがき……245

索　引……247

序章　中国金融経済を学ぶ目的

第1節　中国金融発展のプロセス

1　40年の改革・規制とインターネット金融

　中華人民共和国建国後の中国金融経済は，計画経済の採用と挫折，市場経済への移行と大きな方向転換を経験した。紆余曲折した歴史過程を経て確立した今日の中国金融業は世界最大の規模となり，投資・買収を通じて海外進出まで果たしている。金融深化の指標として利用されることが多いマネーストック（M2）対国内総生産（GDP）の比率は2015年より200％を超え，すでに世界最高水準にある。中国の経済規模に対して金融資産の蓄積が非常に大きいことを意味する（**図序-1**）。マネーストックの蓄積が高いということは，資金調達が主に間接金融，銀行中心ということであり，中国は現在，世界最大の銀行業を抱え，四大国有商業銀行が世界の銀行ランキングにおいて上位1～4位まで占めるようになった（『The Banker』2018年7月号）。しかし，そうした過重な資金流通は不動産価格の高騰を招き，主要都市のマンション価格は日本を超えており，直接金融へのシフトも課題となっている。

　しかし，現在の中国の金融業は，いまだ国有部門の支配が色濃く残り，融資行動における政府の関与がしばしば観察され，金融市場の整備の遅れや資金配分の非効率性の課題を抱えながらも，金融業の市場規模，金融機関の資産規模の拡大を達成した。次に，中国金融発展のプロセスと特徴を4つに分けて示す。

　①改革開放当初（1978～80年代）から，国有専業銀行の中国人民銀行のモノバンク体制からの離脱をはじめ，金融改革の進展が実体経済の改革開放に遅れた形で進められてきた。1990年代になってもマクロ経済や物価上昇率は上昇と

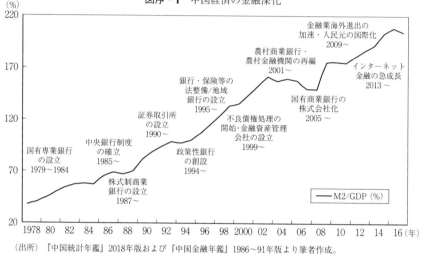

図序-1 中国経済の金融深化

（出所）『中国統計年鑑』2018年版および『中国金融年鑑』1986〜91年版より筆者作成。

下落の振幅が激しく，政府は金融改革を重点政策と表明しながらも，市場化を急がず，国有商業銀行などを通じたマクロコントロールを優先させた。為替レートのほか，内外の短期資金の移動，つまり資本取引を制限していたため，アジア通貨危機（1997〜98年）の直接的影響を回避できた。

②その結果，中国が世界貿易機関（WTO）に加盟し，中国金融業の国内自由化や海外進出を本格化させる段階になっても，厳しい規制がかけられて，民間や外資への市場開放が制限されたため，国有商業銀行などによる市場の独占が2000年代まで続いてきた。中国金融業の中では，巨大で独占的な国有商業銀行も自ら1990年代までの不良債権処理を実施することはできず，党や政府の強力な指導により不良債権を別会社に分離し，ようやく株式会社化し上場の道筋をつけた。中国建設銀行（2005年）から始まった四大国有商業銀行の上場は中国農業銀行（2010年）で完了した。四大国有商業銀行より先に上場を果たした交通銀行を含めて五大銀行という呼び方が主流になっている。改革開放から農業銀行上場まで30年あまりの年数を経たことになる。

③他方，証券取引所は1990年代はじめ上海と深圳に設置された。計画経済時代の国営企業は雇用のほか住宅，教育，医療などさまざまな公益サービスを提

供していた。そうした背景をもつ現在の国有企業が，証券市場への上場によって，資金調達が多様化し，定期的に会社業績を公開するなど透明度を高めることに成功した。国営企業が担っていた住宅は高層マンションに変わり，そうした開発業者が証券取引の人気銘柄となった。証券市場が株式投機の場所となり，上場企業へのガバナンス機能や所有による規律づけの存在が課題として残っている。

④40年間，厳しい規制や政府の保護の下で規模拡大を進めてきた中国の金融業は最近の10年間で金融業改革を大きく進ませた。中国の金融機関は2008年の世界金融危機の影響が限定的だった。欧米を中心とした金融危機のため，欧米金融機関だけでは金融再編を担えないこともあり，中国金融業にとっては欧米への進出の機会も拡大した。また広大な中国では，融資手段の多様化と金融仲介の組織化に伴い，金融インフラが整備しつつある中，金融業を大きく前進させたのはインターネット企業など異業種の進出であった。

［2］ 中国金融に関する研究の特徴

中国金融に関する研究の特徴を簡潔に整理する。中国金融経済の全体の仕組みを紹介するものもあれば（樊・岡，1998；童，2013），銀行，保険など業態を絞ったものもある（門，2011；伊藤，2015）。中国金融経済の特徴として，資金配分における間接金融の優位および融資と金融機関において国有部門の支配が挙げられる。これらの特徴は，多くの発展途上国でも観察され，また市場をベースにした金融取引が未発達であるため，中国の金融発展については，開発金融の枠組みで検討することが多い。

改革開放以後の中国の金融システムは財政システムから独立し，中国人民銀行のモノバンクから国有商業銀行を中心とした間接金融による資金配分システムへの転換を図った。投資と貯蓄主体の分離は，金融仲介機能の回復によって，中国経済の資本蓄積不足を解消することに貢献したといえる（Yi，1994）。しかし，金融機関は自動的に機能的な金融仲介を行うことができるようになるというわけではない。金融発展理論の検討では，政府主導の工業化において，行政介入を通じて銀行の資金配分をコントロールする「金融抑圧（financial repression)」の側面が多くみられるが，金融自由化や市場化に対して政府がさまざまな規制政策を用いて国有銀行を中心とする金融セクターを保護してきた。金利は固定もしくは自由化しても実際の変動幅は少なく，預金金利は低く抑えられ，貸出金利は比較的高い。物価上昇率が高いわりには名目の金利水準が低いため，実質の金利水準はさらに低く抑えられる。つまり，中国の金融機関は預金と貸出金利の利ざや（差）が大きいほか，人民元と外貨の両替で売買価格の差も大きい。こうした規制から生じる利益から，中国の金融機関は先進国の金融機関より，融資によって利益をあげることが容易だった。

こうしてヘルマン・マードック・スティグリッツがいう「金融抑制」(financial restraint) の状況が作り出された。[1]しかし，作り出された金融抑制の状況下では，資金配分における政府の過度の関与により，国有銀行に収益をあげるインセンティブが働かず，金融機関に帰すべきレント（上乗せ利益分）が生じず，実質金利の低下によって1990年代における中国銀行部門のフランチャイズ・バリューが毀損される状態にあった（今井・渡邊, 2006）。また政府を介する資金調達の案件は多くの場合予算制約がソフトになるため，企業は債務履行のインセンティブをもたず，不良債権が大量に発生している。その処理も政府によって行われ，全能型政府の存在が金融業の肥大化をもたらした。

中国の金融システムについては，比較金融システム (comparative financial system)[2]の長期的進化の視点からその機能性に注目し，とりわけ間接金融の担い手である銀行の資金配分には政府関与の仕方や地域経済との結びつけの特徴が検討された（門, 2011）。地域主義にたちかえれば，地方政府による「積極果敢な行動」につながる要因として考えられる（梶谷, 2011）。ただし，これらの特徴は情報非対称性の低減や信用リスクの分散などの既存金融理論を用いて説明できず，市場メカニズム以外の人的ネットワークや「名声」(reputation) などが存在すると推測されている（Allen et al., 2005）。

中国の金融発展は市場型の金融仲介を確立している一方，銀行を中心とする間接金融が依然として優位である。加えて国有銀行が圧倒的なシェアをもつため，金融セクター全体は，依然，政府のコントロール下に置かれている（Park and Sehrt, 2001)。これによって金融部門に対する行政の介入は容易であり、政府が関与する事例も多く見受けられる。また金融業に対して厳しい規制をかける一方、成長を目標にする政府に応える金融部門の行動は金融業内部の成長インセンティブを助長した。さらに、規制によって金融部門によるイノベーションのインセンティブを減退し、金融業に変革をもたらすのは多く外部と異業種によるものである。

第2節　中国の金融経済を学ぶ目的

1　歴史の積み重ねと新しい展開

　中国の金融システムにおいては国有金融機関の支配的構造が維持されており、政府によるコントロールが依然として強い。また外資金融機関に対する門戸開放はさまざまな制限により、中国金融セクターにおける外資金融機関のプレゼンスが極めて限定的である。すなわち、市場メカニズムだけで中国の金融発展を分析することができず、政府のコントロール下にある中国の金融システムはどのように市場メカニズムを導入し機能させるのか、そして政府の介入を受けながら中国の金融システムはどのような役割と機能を果たし、効率的な資金配分を行っているのか、といった点が学習上重要になる。これらの点について、本書では、改革開放以降における金融発展の歴史と構造変化を中心に、銀行、保険、証券、政策金融や金融の新業態、さらに金融業の対外進出と金融市場の対外開放といった点に注目して説明している。その中で、本書の第Ⅰ部、第Ⅱ部では、歴史的視点を重視しながら、政府のあり方と、金融規制という2つの側面にも焦点をあて、第Ⅲ部、第Ⅳ部では、フィンテックと国際化の事例を詳しく提供している。

①政府のあり方

　まず、中国は米国に匹敵する広大な国土に世界一の人口をもつが、米国が50州に対して中国で最上位の地方政府は31（直轄市・省・自治区）しかない。広東省と山東省が人口1億人以上で、ほか8省が5000万人を超す（国家統計局、2018）。これに対して世界約200カ国のうち人口5000万人以上の国家は26カ国に過ぎない。

さて，中国経済や中国金融の専門家の間では，中央政府と地方政府の行動原理と関与の仕方の違いがしばしば指摘される。そして金融当局としての政府は，実際に金融業務を担当する金融機関も支配し，金融監督や金融行政の策定側と金融業の担い手の間に深い絡みあいを通じて金融セクターへのコントロールが実現していた。さらに，金融をコントロールする政府のスタンスも一貫しておらず，金融業の市場開放をめぐる改革派と慎重派の間における意見の相違は政策のみならず，金融改革に対する各地の温度差としても現れ，財政，産業部門との関わり方の変化も金融政策の施行に影響を及ぼしてきた。そのため，中国の金融発展における政府のあり方は一様ではない。

　中国は広大な途上国ゆえに，政府内の意見の違いのほか，中央政府と地方政府の違い，さらに地方政府間の違いも生じる。同じ金融機関でも提供されるサービスが全国一律ではないことが起きる[3]。

　本書では，第1章，第3章と第4章の銀行業，保険業および農村金融機関について，歴史の視点に立って地域の銀行や地方発の保険会社および農村金融機関の成立過程を考察する。そして政府が抱えるジレンマとして，金融行政に求められる中立性と金融機関を支配するための経営関与をめぐって，国有商業銀行の不良債権処理を事例に，金融資産管理会社による不良債権処理の長期化と金融コングロマリットへの成長過程を分析する。この認識は，大型商業銀行や大手保険会社の金融コングロマリットの形成に関する分析でも共通する。さらに，政治や経済情勢に左右されながら，市場メカニズムの確立を目的に推し進めてきた中国の金融改革では，政府が無限責任から脱却することが実現できず，金融機関の経営のみならず，債券発行のほか，株価動向も政府の信用にかかっている。そのため，第5章の株式市場や第7章のシャドーバンキング（影の銀行）の考察では，推し進めと引き締め策の入れ替わる中国金融市場の漸進的な発展，言い換えれば，推進というアクセルと引き締めというブレーキを使い分ける，政府のジレンマについて理解する。

②金融規制のあり方

　政府のあり方は金融業以外の産業の分析や議論にもあてはまる。さらに金融

業は中国に限らず，法律や行政指導など各種の規制を受ける。銀行の不良債権基準や，マネーロンダリングのように，国際的な金融規制の合意が各国で金融規制になる場合もある。

中国の金融業には当初，厳しい参入規制がかけられた。異業種からの参入は考えられなかった。銀行と保険，銀行と証券のように金融業の中で異なる業務分野の金融機関同士の競争も制限された。銀行業では，四大国有商業銀行が独占的な時代においては，金融機関は差別化を図って競争優位を確立するより，規模拡大を通じて営業基盤を強化することが多かった。中国工商銀行は製造業，中国建設銀行はインフラ，中国銀行は外国為替，中国農業銀行は農業と得意とする分野ももっていた。保険業，証券業では銀行業に比べると，業界内のシェアの変化は生じた。

過去10年，銀行をはじめとする金融業に大きな変化をもたらしたのは金融機関同士の競争より，技術の進歩として現れてきた異業種の参入である。これを端的に表す事例は，電子商取引（EC）大手のアリババの「支付宝（アリペイ）」など中国におけるモバイル決済の進展とキャッシュレス化の急速な普及である。本来，インターネット社会の普及に伴って，決済インフラの欠如を補うために開発されたインターネット金融やモバイル決済の技術手段が，インターネット企業にとって止むを得ない取り組みだったが，結果としてインターネット企業に金融業に参入する機会を与えた。

中国におけるフィンテックの発展はさまざまな業種の参加によって，金融業を進化させる多種多様な可能性が含まれるものである。金融インフラの脆弱さから飛躍的なキャッチアップと追い越しを実現できた金融業の進化は後発の優位を発揮する事例として，発展途上国のみならず先進国の金融規制緩和のあり方にも影響を与えている。

2　本書の内容構成

本書は4部11章で構成され，金融改革の進展のほか，フィンテック動向，金融機関の海外進出，人民元の国際化まで，新しいテーマをカバーしている。ま

ず第Ⅰ部の第1章と第2章では，中国金融業の歴史と改革開放および金融制度の整備について体系的に整理した。

　第Ⅱ部では，第3章で，金融業の規制緩和と競争では，市場開放に対して一貫して慎重な姿勢を崩さない金融当局の政策転換を中心に，関連法整備および市場参入・金融業務における自由化の進展を中心に記述した。特に業種間の相互乗り入れに対する規制の壁が立ちはだかる中，銀行・保険・証券業におけるコングロマリット化の進展に重点を置き説明を加えた。第4章では，「三農問題」（農民・農村・農業）を中心に，農業金融の現状とあり方について詳述している。第5章では，1990年代に入ってから導入し始めた中国の株式市場について，1990年代半ばからの国有企業改革や近年，重要性を増したベンチャーの育成における上海証券市場と深圳証券市場の役割を検討し，両市場の位置づけを相対化した上で，企業の上場に伴うコーポレートガバナンスの強化や外国投資家への段階的な市場開放を分析し，株式取引と市場の育成に決定的な影響を及ぼす「政府と党」の意思決定を考察した。第6章では，アジア金融危機を機に焦げついた中国不良債権の処理問題を分析対象に，金融資産管理会社の設立と経営拡大・株式会社化を中心に不良債権処理のプロセスと特徴を概観し，不良債権処理の長期化や処理方法の多様化に伴う金融資産管理会社の金融コングロマリットへの成長過程を考察し，中国不良債権処理業界の特殊性を指摘した。第7章では，中国で急速に拡大した資産運用業界に対して，家計所得の増加や資産運用の多様化に応える側面を強調しつつ，金融機関が規制から逃れるために資産運用商品（財テク）を増やし，いわゆる影の銀行という側面に焦点をあて，リスクが膨らむ中国の資産管理業界における現状と課題を再認識した。

　次の第Ⅲ部では，フィンテックと金融イノベーションというテーマのもと，これまで技術においてキャッチアップの立場にあった中国の金融業について，異業種の参入によりインターネット金融やモバイル決済の分野において世界をリードし，キャッシュレス社会へ前進する中国フィンテックの事例を紹介する。第8章では，中国におけるアリペイに代表されるモバイル決済の進展をはじめ，資産運用，少額貸付，サプライファイナンス，消費金融とP2Pにおけるイン

ターネット企業を中心とするインターネット金融への取り組みをまとめ，中国の金融業界に対する，とりわけ金融弱者を救済する金融包摂におけるインターネット金融の役割と意義を分析した。第9章では，大学で行われたフィンテック企業の現地調査を基に，人工知能，ビッグデータ，ブロックチェーンなどの技術分野に分け，中国のイノベーションセンターに成長した深圳地域を中心にインターネット企業と金融機関によるフィンテックへの最新の取り組みと技術開発を紹介するとともに，技術開発を奨励する一方，技術の進歩に追いつかない規制の弱体化を危惧する政府が抱えるジレンマについて考察を加えた。

最後の第Ⅳ部は，中国金融業の海外展開と人民元の国際化動向を扱う。まず第10章では，2008年の世界金融危機以降，急速に展開をみせた中国金融機関の国際化について，理論と背景を考察し，銀行業と保険業の海外投資およびM&Aの動向をまとめ，「一帯一路」関連で海外進出を加速した政策性銀行および国有商業銀行の取り組みを整理し，国際金融機関の樹立を通じて国際金融における中国のプレゼンスの拡大を目指す国際化政策の展開および国際化のあり方を検討した。そして第11章では，中国金融業の国際化に伴い進展をみせた人民元の国際化について，中国為替制度の変遷の整理から人民元国際化の進み方と資本取引を含む人民元のクロスボーダー取引および諸外国との金融協力の動向をまとめ，人民元為替レート制度の改革や関連国際収支の状況を踏まえ，人民元国際化の見通しについて考察を加えた。

日本人が中国の金融経済を学ぶ動機は中国でのビジネスの関わりに限らない。インバウンド観光で北海道から沖縄まで全国各地で，中国人は消費を通じて，日本の流通業や地域経済に影響を与えている。日本の人口減少もあり，特に首都圏以外の地域で中国インバウンド観光のインパクトは大きい。全国展開する大手ドラッグストア，コンビニエンスストア，百貨店では，中国で発行されたデビットカード決済のほか，中国のモバイル決済に比較的早い段階から対応している。中国のキャッシュレス化の普及は日本全体の支払い方法に影響を与えている。日本も戦後，とりわけ1980年代以降，金融規制の緩和や，金融機関の

海外進出や日本円の国際化を実施した。中国の金融機関や人民元の国際化は日本以上の速度，規模で拡大している。日本と中国以外のビジネスで中国の金融機関のサービスを利用する機会も増えるだろう。

注
(1) Helleman, Murdock and Stiglitz（1998）は産業育成の観点から，金融市場に対する政府の介入によって，銀行にレントもしくはレントの機会を与え，銀行業の発展を通じて資金配分における銀行の金融仲介機能を強化する方策を提示した。
(2) よく知られる英米の市場主導型（market-based system）と日本・ドイツの銀行主導型（bank-centered system）の金融システムについては，それぞれの資金配分の仕組みを分析し，経済成長を支える金融システムの機能と特徴を金融制度の進化に注目して分析した研究がある。
(3) 日本人は全国一律の金融サービスに慣れているため中国で戸惑う。ただし，欧米や欧米と関係が深い途上国では，預金額，融資額，取引履歴などで金融サービスを差別化している。このため，地域差や個人差が少ないのは，日本の特徴ともいえる。

引用参考文献
○日本語文献
今井健一・渡邉真理子，2006,『企業の成長と金融制度』名古屋大学出版会。
伊藤博，2015,『中国保険業における開放と改革』御茶の水書房。
梶谷懐，2011,『現代中国の財政金融システム──グローバル化と中央─地方関係の経済学』名古屋大学出版会。
童適平，2013,『中国の金融制度』勁草書房。
樊勇明・岡正生，1998,『中国の金融改革』東洋経済新報社。
門闖，2011,『中国都市商業銀行の成立と経営』日本経済評論社。
○中国語文献
国家統計局，2018,『中国統計年鑑』中国統計出版社。
中国金融学会『中国金融年鑑』中国金融出版社（1986～1991年各年版）。
○英語文献
Allen, F., J. Qian, and M. Qian, 2005, "Law, finance and economic growth in China," *Journal of Financial Economics*, 77, pp. 55-116.
Helleman, T., K. Murdock, and J. Stiglitz, 1998, "Financial restrain and the market enhancing view," in Hayami, Y. and M. Aoki eds., *The Institutional Foundations of East Asian Economic Development*, Macmillan, pp. 255-279.
Park, A. F., and K. Sehrt, 2001, "Test of financial intermediation and banking reform in China," *Journal of Comparative Economics*, 29, pp. 608-644.
Yi, G., 1994, *Money, Banking and Financial Markets in China*, Westview Press.

（門　闖・小原篤次）

第Ⅰ部

金融セクター発展の歴史

第1章　改革開放と中国の金融業

　　近代的な金融業は，19世紀に欧米から中国へ伝えられ，発展した。1949年以降，計画経済化が進むにつれ，金融業はほとんど消滅した。1979年に改革開放政策が導入されると，金融業は復活したものの，その中心は銀行業だった。証券業では不祥事が多く，保険業では寡占状態が続いた。対外開放では，外資の業務範囲と営業地域を制限している間に，中国系金融機関の市場占有が進み，外資系のプレゼンスは小さい。

Keywords▶雑種幣制，南巡講話，不良債権，生損保分離，非流通株改革

第1節　中国金融業前史

1 銀行業

　中国のように国土が広く，複雑な長い過去をもつ国の状況を理解するには，その国の歴史に学ぶことが重要である。

　そこで，本節では改革開放期から時代をさかのぼって，清朝後期（19世紀後半）より中華人民共和国建国前後までの金融業の状況を振り返り，中国的な特徴がどのように表れたのかを考える。まず，金融全般の状況をみてみよう。

　19世紀末以降，多くの国では金本位制がとられ，それが各国を結びつけていた。銀本位制をとっていた清朝は，固定為替レートで結ばれた金本位制の国々のネットワークの外にある特異な存在だった（城山，2011, 6-7頁）。

　また，清朝後期以降の通貨制度は，海外から流入した「洋銀」や，政府が鋳造した銀貨や雑多な銅銭など，地域によって異なる貨幣が流通していたため，「雑種幣制」といわれた（岡本，2013, 247頁）。雑種幣制では，両替など取引のコストは高くなるが，ある通貨に問題が生じても，パニックが伝播しにくいと

いう大きなメリットがある（岡本，2013，216頁）。

この状況を，村松祐次は次のように活写している。

1）1842～1935年11月（幣制改革以前）[(2)]：

この時期は，統一的な貨幣法制による規制はない。

中国政府（含む省政府や軍閥）は，貨幣発行と交換利益の追求に，大変積極的である。一方，通貨制度を統一し，維持することには全く不熱心だった。

2）1935年11月～1937年7月（日中戦争勃発）：

紙幣の発行権を4つの国家系銀行（中央・中国・交通・中国農民）に集中し，政府がそれらの銀行の経営権を掌握した。国家系銀行は，戦費調達のため紙幣を増刷し，インフレを招いた。

3）1937～1949年：

太平洋戦争後は，ほぼ自動的に「雑種幣制」へ戻った。米ドルや香港ドルが中国で流通していた（村松，1949，182-199頁）。

なお，19世紀までは，1つの国で複数の通貨が流通している状態は一般的だったが，19世紀半ば以降，欧米や日本では，国民国家形成に伴って変化した。通貨の発行権限は中央銀行に一元化され，外国通貨の流通が禁止された（城山，2011，14頁）。したがって，20世紀初頭の段階では，中国の「銀本位制」ならびに「雑種幣制」は独特の仕組みだった。

①「銭荘」・「票号」から外国銀行の進出へ

(1)銭荘と票号

銭荘は，19世紀に上海をはじめ各地方に分散して発展した金融機関で，銀と銅銭との両替を主な業務にしていた。やがて，商取引に必要な資金貸付も，重要業務とするようになった。

票号は，預金と貸付を主な業務とする金融機関で，山西出身の商人が1820年代頃から設立した。票号は，国内の送金業務にも優れた力をもっていた（国際銀行史研究会，2012，301-304頁）。

(2)外国銀行の中国進出

19世紀半ば頃から，外国貿易の拡大に伴い，外国為替業務を扱う外国銀行が

中国に次々と進出した。1865年設立の香港上海銀行（現在のHSBC）等の外国銀行は，清朝の借款業務・公債引受け・通貨発行など，多方面に活動を展開し，中国経済に大きな影響力をもった（久保・加島・木越，2016，130-131頁）。

②中国資本による近代的銀行業の展開

中国資本による近代的銀行業の展開は，1897年，盛宣懐らが設立した中国通商銀行(3)（本店，上海）が始まりである。

1910年前後から，中国の民間資本による近代的な銀行が続々と誕生した。1937年には，政府系も合わせ，全国でおよそ160行が営業していた。

そのころ，民間銀行の商工業者に対する貸付は，貸付金総額の4～5割に達しており，銭荘に代わって，近代的な民間銀行が，商工業に対する主要な金融機関の位置につきつつあった（久保・加島・木越，2016，131-132頁）。

③中華人民共和国初期の銀行

中華人民共和国の成立後，「社会主義化」が急がれるようになった1952年に，ほかの諸分野に先駆けて真っ先に，金融業が国有化された。

民間銀行は消滅し，中国人民・中国・中国農業・中国人民建設の政府系4行が残された。自立的な金融業の展開は，この時期に断ち切られた（久保・加島・木越，2016，134頁）。その後，中国人民銀行のみが残され，中央銀行業務と市中銀行業務を兼営する唯一の銀行（モノバンク）となった。

2 証券業

株式の導入は19世紀半ばにさかのぼる。1835年，英国の宝順洋行(4)（Dent & Co.）がマカオで保険会社を設立した時に，初めて，中国人株主を募った。

証券取引所は，1891年に外国人証券ブローカーたちが組織した「上海股份公所(5)（登記名：上海衆業公所）」がその始まりである。

1912年の中華民国成立後，政府が民間企業の発展を後押しする政策をとったこともあり，紡績・製粉・タバコ・マッチ・鉱山開発・機器製造・金融などの各業界で，株式会社が多く設立された。1917年に，企業数は1024社に達した。

1927年に南京国民政府が成立すると，共産党との内戦に備える必要もあり，

公債の発行が増加した。例えば，1927年から1937年の間に発行された公債は25億元以上に及び，当時の財政支出の約4分の1が公債で賄われていた。1934年には，上海華商証券交易所の取引額の98％は公債が占めることとなり，株式売買は大幅に減少した。

1941年に太平洋戦争が勃発すると，日本軍は中国占領地で公債・外国株式・金銀等の取引を全面的に禁止したため，大量の資金が国内の株式に向かった。その結果，株式市場が活況を呈するようになった（馬他，2009，2-10頁）。

1952年に中国政府は全ての証券交易所を閉鎖した。その理由は，大部分の企業が公有化されたので，資本市場からの資金調達は不必要だとされたためである。

1959年には，全国レベルの公債の発行が停止された。その後20年余りにわたり，中国には証券市場は存在しなかった（馬他，2009，10-15頁）。

3 保険業

保険の役割とは，「社会に存在するリスクを，保険に参加する人々や機構が分担し，リスクの顕在化に備えること」である（伊藤，2015，20頁）。

中国に近代的な保険が伝えられたのは，19世紀初頭といわれている。1805年には広州において，英国商人が諫当保安行（Canton Insurance Society，別名広州保険社）を設立し，主に貿易関係の保険の引受けを始めた（中国保険学会，1998，18頁）。その後，欧米各国の保険会社が相次いで進出した。

中国系保険会社として，その足跡をはっきり残しているのは1875年に上海で設立された「保険招商局」である（中国保険学会，1998，42-46頁）。

20世紀に入ると，生命保険会社も設立され，生保の引受けが始まった。特に1912年に設立された「華安合群保寿公司」は，盛宣懐ら有力者を役員に迎え，隆盛を誇った（中国保険学会他，2005，36-43頁）。同社の顧客は，中国人であったことから，「保険」という考え方が中国社会へ広まり始めた。

1920～30年代に至ると銀行が保険業へ進出する機運が高まった。銀行が保険会社を設立した目的は，融資を行う際の担保である貨物や不動産について，火

災等のリスクを保険にヘッジ⁽⁶⁾することだった（中国保険学会，1998，70頁）。

中華人民共和国建国の1949年に，「官僚資本」⁽⁷⁾系保険会社（中国保険公司・中央信託局など）を接収して，国営の中国人民保険公司（PICC）が設立された。保険業でも，銀行業と同様に PICC の1社体制が形成された。

1959年には，「人民公社化の完成により，リスクに対する備えが整った」という理由で，保険の引受けが停止され，PICC は実質的に業務停止となった。

つまり，計画経済期においては，中国人民銀行のみが預金受入れや融資などの銀行業務を担う形になっていた。この状況が，改革開放が始まる1979年前後まで続いた。計画経済期には，金融業務はほとんど消滅していた。

第2節　金融業における改革

1　金融業の再建

改革開放政策を始めるにあたって，金融業の再建が大きな課題となっていた。当時，中国の最高指導者だった鄧小平の問題意識を探ってみよう。

鄧は，1979年10月に開催された重要会議で次のように述べた。「銀行を本当の銀行にする必要がある。我が国の銀行は帳簿を付け，会計を行っているだけで，銀行本来の作用を発揮していない。政府は今後，企業の建設プロジェクトに対して，財政から支出することをやめ，銀行融資に切り替え，利息を取るべきだ」（中共中央文献室編，2004，564-565頁）。つまり，銀行による融資先企業の選別およびプロジェクトの選択という機能を通じて，有望企業の発掘・育成や真に必要なプロジェクトを選ぶ方向を目指そうとした。もちろん，この改革は一挙に完遂することはできないが，この時期から以下の改革が始まった。

①1979年から1983年頃までの金融改革

(1)預金重視への転換

1949年から79年まで，銀行は預金を軽視してきた。規定により，現金を銀行預金することが強制されていたため，預金集めの必要がなかったからである。

1979年以降，企業の経営自主権が拡大され，個人の収入も増加したので，銀

行は預金獲得を重視し始め，利率の調整を行った。

(2)融資範囲の拡大

第1に，融資の範囲を流動資金から固定資産へ拡大した。

第2に，融資先も国有企業から各種形式の経済組織および個人へ拡大した。

第3に，融資先の産業形態も，「物資の生産企業」から，科学技術・文化教育・サービスなど物資の生産に直接関与しない産業へ拡大した（劉，2009，62-63頁）。

② 1984年の金融体制改革案

(1) 84年までの金融体制の問題点：政府内部では，次の問題があるとされていた。

 a．中央銀行にマクロ経済の調節手段がなく，機動的な経済調整ができない。(8)

 b．預金獲得とその運用に関して，効率が悪い。

 c．銀行自身の管理体制が，行政機関型から企業型へ変わっていない。

(2) 1984年の金融体制改革案：改革案のポイントは次の通りだった。

 a．中央銀行がマクロ調節を行える手段を整える。

 b．中央銀行の下，各種金融機関が自らの意思で業務を執行できるようにする。

 c．銀行が管理機構であることをやめ，本支店全てが融資等の具体的業務を行う。

 d．保険会社を増設する（劉，2009，67-70頁）。

③ 1984年以降の改革措置

(1) 中国人民銀行の中央銀行化と国有商業銀行4行体制

まず，中国人民銀行が中央銀行としての職務に専念する体制を作るため，1984年1月に中国工商銀行が中国人民銀行から分離独立し，商業銀行業務を行うこととなった。その結果，1979年に商業銀行として活動を開始していた中国農業銀行・中国銀行・中国人民建設銀行とともに，国有商業銀行4行体制が形作られた。各行は，それぞれの専門分野（中国農業：農業部門の金融，中国：外

国為替,中国人民建設:長期投資,中国工商:都市住民の預金および商工業の資金業務)をもっていたので,「国有専業銀行」とも呼ばれた(童,2013, 31頁)。

(2)株式制商業銀行設立

銀行が営業志向型組織に変わる手段として,株式制の商業銀行が設立された。

1987年,中国大陸での業務を停止していた交通銀行が,株式制商業銀行の第1号として,上海で再建された。同年,中信銀行(本店:北京)・招商銀行(同:深圳)・深圳発展銀行(同:深圳)が設立された。その後も広東発展銀行(同:広州)・中国光大銀行(同:北京)などが続々と設立された。

株式制商業銀行は,改革開放政策の先導役とされた中国国際信託投資(中信)グループや中国光大グループ内の銀行として発足し,あるいは経済特区や上海浦東新区の発展を下支えするため設立された(童,2013, 32-33頁)。

(3)保険会社増設

1985年に「保険企業管理暫定条例」が制定され,中国人民保険公司(PICC)以外の保険会社設立が可能となった。その結果,1986年に新疆生産建設兵団農牧業保険公司が設立され,兵団農場内の農牧畜保険の引受けを開始した。1987年には,交通銀行が保険業務部(1991年に太平洋保険公司へ改組)を設立し,1988年には,深圳で平安保険公司が開業した(伊藤,2015, 82-84頁)。

(4)証券業務の復活

1986年,中国工商銀行上海市信託投資公司静安証券業務部は,同行が代理発行した飛楽音響公司および延中実業公司の株式について,店頭取引を開始した。これが株式取引市場の雛形である(呉,2008, 199頁)。

1987年,深圳発展銀行は株式の公開発行を行うに際して,大規模な宣伝活動を行ったにもかかわらず,人々の注目を引くことができなかった。そのため,深圳市政府はやむを得ず,公務員を動員するとともに,数社の国有企業に株式を購入させた。それでも発行予定株数の79.2%を消化したにとどまった。

1988年初め,深圳発展銀行は配当を実施した。配当利回りは30%に近く,銀行利率を遥かに凌駕していた。高配当が,投資家の積極性を引き出し,1989年に発行された他社の株式は,瞬く間に売り切れた(殷,2008, 214頁)。

1990年および91年には，上海証券取引所と深圳証券取引所が開設され，取引が始まったものの，当初，上場企業はわずかだった。

［2］ 改革開放の停滞から加速へ

1989年の6・4天安門事件によって，中国経済は深刻な停滞に陥り，改革開放政策も一時的に頓挫した。局面を打破するため，鄧小平は1992年に中国南方を視察し，経済改革と対外開放の加速を訴えた。当時の談話は「南巡（あるいは南方）講話」と呼ばれた。改革開放に及び腰の人々も，同講話をきっかけに，再び政策推進に取り組むようになった。金融業における動きは次の通りだった。

① 銀行業

1993年に国務院が「金融体制改革に関する決定」を発表し，政策金融[11]と商業金融[12]を分離させることにした。国有商業銀行（中国工商・中国農業・中国・中国建設の4行）が担当していた政策金融を，政策性銀行を設立して受け継がせるとともに，国有商業銀行同士の競争を促進することを目指した。

1994年に中国国家開発銀行（担当：社会インフラの整備等）・中国輸出入銀行（同：輸出入信用等）・中国農業発展銀行（同：農業にかかわる資金調達等）が設立され，政策金融業務を引き継いだ（童，2013，55-58頁）。

1995年には「商業銀行法」が制定され，国有専業銀行も政策金融を分離したことで「国有商業銀行」となり，市場のプレーヤーであることが明確化された（童，2013，42-43頁）。

② 証券業

1992年に「南巡講話」が発表された後，株式制が国有企業改革の目指すべき方向となった。1993年には，株式発行のテスト地域が上海と深圳から全国へ拡大された（呉，2008，201-202頁）。

しかし，当時の株式市場は問題含みであり，その状況を中国証券監督管理委員会主席の劉鴻儒は，次のように述べていた。「株式制はなお試行過程にあり，広く適用するには，条件が整っていない。第1に，法規上の未整備が大きい。会社法・証券業法などはできていない。第2に，政府の管理が不十分である。

第3に，人々の株式制に関する知識と経験が不足している。第4に，市場経済が未発達である。」（日中経済知識交流会日本側事務局，1992，10-13頁）

1990年から1995年にかけて，証券会社の主要業務は債券の取り扱いであり，国債が最大の扱い品目だった。株式の扱いは大変少なかった。

1990年代半ば以降，上場会社数も増加し，取引の対象が債券から株式へ移行した。当時の株式市場は，株式売買回転率[13]が高く，大量の売買注文があったことから，ブローキング業務[14]が証券会社の主要業務であった。

その後，株式発行業務の重要性が高まり，ブローキング・株式発行・自社売買が主要業務となった（殷，2008，236頁）。

③保険業

中国人民保険・太平洋保険・平安保険の三社鼎立状況が形作られるのと並行して，中国の各種機関は自ら保険会社設立に動いた。その結果，無認可営業や保険料の不当な割引などが横行し，市場秩序が乱れた。

中国当局は，この状況を目の当たりにして，包括的な法規制定の必要性に気づき，1995年に「保険法」を制定した（伊藤，2015，86頁）。

保険法制定の意義は，被保険者の利益を守るという原則を明文化した[15]ことである。具体的には，事故発生時に，保険会社の支払い余力を確保するため，各種準備金等の積み立て原則を確立した。加えて，同一保険会社による生損保兼営を禁止した。その結果，生損保の経理が分離され，資金の混用[16]が不可能となり，被保険者の利益が守られる仕組みができた（伊藤，2015，88頁）。

3 WTO加盟に向けた金融業界の動き

①銀行の危機とその対策

1990年代後半までは，四大国有商業銀行の主要業務は個人や企業から預金を集めて，国有企業に運転資金を貸し付けることだった。

このモデルは，1990年代後半に危機に陥った。1992年の南巡講話以降，中国は投資熱に沸き，地方政府傘下の国有企業は生産設備に大きな投資を行った。

しかし，そこで作られた製品はほとんど売れず，倉庫には在庫が積み上がっ

た。国有部門は，返済不可能な「三角債」に飲み込まれていた。つまり，最終製品の生産者は供給業者に支払いができず，企業は銀行からの融資を返済できないという状況に陥っていた（クローバー，2018，177頁）。

さらに，雇用維持と税収確保のため，銀行は，政府部門から，資金回収のめどが立たないプロジェクトへの融資や経営状況が思わしくない企業への融資を強要された。その結果，不良債権が雪だるま式に増加した。

1990年代末には，銀行の貸出総額に占める不良債権の比率が40％近くにまで達した。これはひどい状況であり，国際的には，不良債権比率が5％を超えると，銀行システムの健全性に問題があるとされる。不良債権比率40％という中国の状況では，銀行自身が問題を解決することは不可能であり，厳密にいえば，中国の銀行は破産しているということになる（Naughton, 2007, p.461）。

時の首相朱鎔基は，問題解決に向けて改革を指示した。不良債権は銀行から切り離され，金融資産管理会社に移された。銀行は財政省から新たな資本を提供された。銀行の仕事は，事業を継続できる企業向けの融資と，住宅を購入する世帯に，住宅ローンを提供することになった（クローバー，2018，178頁）。

②証券業における混乱と監督体制整備

1990年代，証券業界では混乱が続いた。代表的な事例は次の通りである。

1992年8月10日，深圳で関係部門が新株予約権[17]の抽選に参加するための抽選券を配布する過程で，100万人規模の行列ができた（8.10事件）。抽選券の枚数が足りず，しかも事前に関係者に券が割り当てられていたことが発覚した。本件は抗議デモを誘発するなど大規模なスキャンダルとなり，証券市場を監督する機関の設置が急務とされた。その結果，同年10月，国務院証券管理委員会とその執行機関の中国証券監督管理委員会が設立された（呉，2008，201頁）。

1990年代半ば，インフレ対策の一環として，国債の元利払い増額が議論された結果，特定の銘柄について，思惑的な取引が活発化した（327事件）。1995年2月23日，327国債（1992年発行，3年満期）の価格が大幅に上昇し，空売り[18]を仕掛けていた万国証券は，満期を迎えると60億元の損失を蒙ることが見込まれた。万国証券は，取引終了の8分前に投げ売りに走り，市場暴落を誘発し，決

済不能の事態を招いた（呉，2008，210頁）。

　1999年に「証券法」が施行され，上記のような不祥事は取り締まれるようになった。証券業界は問題含みだったが，上海・深圳の証券取引所に上場された企業数は順調に増加し，1990年の10社から2000年には1088社に増えた。
　③保険業における体制整備
　1995年の保険法成立を受けて，各保険会社は体制の改革に動いた。
　国有保険会社である中国人民保険公司（PICC）は，1996年から生損保分離に着手し，3段階の改組を経て，2002年には3つの持ち株会社（損保系・生保系・再保険系）の傘下に，それぞれが損保事業会社・生保事業会社・資産管理会社をもつ複合グループとなった（伊藤，2015，89-92頁）。
　平安保険公司も1996年から生損保分離の準備を始めたが，同社の分離案は1998年と1999年の2度にわたり，取り組み不十分を理由に監督官庁から差し戻された。同社の生損保分離は2001年までずれ込んだ（伊藤，2015，191頁）。
　太平洋保険公司は，地方政府や地方国有企業が出資母体であったこともあり，支店も法人格を有していた。その体制を本店のみが法人格を有する形に変更したのち，2000年に生損保分離を実現した（伊藤，2015，218頁および222頁）。

[4] WTO加盟後の金融業界の主な動向
①銀行の株式会社化による資金調達
　株式会社化による資金調達では，中国建設銀行がモデルケースとなった。2004年に，同行は中央匯金投資（中央政府の一部局）が株式を100％保有する株式会社になった。その後，同行は香港市場に上場した株式の30％弱を戦略投資家であるバンクオブアメリカや一般投資家に売った。その結果，同行は670億ドルを手にした。残りの70％を超える株式は中央政府が保有している。戦略投資家であるバンクオブアメリカは，50名の技術スタッフを同行に派遣し，技術支援を行うとともに，取締役のポストも得た（Naughton, 2007, pp.466-467）。中国銀行・中国工商銀行・中国農業銀行も2006年から2010年までの間に，香港および上海市場で上場し，同様の道を歩んだ。

②証券業における「非流通株（政府などが保有している株式）」改革

1990年代末，株式全体に占める流通株と非流通株の比率は4：6で，市場に流通していない株式が，全体の過半を占めるといういびつな形になっていた。

この状況の中で，「国有企業の効率化」と「社会保障制度の充実に必要な資金捻出」という2つの目標を同時に達成するため，国有株（非流通株）を市場で売却することが計画された（野村資本市場研究所，2007，260-264頁）。

政府は1999年および2001年の2度にわたり，国有株の売却を試みたが，いずれも株価が大幅に下落したため，売却を断念せざるを得なくなった。

2005年，中国政府は，流通／非流通株主間の協議により，株式制度の欠陥を改善することにした。ポイントは，株の「流通権」を得るため，非流通株主が流通株主に対価を支払うことだった（野村資本市場研究所，2007，266-268頁）。

2005年の改革は，流通株主の利益を尊重した形であったため，比較的順調に進み，2017年末には流通株数の比率が，発行済株数の約84％となった。

ただし，非流通株が売却可能となっても，党が重要産業と考えている分野では，国有部門が，株式の過半数を握り続けている（中国研究所，2018，314頁）。

③保険業における自動車保険自由化

損保各社において，自動車保険は収入の60〜70％に達する主要種目である。

2001年10月，中国政府主導で，自動車保険料自由化の実験が広東省で始まった。政府には，自動車保険料は価格統制の名残に見えた（陳，2009，127頁）。

戦いを始めたのは，広東省進出から日の浅い華泰保険だった。華泰は政府や党機関の公用車は，保険料を55％引きとするなど大幅な割引制度を導入した。

ところが，華泰の収入保険料は半減した。華泰の割引は，保険仲介業者の実利を損なうので（割引によって保険料総額が減少すれば，それに比例して，保険仲介業者の手数料収入も減るので），彼らは顧客に華泰を紹介しなかった。

華泰以外の保険会社は，保険料の割引には参画しなかったが，裏では「キックバック」（保険料の顧客への割戻し）を行い，暗闘を展開した。割戻し率は40％からスタートし，最終的には72％までエスカレートした。2002年には，広東省の自動車保険市場は，保険会社の「自殺」とまで形容された（陳，2009，

Column 1 海底油田開発の保険手配

1980年代に渤海湾で海底油田が発見され，1990年代にかけて，日中共同で開発することになった。海底油田の開発は，大変大きなリスクを伴う。例えば，原油噴出の強さを制御できずに，原油が海中に漏れ出したりすると，重大な海洋汚染を引き起こす。また，原油掘削のための「リグ」が暴風などで倒壊すると，その人的被害および物的損害は甚大なものになる。油田の開発者はこうしたリスクを保険につけている。

渤海湾の海底油田開発では，リスク処理を日本側が担当しており，毎年，天津港で中国人民保険公司（PICC）と日本側が保険契約交渉を行っていた。日本の保険会社は，日本側のアドバイザーとして，この交渉に臨んだ。

上記の保険は，保険金額が巨額になるので，「再保険」という仕組みが不可欠となる。この仕組みを通じて，巨額なリスクを分割して，世界の主要保険会社に売る必要があった。日本の保険会社も再保険を引き受けていた。

天津港での交渉は，毎年，困難を極めた。日本側は，支払保険料が高額になるので，何とかそれを引き下げたいと考えて，強硬に値下げを求める。一方のPICCは，引受けが難しい保険であり，再保険市場で再保険を売らなければいけないので，保険料を大きく割り引くことはできないと主張する。

ほぼ2日間にわたり，あの手この手で交渉し，あるときは激高して，双方とも声が大きくなる。PICC側は，「日本軍国主義」がかつて，いかにひどいことを行ったかということを持ち出し，身振り手振りを交えて，日本側に譲歩を迫る。日本側も，そんな昔のことを今の我々に言われても困ると反論するといった有様で，気がつくと日が暮れていたということになる。

どんなに激論を交わしても，夜はPICC主催の宴会となる。そこでは，日本軍国主義の悪行を声高に糾弾していたご本人が，宴席の女主人として，にこやかに料理をとりわけ，酒を勧める。その変貌ぶりに日本側はあっけにとられるが，これは中国では普通のことである。昼間の交渉は，いわば京劇の立ち回りであり，中国側の観客も意識しつつ，硬軟演じ分けるのが中国流だ。

128頁）。

広東省のテスト結果が惨憺たるものだったにもかかわらず，中国政府は，2003年に，自動車保険料の自由化を全国で実施した（陳，2009，129頁）。それ

以降2010年まで，自動車保険は業界全体で赤字となった。

第3節　金融業における対外開放

　中国政府は，自国の金融業を幼稚産業とみなし，保護育成が不可欠だと考えていた。外資の市場参入を「狼が来る！」という表現で警戒していた。

　中国政府による金融業の対外開放には，2つの特徴がある。第1に，対象業務を「人民元建て」と「外貨建て」に分け，人民元建て業務への外資の参入を遅らせることである。そうすれば，外資による国有企業や中国人個人へのアプローチを防ぎ，中国系金融機関の経営基盤を守ることができる。

　第2の特徴は，営業認可を与える地域を1つの都市に限定することである。そうすれば，外資の影響を局部にとどめることができる。この施策の結果，銀行業では，経済特区→上海市→沿海開放都市→内陸の開放都市という順番で，点としての対外開放都市が徐々に増えていった。

　上記施策の目的は，外資の業務内容および営業地域を制限している間に，中国系金融機関の営業基盤をがっちりと固めることだった。銀行業の対外開放から約40年が経過する現在，その効果がどうだったのかをみていこう。

1　WTO加盟以前の対外開放

　銀行業では早くも1981年に香港（中国の金融行政において香港は外国扱いだった）の南洋商業銀行が，経済特区の深圳で営業認可を得た。1985年には同じく経済特区である珠海・汕頭・厦門も外資系銀行に開放された。対外開放された都市で営業認可を受けた外銀は，外貨建ての預金業務や貸付業務を行うことができるようになった。

　1990年に上海で対外開放の法的枠組みが準備され，それに基づき1991年に日本の日本興業銀行および三和銀行，米国のシティバンクおよびバンクオブアメリカ，フランスのバンクインドスエズおよびクレディ・リヨネの計6行が上海支店の営業認可を受けた（岡部・安藤，1996，437頁）[19]。1992年には大連ほか7つ

の沿海開放都市での営業も認められた（呉，2008，125頁）。

証券業では，1991年に海外の投資家が購入可能な「Ｂ株」が初めて発行された。1995年にモルガンスタンレーが中国国際金融有限公司へ出資することが試験的に認可されたが，実質的な外資証券会社の進出は，2002年の「外資出資証券会社設立規則」制定を待たねばならなかった（伊藤，2015，55頁）。

一方，保険業では1992年になって初めて，上海で米国のAIGのみが営業認可を受けた。第2次認可は1994年の東京海上であり，1995年に広州が対外開放され，AIGがいち早く進出した。

銀行業では，最も早く対外開放が実施され，開放都市も早めに拡大された。外資系銀行は海外から中国の経済発展に必要な資金をもたらすとともに，外資系製造業を誘致するにもその必要性が高かったためである（呉，2008，128頁）。

２　WTO加盟後の対外開放の動向

WTO加盟時に中国政府が認めた業態ごとの開放公約は**表１−１**の通りである。加盟後5年間は，過渡期と位置づけられ，段階的な開放公約が掲げられた。

最後に，WTO加盟後の過渡期が終わった2006年前後の動向をみてみよう。

まず，銀行業では，2007年に，外資銀行が中国に現地法人を設立することを条件に，中国の個人向け業務・中小企業向け人民元建て融資業務などが認められることになった。外国銀行20行が現地法人化を申請し，12行が認可された。

証券業では，2012年に，合弁証券会社の外資側出資割合が，従来の33.3％から49％に引き上げられた。加えて，合弁証券会社の営業期間が2年を経過すれば，Ａ株（人民元建てで，従来，外国人が購入できなかった株式）関連業務を行うなどの業務範囲拡大が申請できるようになった。

保険業では，2004年から外国損害保険会社支店の現地法人化が認められ，同年に香港に本拠を置く2社が現地法人化を行った。2005年以降2008年までに有力な外資損害保険会社が現地法人化の認可を取得した。

ここで，金融市場の対外開放の結果を総括してみよう。まず，銀行業では各銀行の「総資産」を指標にすると，外国銀行のシェアは2017年末の時点で，わ

第Ⅰ部　金融セクター発展の歴史

表1-1　WTO加盟時の対外開放公約

業　態	内　容
銀行業	①加盟後2年以内に，中国企業向けに人民元業務を行うことが可能。 ②加盟後5年以内に，中国人個人向けに業務を拡大することが可能。 ③加盟後5年以内に，外国銀行の営業地域制限を段階的に撤廃。
証券業	①外国証券会社は，中国業者の仲介なしで，B株の取引可能。 ②合弁の投信会社を設立することが可能（ただし，外資側出資割合の上限は33.3％で，3年以内に49％まで認める）。 ③加盟後3年以内に，合弁の証券会社を設立することが可能（外資側の出資割合は，最高33.3％）。
保険業 損保	①加盟後2年以内に，中国系企業および個人物件の引受けが可能。 ②加盟後2年以内に，外資100％出資の子会社設立が可能。 ③加盟後3年以内に，営業地域の制限を撤廃。
生　保	①外資生保会社が合弁会社を設立する際，50％までの出資が可能。 ②外資は，合弁パートナーを自ら選定することが可能。 ③加盟後3年以内に，外国人および中国人向けの健康保険・団体保険および年金保険の取り扱いが可能。

（出所）　日中経済協会，2001等から筆者作成。

ずか1.3％だった。新興国で同様のシェアをみると，1999年のデータで，タイが5.6％，マレーシアが11.5％，ブラジルが16.8％などとなっており，中国の低さが目立つ。日本における同様のシェアは，2000年以降，4～7％程度で推移しているので，これに比べても中国における外国銀行のシェアはかなり低い。

証券業では，2017年の「営業収入」における外資系のシェアは，4.0％だった。保険業では，2017年の「保険料収入」をみてみると，外資系損保のシェアは2.0％であり，外資系生保のシェアは7.4％だった。

中国系金融機関の存在感に比べると，いずれも影が薄いといわざるを得ない。「狼は来た。しかし，その狼たちは檻に入れられた」というのが実態である。

それは，中国当局の巧みなかじ取りで実現したものである。具体的には，中国系金融機関に対しては，複数の営業拠点開設を認める一方で，外資系に対しては，1つずつしか認めないという方法を採ったり，外資系金融機関の現地法人設立に際しては，審査に時間をかけたりといったやり方で達成された。

中国系金融機関が営業基盤を確立した現状からみると，外資系金融機関のプ

第1章　改革開放と中国の金融業

レゼンス拡大のテンポは，今後もゆっくりとしたものになるだろう。

注
(1) その国の基準となる通貨を「本位通貨」という。本位通貨が金貨である国を，金本位制の国と呼ぶ。本位通貨が銀貨である国を，銀本位制の国と呼ぶ。
(2) 銀価格の国際的変動により，国内の金融政策が左右される構造に終止符を打つため断行された通貨制度改革。国民政府は銀地金を国有化し，銀行に新たな政府発行紙幣「法幣」を買い取らせ，流通を図った（岡本，2013，251頁）。
(3) 1844年生まれ。李鴻章の部下として，輪船招商局・漢冶萍公司・中国通商銀行などを経営し，洋務運動を継承した。1916年没。
(4) 洋行とは，外国人が経営する商社。
(5) 股份とは，株式を指す。
(6) 将来の危険の顕在化を想定して，それを保険につけておくこと。
(7) 大地主・大銀行家等を指す。例えば，四大家族（蔣介石，宋子文，孔祥熙，陳果夫・立夫の一族）の所有する企業は，官僚資本支配下と目された。
(8) 市中銀行に対する預金準備率操作・公定歩合操作・国債の売買など，中央銀行がもつ市場調節の具体的な手段を指す。中央銀行は，これらの手段を駆使して，景気や物価を安定させるなどの役割を果たす。
(9) 1979年以降，広東省深圳・珠海・汕頭・福建省廈門および海南省（全島）に設立された特別行政区。外資誘致・技術習得・外貨獲得・雇用創出などを目的として，税制面の優遇など柔軟な政策が行われた。
(10) 株価に対する年間配当金の割合を示す指標。1株あたりの年間配当金を，現在の株価で除して求める。
(11) 公益性が高いものの，巨大なリスクを負うことが必要な場合など，民間金融機関のみでは十分な対応が難しい分野において，融資・投資・保証などの金融的手法によって目的を達成すること。
(12) 商取引に必要な資金を融資すること。
(13) 株取引の活発さを示す指標。ある一定期間の売買高を同期間の平均上場株式数で除して計算する。一般に，売買回転率が高いほど売買が活発とされる。
(14) 顧客から手数料を受け取って，株取引などの仲介を行うこと。
(15) 損害保険では，保険事故により損害の填補を受ける権利をもつ者。生命保険では，その者の生死に保険がつけられている者。
(16) 顧客から受け取った生命保険料を，将来の保険金給付に備えて積み立てずに，火災や自動車事故等損害保険の保険金支払いに充当するような行為。
(17) 予め設定された条件（時期，株価等）で，将来，新株を購入できる権利。
(18) 手元にない株式等を，信用取引等により「借りて売る」こと。株価等の下落が予想される時に空売りをして，予想通り株価等が下落したところで買い戻せば，売値と買値の差額が利益になる。逆に株価等が上昇すれば損失を被る。
(19) 上海では，1949年以前から，香港の東亜銀行，香港上海銀行，英国のスタンダード・チャータード銀行，シンガポールの華僑銀行が営業しており，1949年以降も継続して，外国為替および貿易金融業務を行っている。

⑳　米国の大手投資銀行。
㉑　The American International Group の略称。米国の大手保険会社。

引用参考文献
○日本語文献
伊藤博，2015，『中国保険業における開放と改革——政策展開と企業経営』御茶の水書房。
岡部達味・安藤正士編，1996，『原典中国現代史　別巻　中国研究ハンドブック』岩波書店。
岡本隆司編，2013，『中国経済史』名古屋大学出版会。
久保亨・加島潤・木越義則，2016，『統計でみる中国近現代経済史』東京大学出版会。
クローバー，A.／東方雅美訳，2018，『チャイナ・エコノミー』白桃書房。
国際銀行史研究会編，2012，『金融の世界史』悠書館。
城山智子，2011，『大恐慌下の中国』名古屋大学出版会。
中国研究所編，2018，『中国年鑑2018』明石書店。
童適平，2013，『中国の金融制度』勁草書房。
日中経済協会，2001，『中国 WTO 加盟関係文書』。
日中経済知識交流会日本側事務局，1992，『第12回　日中経済知識交流会　中国側報告資料』。
野村資本市場研究所編，2007，『中国証券市場大全』日本経済新聞出版社。
村松祐次，1949，『中国経済の社会態制』東洋経済新報社。
○中国語文献
陳懇，2009，『迷失的盛宴　中国保険産業1919-2009』浙江大学出版社。
劉鴻儒，2009，『変革——中国金融体制発展六十年』中国金融出版社。
馬慶泉他編，2009，『中国証券史・第一巻（1978〜1998年）』中国金融出版社。
呉暁霊主編，2008，『中国金融体制改革30年回顧與展望』人民出版社。
殷孟波主編，2008，『中国経済改革30年　金融巻』西南財経大学出版社。
中共中央文献研究室編，2004，『鄧小平年譜　一九七五——一九九七（上）』中央文献出版社。
中国保険学会，1998，『中国保険史』中国金融出版社。
中国保険学会他編，2005，『中国保険業二百年』当代世界出版社。
○英語文献
Naughton, B., 2007, *The Chinese Economy Transition and Growth*, The MIT Press.

（伊藤　博）

第 2 章　中国金融制度の整備

　計画経済から市場経済に移行する改革が進むにつれて，金融の役割はますます重要になり，金融制度の整備が不可欠となった。本章は中国金融制度の基本的な枠組みの解説を目標とし，中央銀行制度，金融機関と金融市場を取り上げる。中央銀行は金融政策を司り，多様化した金融機関は複雑化した金融活動を担い，金融市場は資金を集中させ，効率的に供給側から需要側に流すことは基本であるが，移行経済の特色は中国金融制度にも反映される。

Keywords▶中国人民銀行，商業銀行，証券会社，短期金融市場，債券市場

第1節　中央銀行制度

1　中央銀行の仕組みとその担当業務

①計画経済期の中国人民銀行

　中国の中央銀行である中国人民銀行は，中華人民共和国が誕生する前の1948年に設立された。その後，計画経済体制の確立に伴い，中国人民銀行は，政府組織と同じように，本店→省（市，自治区）支店→市（地区）支店→県（区）支店→鎮（街道）支店，全国津々浦々に隈なくその支店網を巡らした。つまり，北京にある本店のほか，省・直轄市・自治区から末端の鎮レベルまで4層構造の行政区分に対応した支店を設けた。同行は，金融管理と通貨発行の中央銀行業務だけでなく，商業銀行業務も営む，事実上，中国唯一の銀行となった。

　改革開放以後の1984年から中国人民銀行は，商業銀行業務を新設の中国工商銀行に受け継がせ，中央銀行業務に専念するようになった。

②中国人民銀行法

中国人民銀行は1995年に施行された「中国人民銀行法」によって、中央銀行としての地位と業務内容が、法律によって定められた。同行は、金融政策の策定と実施、人民元の発券と流通管理、資金決済など中央銀行の標準的な役割を担当することになった。さらに、同法では、同行の役割に金融機関監督も含まれた。同行は一政府機関として、中国政府の指導の下で担当業務を履行する位置づけは、政府からの独立性を規定する他の先進国とは大きく違う。

その後、中国の政府機関改革とともに、中国人民銀行の担当業務と組織構成も何回か再編と改革が行われた。担当業務の変化については、その後設立した銀行保険監督管理委員会、証券監督管理委員会に金融管理機能を移譲して、大きく縮小し、担当業務の重点は金融政策に傾いた。組織構成の変化は、1998年に、これまでの行政機構に基づく支店網を廃止し、全国を9つの区域に分けて、各区域に支店を設置する改革を行った。さらに、2005年に、市場のオペレーションとモニターを実施しやすくするために、銀行間コール市場、銀行間債券市場および銀行間外為市場が所在する上海市に、本店の指導と委託を受ける中央銀行業務の具体的な実施機能と一定の管理機能をもつ上海総部を新たに設置した。

2 金融政策の形成メカニズム

計画経済時代に金融政策の役割は政府計画当局の指示を受けて、経済計画に合わせて通貨の発行と資金の配分に限定されていた。1984年に中国人民銀行は中央銀行機能に専念してからも、金融政策手段（金利、公開市場操作、預金準備率）が機能する金融市場も存在しなかったし、企業のほとんどは国有企業で、家計の金融資産の蓄積も極めて限られた状況にあったため、この当時の「金融政策」は、信用供与計画に従って、資金を配分するという枠組みで1998年まで続いた。

試行錯誤の結果、1994年に銀行間外為市場と銀行間コール市場がスタートした。そして、1997年に貨幣政策委員会を立ち上げた。これによって、マーケッ

トメカニズムに基づく金融政策の条件は一応整えられた。しかし，注意すべきことは２点ある。まずは，政府機関の１つで，独立性の認められていない中国人民銀行は，金融政策の制定，執行において中国政府国務院の指導の下で行い，重要な金融政策の手段である金利などの金融政策の変更も国務院の認可を得なければならない点である。今一つは，貨幣政策委員会は，中国人民銀行が金融政策を決定するにあたっての諮問機関で，政策の決定機関ではない点である。貨幣政策委員会は四半期ごとに開催され，中国政府に金融政策に関して，アドバイスをする。

３　金融政策目標

　一般的に，金融政策目標の実現は金融市場に依存するため，政策の発動から目標の実現まで，時間がかかるだけでなく，その効果も定かではないので，目標実現までの過程で，常に市場の動向をみて，政策の修正と調整が必要である。中央銀行は，一般的に金融政策目標を最終目標とし，この最終目標実現までの過程に，中間目標を置く。

①最終目標

　一般的に，物価の安定（あるいは通貨価値の安定），雇用の確保，経済成長と国際収支の均衡はマクロ経済政策目標とされている。金融政策はこのマクロ経済政策目標に合わせて，金融政策目標を定めることが多い。物価安定目標は，雇用確保および経済成長目標とはトレードオフの関係にあることが多く，長期的にみれば，物価の安定が最も重要な最終目標で，通貨の番人としての中央銀行は物価の安定を唯一の政策目標に掲げるべきだと認識される。しかし，「100年に一度」とも表現された世界金融危機以後，米国をはじめ主要先進国中央銀行はゼロ金利政策のほか，量的緩和（QE）を実行して，財政政策とともに景気回復を優先させた。

　他方，中国政府は，毎年，経済成長率目標を示すなど，経済成長を優先目標として掲げている。先進国では成長率見通しは公表されることがあっても，前年比の成長率など短期的な成長を目標とすることは少ない。中国人民銀行法第

3条で，同銀行は金融政策の最終目標として，通貨価値の安定とそれを通じた経済成長を促進すると規定されている。

　荒廃した経済の再建，莫大な（潜在）失業者の解消などの課題に面して，中国の経済発展段階からも中国経済の実情からも当然な選択であるといわざるを得ない。世界金融危機以後，中国政府は断固たる財政政策を講じて対応したことがその端的な現れである。この財政政策を支えたのは金融政策である。改革開放40年を経ても，経済成長はマクロ経済政策目標と合わせて金融政策の最優先目標である位置づけは変わっていない。

②中間目標

　中国では，銀行預金基準金利と銀行貸出基準金利（略称：銀行預貸基準金利）の変更は実体経済への影響が大きいと同時に，中間目標として政策変更への反応が遅すぎる問題があるため，銀行に直接働きかける預金準備率の方が政策手段として有効である。ベースマネーとマネーストックを中間目標として使用している。

　しかし同時に，金利の自由化に伴い，銀行預貸金利やSHIBOR（Shanghai Interbank Offered Rate；上海銀行間取引金利）などは中間目標としての参照価値が高まっている。

4　金融政策手段

①銀行預貸基準金利

　金利は金融政策の最も重要な政策手段であることは，計画経済を実施する国を除き，世界各国共通である。さらに，金利が政策手段として有効に機能するには，健全で発達した金融市場が不可欠な条件である。中国も計画経済から市場経済に転換するに伴い，特に，2015年に政策手段である銀行預貸基準金利に対する変動幅規制が撤廃された後，金利の金融政策手段としての重要性はますます高まった。

　とはいえ，先進国の政策手段と比べ，まだ違う点が多くみられる。先進国の中央銀行は金融市場の一員として，金融市場金利を目標とする水準に誘導する

特徴をもつ。現在，中国の政策手段として，銀行預貸基準金利のほか，中国人民銀行の対金融機関貸出金利がある。

対金融機関貸出はかつて中国人民銀行の主要な政策手段であったが，1998年以降，その重要性が低下した。代わりに，銀行預貸基準金利が重要な政策手段となった。

②預金準備率

中国で，預金準備金制度は1984年から実行された。当初，政策手段というよりも中国人民銀行の資金集中手段であった。1998年に預金準備金制度の改革が行われ，政策手段として位置づけられた。先進諸国では預金準備率は政策手段として形骸化するのと対照的に，中国では最も有効な金融政策手段である。まずは，預金準備率が高いことである。2018年12月20日現在，大型商業銀行の預金準備率は14.5％である。次に，頻繁に変動することである。日本では，1991年10月以降，固定したまま，動かされていないのに対して，中国では，世界金融危機に対応するため，たびたび金融政策を実行した2008年から2012年までの間に，預金準備率は24回も，2015年以降も8回の変更があった。これに対して，銀行預貸基準金利の変更は同じ時期に12回と6回である。

預金準備率の変更は，迅速でストレートに銀行業預金性金融機関の信用拡張能力に影響し，政策の効果はより確実である反面，経営状況がさまざまな金融機関への影響が一義的で，金融システム全体へのショックも大きい。中国で重要になっているのは，金融システムにおける銀行業預金性金融機関の比率が高いこと，資金需要の金利に対する価格弾力性が低いこと，国内外金利差の変化が国内金融市場に与える影響が小さいこと，債務比率の高い経済主体（地方政府，企業）からの貸出金利引き上げ反対など，いろいろな原因があるが，一言でいえば，金融市場の未発達に起因する。

③公開市場操作

公開市場操作とは，一般的に中央銀行が短期金融市場を含む公開市場で国債，手形などの債券を売買することを指す。中国の金融政策手段として，最も新しいのは公開市場操作である。1994年に銀行間外為市場がスタートしたが，2年

遅れて銀行間コール市場，さらに2年遅れの1998年に銀行間債券市場がスタートし，公開市場操作が開始した。

公開市場操作の相手は，一定の条件を満たした商業銀行と証券会社から構成される債券のプライマリーディーラーである。取引対象と方法は債券（ほとんど国債）の現物とレポ取引および中央銀行手形の売買である。

2014年9月に新たな金融調節手段として，MLF（Medium-term Lending Facility，中期貸出ファシリティー）が導入されたことが注目を集めた。これは，中期的のマネタリーベースを供給する金融政策手段とされる。取引対象機関は，マクロプルーデンス管理の要求を満たした商業銀行や政策性銀行であり，国債・中央銀行手形・政策性金融債・優良な債券等を適格担保とする。

MLFの導入のほかに，2013年以降，SLO（Short-term Liquidity Operation，公開市場短期流動性調節ツール）[3]，SLF（Standing Lending Facility，常設貸出ファシリティー）[4]などが加えられた。

近年，公開市場操作は先進国でほとんど唯一の金融政策手段といっても過言ではない。他方，中国ではさほど重要ではない。なぜかといえば，国際収支の黒字が続き，長期にわたり中国国内に大量の外貨が流入する中で，短期的な資本移動が依然として規制されていることがその原因である。

2007年まで外貨集中取引制度や外貨持ち高規制などが維持され，国際収支黒字が発生したときに，外貨供給が需要を上回る外貨の余剰分は，中国人民銀行の外貨購入により解消することになっている。2007年以後も，為替レート変動幅の制限や人民元先高予測などの原因により，外貨の供給が需要をオーバーする状況が依然として続いた。外貨購入による通貨供給量はあまりにも膨大で，中国人民銀行は中央銀行手形を発行することで通貨供給の不胎化に追い込まれた。2015年以降，外貨流入の減少に伴い，中央銀行手形の発行がマイナスになり，2017年に中国人民銀行のバランスシートからその姿が消えたが，公開市場操作は限定的な金融政策手段である状況は変わっていない。

第2節　金融機関

　1979年から中国政府は今まで事実上中国人民銀行1行だけで全ての金融業務をカバーする状態を変えることを急務とし，金融機関の整備を急いだ。現在，中国では図2-1のように，ほぼ銀行，証券，保険，そして政策金融を包括する金融機関の体系を形成することができた。

1　銀行業預金性金融機関

　中国では，金融機関が銀行業金融機関と非銀行業金融機関に分類され，非銀行業金融機関は証券，保険などの金融機関を含むが，銀行業金融機関はさらに，銀行業預金性金融機関と銀行業非預金性金融機関に分類される。文字通り，前者は預金を取り扱う銀行業金融機関で，後者は預金を扱わない銀行業金融機関である（図2-1）。

①大型商業銀行

　大型商業銀行は総資産額が2兆元を超える商業銀行と定義されるが，2018年現在，全部で5社ある。その名は中国工商銀行，中国銀行，中国建設銀行，中国農業銀行と交通銀行である。大型商業銀行の背景はばらばらである。中国近代化の洋務運動のとき（1860年代前半～1890年代前半）に設立された銀行（中国銀行と交通銀行）もあれば，共産党政権が成立（1949年）した後に設立された銀行（中国建設銀行と中国農業銀行）もある。中国工商銀行は改革開放以後，中国人民銀行の商業銀行の機能を受け継ぎ，設立した銀行である。背景と歴史が違っても，計画経済時代には計画執行のための金融機関となり，国有であったため，長い間，国有商業銀行と呼ばれ，銀行としての役割も限定的であった。その後，改革に伴い，大型商業銀行も2004年から相次ぎ株式会社制度を導入して株式会社に変わり，そして，株式市場に上場し，上場株式会社となった。

　2018年12月現在，大型商業銀行の総資産額は92兆6922億元で，銀行業金融機関におけるその比率は低下しつつあるものの，依然として35.5％占め，銀行業

図 2-1 中国における金融機関の現状 (2016年)

中央銀行	中国人民銀行
銀行業 預金性 金融機関	大型商業銀行(5)，株式制商業銀行(12)，都市商業銀行(134)，民営銀行(8)，農村商業銀行(1,114)，農村協同組合銀行(40)，村鎮銀行(1,443)，農村信用組合(1,125)，農村資金互助会(48)，企業財務会社(236)，郵政貯蓄銀行(1)，政策性銀行(3)，外資銀行(39)
銀行業 非預金性 金融機関	信託会社(68)，金融資産管理会社(4)，金融リース会社(56)，自動車金融会社(25)，貸付会社(13)，貨幣仲介会社(5)，消費金融会社(22)
証券業	証券会社(131)，証券投資基金管理会社(77)，証券投資コンサルタント会社(84)，信用評価会社(9)
保険業	保険集団会社(12)，損害保険会社(86)，生命保険会社(87)，再保険会社(10)，保険資産管理会社(14)，保険仲介会社(50)
取引と決済性金融機構	(証券，商品，先物) 取引所，登記清算会社
その他	少額貸付会社(8,394)

(出所) 中国人民銀行が発表した「金融機関コーディング規範」の分類に基づき，「中国銀行業監督管理委員会年報」および「証券業協会」，「保険業協会」などの資料を使用して，筆者が作成した。( ) 内は機構数。

金融機関の中でとりわけ中心的な存在である。

② 株式制商業銀行

株式制商業銀行は全て改革開放以後，設立された銀行業預金性金融機関である。設立当初から株式会社制度を適用し，当時の国有商業銀行と区別して，株式制商業銀行という名称となった。交通銀行を除いて，大型商業銀行の本店は全部北京にあるのに対して，株式制商業銀行は改革開放政策の産物としてその本店も改革開放の進行に合わせて，改革開放の先端地域に所在する。その業務の対象も改革開放に伴い誕生してきた新興企業が中心である。

2018年現在，株式制商業銀行は全部で12社ある。2018年12月現在，その総資産額は46兆1291億元にのぼり，全銀行業金融機関の17.6%を占める。

③都市商業銀行

都市商業銀行の前身は，改革開放とともに誕生した都市信用組合であった。都市信用組合は，主に地域の個人経営者と小規模私営企業を対象とする銀行業預金性金融機関である。1980年代後半以後，個人経営者と小規模私営企業の急増に伴い，急成長したが，経営規模が小さく，違法な経営をする信用組合も少なくなかった。全体の不良貸出比率と経営利益率などの指標は悪化しつつある状態にあったため，1990年代以降，整理が始まり，ほとんど統合・合併され，都市商業銀行へと変わった。

2018年12月現在，都市商業銀行は134行ある。総資産額は34兆3459億元にのぼり，銀行業全体の13.1％を占めた。このうち，3社は株式上場を実現した。規模の大型化が進むにつれて，都市商業銀行の業務対象も個人経営者と小規模私営企業から大企業へ転換しつつある傾向がみられ，都市商業銀行の位置づけ，中小企業への金融サポートなど新たな課題をもたらした。また，都市商業銀行の経営状況は営業地域の経済状況に左右され，地域間格差は大きいゆえに，資産規模の格差も大きく，経営状況もまちまちである。

2005年以降，これまで業務エリアを本店所在地に限定してきた地域制限規制が徐々に緩和され，経営状況，資産内容と商業銀行のプルデンシャル規制の実行状況などが考慮され，他地域に支店の開設が認可されるようになった。[6]

④農村金融機関

農村金融機関には農村商業銀行，農村協同組合銀行，農村信用組合と新型農村金融機関が含まれる。

農村信用組合は中国の農村専門金融機関として，1950年代に農業集団化の過程において出現した。改革開放の初期段階に，農業生産請負制度の実施においても，大きな役割を果たしたが，1990年代に，中国農村経済の変貌とともに，不良貸出と経営不振などの問題が深刻化した。中国政府は農村信用組合の改革を行った。2010年に，これまで組合組織である農村信用組合から株式制金融機関である農村商業銀行に転換することに，改革の方向が固まった。2016年現在，農村商業銀行は1222社にのぼり，その総資産額は銀行業全体の8.7％を占めた。

同時に，農村商業銀行の株式上場の道も開かれた。2018年6月現在，すでに5行が上場した。

　農村信用組合の農村商業銀行への転換は農村信用組合の不良貸出問題を回避することができたが，多くの農村商業銀行は従来の農村農業専門の金融機関から離脱し，農村農業を専門とする金融サービスの空白を残し，農村資金の都市部への転移という新たな問題を生み出したことは否めない。

　この空白を埋めるために，2006年頃から新型農村金融機関が新設された。新型農村金融機関には村鎮銀行，貸付会社（銀行業非預金性金融機関）と農村資金互助会という3種類の金融組織が含まれる。2010年以後，村鎮銀行は政策的に支持され，農村新型金融機関の中心的な存在となった。

⑤その他の銀行業預金性金融機関

　銀行業預金性金融機関には，他に，中国郵政貯蓄銀行，政策性銀行，企業財務会社と外資銀行がある。2007年，中国郵政省から郵便貯蓄事業の譲渡を受けて，中国郵政貯蓄銀行有限会社がスタートし，2012年に中国郵政貯蓄銀行株式会社に変わり，2016年に香港株式市場に上場した。その経営基盤は広大な農村地域と中小零細企業にある。2017年現在，その総資産額は9兆125億元にものぼる。

　政策性銀行は，国家開発銀行，中国輸出入銀行と中国農業発展銀行の3行ある。いずれも1994年に設立され，文字通り，インフラ投資，輸出入および農業生産，農産品流通に関係する金融サービスに特化した政策性銀行である。[7]

　企業財務会社は，改革開放政策の実行により，企業自主権は拡大し，大型企業グループの経営効率性の向上と企業内部資金の効率的な運用に配慮して，改革の比較的に早い段階の1985年に新設された，大型企業グループ内の企業間資金融通を取り扱う銀行業預金性金融機関である。

　外資銀行は，外国銀行の中国現地法人を指す。2016年現在，39社ある。

〔2〕銀行業非預金性金融機関
①信託会社

　信託投資会社は中国改革開放政策の象徴である。中国国際信託投資会社（CITIC）が改革開放の幕開けの役割を果たしたからである。鄧小平の特命を受けて設立した中国国際信託投資会社の目標は，国内外の資金を利用し，外国の先端技術，設備と経営方法を取り入れ，外国資本と合弁会社を作り，近代化の実現に先導的な役割を果たすことだった。

　その後，各地に相次ぎ地域の名前がついた国際信託投資会社が誕生した。最盛期に，信託投資会社の数は700社以上にも達した。しかし，これらの信託投資会社は実際に信託業務を営んでいなかった。ほとんどはいろいろな手段を使用して資金を集め，中央政府が認可していないプロジェクトに投資することを業務とした。特に銀行系の信託投資会社は主に銀行融資規制逃れに利用されたので，多数の混乱を引き起こした。1985年，1988年と1993年，3回の整理を経て，1995年に「商業銀行法」の施行に伴い，商業銀行業務と信託投資業務との分離を実行し，商業銀行の信託投資会社への投資関係を断ち切った。また，1999年に「証券法」，2001年に「信託法」の施行に伴い，信託投資会社による直接証券業務への参入も禁止された。信託投資会社の位置づけと業務内容はやっとはっきりしてきた。2007年に，信託投資会社の名称は信託会社に変更され，信託会社の業務も投資から信託へ重点が傾いた。2016年現在，信託会社の数は68社である。

②金融資産管理会社

　金融資産管理会社（四大国有銀行不良債権処理会社）とは1999年に，中国政府が国有商業銀行（交通銀行を除いた大型商業銀行）が抱えた大量の不良債権を処理するために特例で全額中国政府が出資して設立した，中国信達資産管理会社，中国華融資産管理会社，中国東方資産管理会社，中国長城資産管理会社の4社のことで，それぞれ中国建設銀行，中国工商銀行，中国銀行，中国農業銀行に対応して不良債権の処理にあたった。当初の営業期間は10年間以内とされていたが，2012年から，4行とも株式会社化の改革を行い，そのうち，中国信達資

産管理会社（信達 AMC）と中国華融資産管理会社（華融 AMC）はすでに香港証券市場に上場している。

③金融リース会社

中国リース会社は1981年に中国で初めての金融リースとして認可された。金融リースに対する認識が不十分の上，法律も整備されなかったことが原因で，ずさんな経営が続いた。中国人民銀行は2000年に，「金融リース会社管理方法」を公布し，金融リース会社の管理と経営の法制化を図り，最低資本金規制など，参入基準を厳格化した。中国銀行業監督管理委員会（銀監会）は2007年3月1日に，新しい「金融リース会社管理方法」を公布，実施するようになり，主要商業銀行は相次ぎ金融リース会社を設立し，金融リース業に参入してきた。2016年末現在，金融リース会社数は56社である。

④自動車金融会社

自動車金融会社という金融組織は中国では従来に存在した金融機関ではなかった。米国政府と WTO 加盟の交渉を行う際に，金融市場開放の一環として外国資本による自動車金融市場への参入を認めるために盛込まれたものである。2004年，米国の GMAC Financial Services と上海汽車集団財務会社が共同出資で設立した上海汽車通用自動車金融会社が中国自動車金融会社第1号としてスタートした。2016年現在，自動車金融会社はトヨタ自動車金融（中国）を含めて全部で25社に達した。

⑤貨幣仲介会社（短資会社）

貨幣仲介会社は中国で最も新しい銀行業非預金性金融機関の1つである。2005年「貨幣仲介会社試行管理方法」が配布され，貨幣仲介会社の設立に着手した。貨幣仲介会社の業務は短期金融市場の仲介業務に限定され，2016年末現在，5社である。

⑥消費金融会社

消費金融会社は，2010年に始まった国内居住者向けで消費目的の融資を提供する銀行業非預金性金融機関である。2017年現在，22社開業した。

③ 証券業

①証券会社

1987年に，広東省の深圳特区証券公司の誕生と中国工商銀行上海支店の上海静安信託業務部が始めた株式窓口売買をきっかけに，中国では証券業務の開始と証券会社設立の幕が開いた。証券業務に携わる証券会社は基本的に2系統から構成され，各地域の政府財政局が設立した証券会社と中国人民銀行を始め商業銀行が設立した信託投資子会社であった。これらの証券会社は規模が小さく，業務エリアも地域に限定され，特に証券業務に慣れないため，恣意的なやり方が横行した。このような局面を変えるために，1992年に中国政府はいわゆる全国規模の証券会社として，華夏証券（本店は北京），国泰証券（本店は上海）と南方証券（本店は深圳）を設立した。同時に，国務院証券委員会（その後，中国証券監督管理委員会に統合された）と中国証券監督管理委員会（証監会）を設立し，証券業関係の立法を進め，証券業の整理を行い，特に，1995年7月から実施する「商業銀行法」は，商業銀行の国債以外の証券業務への参入を禁止し，銀行，証券，保険の分業体制を確立した。このように，証券会社は比較的に安定的な段階に入った。2018年6月現在，証券会社は131社，総資産額は6兆3800億元である。

②証券投資基金管理会社

中国で証券投資基金管理会社（運用会社）は1991年からスタートしたが，証券投資基金業に関する法律が存在しなかったため，投資対象は債券，株式などの金融商品に限らず，広範囲であった。不動産や実業への投資も少なくなかった。また，証券投資基金の設立と管理人も政府，事業会社，銀行，信託投資会社，証券会社，保険会社などさまざまであった。約半数を占めたのは信託会社であった。1997年11月に「証券投資基金管理暫定措置」，さらに2003年に「中華人民共和国証券投資基金法」，2004年に「証券投資基金管理会社管理方法」の制定により証券投資基金業は急速に伸びてきた。

2018年3月現在，証券投資基金管理会社は116社あり，発行した証券投資基金の数は5085にのぼり，管理資産時価総額は約12兆3664億元である。

③証券投資コンサルタント会社

　証券投資コンサルタント会社（証券投資顧問会社）は，顧客に投資，証券取引に関するアドバイスを提供することを業とする証券業金融機関で，証券市場の成長とともに，誕生した。1997年に「証券先物投資コンサルタント管理暫定措置」が制定された。最低資本金が100万元で外国の出資がない，証券投資コンサルタント資格を有する従業員が5名以上が設立最低基準である。2018年1月現在，84社ある。

④保険業

　1979年4月に，中国政府は保険業務の復活を決定し，中国人民保険公司を復活させ，企業損害保険，貨物輸送保険と家庭損害保険の業務を始めた。その後，保険業の競争を促進するために，新規参入を認可した。1991年に交通銀行の保険業務部を独立させ，中国太平洋保険公司を設立した。1988年に広東省の深圳に中国平安保険公司を設立した。中国人民保険公司，中国太平洋保険公司と中国平安保険公司は三大保険会社である。そして，外資の参入も認められた。1982年に香港民安保険会社が深圳に支店を設立したのをきっかけに，1992年に米国のAIGとAIU，そして1994年に日本の東京海上火災保険が上海に支店を開設した。2018年5月現在，外資系保険会社は22社にのぼった。

　1995年6月に「中華人民共和国保険法」が公布され，保険業を損害保険と生命保険に分業する体制を確立した。その後，三大保険会社はグループ企業に転換し，生保・損保以外の金融業にも参入し，特に，中国平安保険集団は平安銀行，平安証券，平安信託などの子会社をもつ金融コングロマリットになった。

　2018年8月現在，保険集団会社12社，損害保険会社86社，生命保険会社87社である。保険業の総資産額は16兆7489億元にのぼる。2017年の保険料収入は3兆6581億元で，うち，損害保険料収入は9834.66億元，生命保険料収入は2兆6746億元である。保険金の支払いと給付額は合計で1兆1181億元になる。

⑤その他

　上記の金融機関以外に，近年，中国政府は潤沢な外貨と財政資金を活用して，長期の経済成長と社会の変化に備えて，特殊な金融機関を作った。主に，国内

Column 2　金融監督・金融機関幹部の党人事

　2001年末，中国のWTO加盟後，金融業への外資規制緩和期待から，北京を訪問する海外の金融関係者が急増した。その中で目立つ存在だったのが，米大手投資銀行ゴールドマン・サックスのヘンリー・ポールソン会長兼最高経営責任者（CEO）である。ポールソンは2006年，財務長官に就任すると経営者として「70回以上，中国を訪問した」と関係の深さをアピールした。ポールソンの交渉相手のひとり王岐山副首相（現国家副主席）は，1990年代に中国建設銀行（英文略称：CCB，中文略称：建行）の行長（頭取）の時からポールソンと面識があった。このCCBは2005年，交通銀行とともに香港で新規株式公開（IPO）を成功させる。両行の資金調達は五大銀行の先陣で金融改革の重要な節目となった。実はIPOを控え，CCBでは幹部に関わる不祥事が相次いでいた。この難局でCCB会長（董事長兼党委書記）に任命されたのが郭樹清である。CCBは米大手銀行のバンク・オブ・アメリカと資本提携するなど，郭は国際通の改革派としての評判を獲得していく。

　さらに郭の経歴を振り返ると，大学院修了後，英オックスフォード大学に派遣され，経済調査や経済計画を担当した後，地方勤務を経験する。最初は経済発展が遅れる貴州省の副省長につき，中国人民銀行副行長（副総裁）兼国家外貨管理局局長を経てCCB会長となった。国家外貨管理局は国際収支，つまり内外の資金フローを監視する組織である。その後，郭は，証券業を監督する中国証券監督管理委員会（証監会）主席に移り，2回目の地方勤務は沿岸部で経済発展が進む山東省の省長となり，2017年，中国銀行業監督管理委員会主席と「金融街」に復帰し，さらに2018年，銀行業と保険業の監督を統合した中国銀行保険監督管理委員会の初代主席と中国人民銀行の副総裁を兼務する。こうした北京と地方を往来しながら昇進するのが中国共産党幹部人事のパターンで，金融関係人事も例外ではない。　（小原篤次）

の主要金融機関への出資と海外への投資を行う中国投資有限会社，一帯一路を中心に，資源開発のインフラ建設を推進するシルクロードファンド，そして，アジアインフラ投資銀行（AIIB）および2000年に財政資金出資で設立された全国社会保障基金である。

　他に，債券と株式の取引を業務とする公的な機関として，上海証券取引所と深圳証券取引所，証券決済機関として，中央国債登記決済有限会社，銀行間市

場決済株式会社と中国証券登記決済有限公司の3社がある。

そして，少額貸付会社が存在する。少額貸付会社は，2008年から始まった中国版のマイクロファイナンスであるが，金融機関としての法的位置づけはまだ明確ではない。2018年12月現在，その数は8133社に達した。

第3節　金融市場[8]

1　短期金融市場

①銀行間外為市場

改革開放以後，試行錯誤を経て，1994年に上海外為取引センターは中国の銀行間外為市場としてスタートした。中国の銀行間外為市場は上海外為取引センターを取引場所とする有形市場である。上海外為取引センターは中国人民銀行直轄の事業法人である。

銀行間外為市場は会員制を実行し，会員申請の条件が徐々に緩和され，現在は金融機関だけでなく，非金融企業法人も申請できるようになった。2018年現在，銀行間外為市場の現物取引会員は647社にのぼる。取引通貨は米ドルを始め，世界主要27カ国と地域の通貨が含まれる。

銀行間外為市場は，単に外貨取引を行うだけでなく，人民元対主要通貨の相場を決定する役割も果たしている。上海外為取引センターは毎日，人民元対米ドルの取引仲値を公布することになっている。同取引センターは，市場取引開始前に，マーケットメーカーである金融機関に価格の問い合わせを行う。マーケットメーカーである金融機関は前日の取引終値，外為の需給状況および海外市場主要通貨の相場動向を考慮した上で，その問い合わせに回答する。取引センターは，全てのマーケットメーカーからの回答を取引仲値の計算標本とし，最高値と最安値を取り除いて，残りの計算標本を加重平均して当日の取引仲値を決定し，当日の人民元対米ドル相場はこの仲値の上下2％以内で取引される。香港ドルを除き，人民元対他の通貨の相場も似たようなメカニズムで決定される。

②銀行間コール市場

　銀行間コール市場は，預金性金融機関の流動性を調整，管理するための市場である。改革開放の進展とともに，地域間に，金融機関の間に，資金過不足現象が生じ，資金流動調整の需要が生まれた。そして，預金準備金制度の整備により，銀行業預金性金融機関の間で預金準備率をめぐり，流動性を調整するための資金融通の必要性がさらに強化されたことなどが中国にコール市場誕生の機運をもたらした。

　1996年に，上海外為取引センターの管轄下で，これまで各地でばらばらにできていた銀行間貸借センターを統合して，全国統一の無担保信用取引を内容とする銀行間コール市場を作り上げた。その後時間の経過につれ，市場参加金融機関数，取引商品の種類も増え，規模が拡大してきた。

　2018年現在，2006の金融機関が銀行間コール市場に参加している。

③銀行間債券レポ市場

　債券レポ取引は早くも1991年に始まった証券取引所での取引にさかのぼることができる。銀行間コール市場と同じように，公式な市場からの資金調達が閉ざされ，あるいは制限された資金需要者，特に証券会社に歓迎され，豊富な資金を所有する大型商業銀行も安全で高収益の資金運用の道として歓迎した。この市場の需要に応じて，債券レポ市場は短期間に凄まじい成長を遂げた。

　ところで，債券レポ市場を通して多くの資金が不動産市場や株式市場に流れ，家計部門の貯蓄が銀行預金，そして，債券レポ市場を通じて，株式市場に流れる構図となった。このため，1997年に，商業銀行による証券取引所での債券レポ取引を含む全ての債券取引が停止させられた。代わりに，銀行間コール市場のインフラを利用して銀行間債券市場を開始したのである。このように，中国では，債券市場は債券レポ取引を含め，銀行が参加する銀行間市場と一般事業会社，個人などが参加するオープン市場である証券取引所市場に分割されることになった。銀行間債券市場は商業銀行を始め，証券会社，信託会社，財務会社，保険会社などの金融機関が徐々に加わり，現在その規模は証券取引所市場を遥かに超えた。銀行間債券レポ市場の取引に参加できるのは銀行間債券市場

メンバーに限られる。2018年現在，そのメンバー数は2万3760にのぼる。

④手形市場

手形市場は手形発行市場と流通市場から構成され，手形は融資手段としても，決済手段としても使われる。手形市場という場合，手形の流通市場を指すことが多い。

手形市場は短期金融市場の中で最も古い市場であるが，計画経済時代の中国では，部門と部門，企業と企業との間には資金の融通は許されなかったし，商品の取引も全部計画に組み込まれたので，その決済は計画の中で自動的に行われ，手形を発行する必要性もなかった。当然，手形市場も存在しなかった。しかし，改革開放以後，企業自主権の拡大につれて，決済手段としても，資金の融通手段としても手形の必要性が生じた。これを受けて，1979年に中国人民銀行が一部の企業に商業手形の発行を認めた。1981年に中国人民銀行上海支店が商業手形の割引業務を試みた。これをきっかけに，手形市場がスタートした。しかし，規則違反行為や偽手形などが横行し，1988年の経済過熱を経て整理に追い込まれ，手形の発行と流通がほとんど停止した。1993年以後，中国人民銀行は手形の再割引を金融政策の手段と確定した。また，1994年から企業間買付け金の付回し状況の悪化などの解決方法として，改めて商業手形の使用，割引と再割引を推し進めた。1995年に「手形法」が制定，実施され，商業手形の引受け，割引と再割引が認められた。

その後，商業手形の重要性はますます高まった。特に中小企業にとっては，商業手形は決済手段だけでなく重要な融資手段でもあるので，商業手形の発行と流通は急増した。しかし，同時に手形に関する不祥事が相次ぎ発生した。2016年に，中国政府は手形市場の整備と管理に乗り出した。手形の電子化と銀行窓口を主とする分散した手形取引を統合することはその主な内容である。上海手形取引所株式会社を設立して，手形の取引価格のオファー，取引，登録預かり，決済などの機能をもつ手形市場の運営を担当させた。

2 債券市場

① 債券の種類

改革開放に伴い，債券市場も急速に成長してきた。規模だけでなく，債券の種類も非常に多様化した。以下，債券の種類について簡単な説明をしておきたい。

政府債券は中央政府が発行する国債と地方政府が発行する地方政府債券からなっている。国債の発行は1982年から再開されたが，地方政府の債券発行は中国の「予算法」により禁止されていた。地方政府は債券発行が禁止されたものの，銀行借入など莫大な債務を抱え，この債務を処理するために，2009年から債権の発行が認められた。その後，地方政府債券の発行が恒常化し，発行規模も急速に拡大した。2017年，その発行額は国債を超えた。

政府保証債券は，中国鉄道会社（旧鉄道省）が発行する鉄道債券と中国政府が全額出資した中央匯金公司が発行する中央匯金債券の2種類である。

金融債のうち，政策性金融債券と商業銀行債券は文字通り，その発行主体は政策性銀行（国家開発銀行，中国輸出入銀行と中国農業発展銀行）と商業銀行であるが，非銀行金融債券の発行主体は企業財務会社，金融リース会社，証券会社と保険会社である。

誤解されやすいのは，事業会社が発行する企業債である。中国では企業債を企業信用債券と呼ぶ。長い間，企業債の発行が認められたのは大型国有企業だけであった。2008年に上場企業および非上場企業も企業債の発行が認められる[9]ようになった。区別して，大型国有企業が発行する企業債は企業債券，上場企業および非上場企業が発行する企業債は会社債，企業債券と会社債券を含んだ広義の企業債は企業信用債券と呼ばれている。企業信用債券には，ほかに，融資ノート，手形などを含む非金融企業融資ツール，転換会社債券と認定を受けた認可投資家向けの中小企業私募債券がある。

資産担保証券は，主として信託会社が発行する貸付資産担保証券と証券会社が発行する理財商品を組成する企業資産担保証券である。

パンダ債券は国際開発機関と海外の銀行が中国で発行する人民元建て債券で

ある。

②債券発行市場

債券の発行市場も銀行間市場と証券取引所市場に分かれるが，個人投資家向けの貯蓄国債は商業銀行窓口で販売される。歴史的経緯や資金力などの理由から，国債は主として銀行間市場，政府保証債券と金融債は銀行間市場のみ発行されるので，銀行間債券市場は主要な債券発行市場である。

債券の発行方式は，かつての行政割り当て方式，特定投資家向け発行，引受けシンジケート団方式を経て，引受けシンジケート団による競争入札方式が定着した。それぞれの発行主体と一定の条件に基づき選ばれた引受けシンジケート団との間で，定めた期間内に債券の発行に協力するという契約書を交わして，債券の新規発行の度に，発行条件，数量などを巡って競争入札が行われることが一般的になっているが，特定の投資家向け発行の債券も一部存在する。他に，ブックビルデイング方式も一部の地方政府債券と企業債券の発行に使われている。商業銀行窓口同時発行の場合，銀行間市場での競争入札の結果（発行条件）をそのまま適用する。貯蓄国債の発行条件は発行主体が指定することになっている。

2018年，債券発行額は43兆959億元に達した。

③債券流通市場

債券流通市場も債券発行市場と同様，銀行間市場，証券取引所市場と商業銀行窓口からなっているが，銀行間市場はその中心的な存在である。2018年，債券現物の取引額は全部で157兆1000億元で，このうち銀行間市場の取引額は150兆7000億元で，96％を占めた。最も多く取引されているのが，金融債，企業債券と国債である。取引主体からみれば，大型商業銀行以外の商業銀行と証券業金融機関は主要な売り手で，その他の金融機関は主要な買い手である。

注

(1) 対金融機関貸出金利とは，中国人民銀行が銀行業預金性金融機関に資金を貸すときの金利である。中国人民銀行対金融機関貸出には手形再割引と再融資があり，前者に対しては再割引率，後者に対しては貸付利率が適用される。銀行預貸基準金利とは中国人民銀行が公表する銀行業預金

性金融機関の預金と貸出の基準金利のことである。経済情勢の変化に基づき，中国人民銀行は銀行預貸基準金利を動かし，公表するが，銀行業預金性金融機関はこの基準金利を参考に預金金利と貸出金利を決定する。
(2) 日本では，預金残高2兆5000億円以上の商業銀行の場合，定期預金は1.2%で，他の預金は1.3%である。
(3) 銀行システムの流動性の一時的な変動に対して適時使用される。7日以内のレポ（無担保）が主で，取引対象機関は金融政策の伝達能力の強い金融機関（5大銀行等12行）である。金利・金額等の結果は1カ月後に公表される（神宮，2014）。
(4) 金融機関からの要請に応じる形で，比較的長期で金額の大きい流動性を提供（日本銀行の補完貸付制度に相当）できる。対象は主に政策性銀行（国家開発銀行等）と全国的商業銀行，2014年に，一部地域の中小金融機関にも拡大した。期間1～3カ月の担保貸出で，金利水準は金融政策調整・市場金利誘導の必要等に基づき決定される。貸出残高は公表，金利は公開されない（神宮，2014）。
(5) 国家開発銀行と中国郵政銀行もその総資産額が2兆元を超えるが，中国銀行保険監督管理委員会（銀保監会）の資料では大型商業銀行に分類されていない。
(6) 長い間，商業銀行に対して，預貸比率（総貸出残高／総預金残高）75％以下と流動性比率（流動性資産残高／流動性負債残高）25％以上というプルデンシャル規制を実行したが，2015年に預貸比率を廃止した。
(7) 2015年から中国人民銀行は国家開発銀行について政策性銀行から開発性金融機関という名前を使用するようになったが，銀保監会は従来の名称のまま使用している。
(8) 金融市場の発達に伴い，その分類も複雑になる。期間からの分類は短期金融市場と長期金融市場，機能からの分類はマネーマーケットと資本市場，市場参加者からの分類は銀行間市場と公開市場など，いろいろの分類がある。本章は大きく短期金融市場，債券市場と株式市場とに分類し，短期金融市場はさらに外為市場，コール市場，レポ市場と手形市場に分類することにした。
(9) 株式を縁故者向けに発行した会社，かつての証券取引センターで取引された会社，株主数が特に多い会社，さらに，証券取引所上場廃止の会社を意味する。

引用参考文献
○日本語文献
神宮健，2014，「人民銀行の金融調節手段 MLF の導入と差別準備制度について」fis.nri.co.jp
童適平，2013，『中国の金融制度』勁草書房。
○中国語文献
中国人民銀行，各年版，『貨幣政策執行報告』。
中国銀行業監督管理委員会，各年版，『中国銀行業監督管理委員会年報』。
呉暁霊主編，2008，『中国金融体制改革30年回顧興展望』人民出版社。
尚明主編，2000，『新中国金融50年』中国財政経済出版社。

（童　　適平）

第Ⅱ部

多様化する金融セクター

| 第3章 | 金融業の規制緩和と競争 |

　本章では，中国金融業における規制緩和と競争について，銀行業・保険業および証券業の事例を取り上げ，金融業の管理体制の形成，規制緩和の進め方とその特徴，さらに規制緩和の実施により生じた問題点などの分析を行う。その上で，規制政策のあり方によって規定された中国金融業の産業構造についても論じる。

Keywords▶ 規制緩和，競争，銀行業，保険業，証券業

第1節　金融業の管理体制と規制緩和

1　金融業の管理体制

　改革開放以降，市場化を目指す金融制度の整備に伴い，部門別の金融業管理体制が樹立された。中国人民銀行は「最後の貸し手」としての中央銀行機能に専念し，1992年に発足した「中国証券監督管理委員会」（証監会）は証券市場と証券業の行政を担当した。1998年に成立した「中国保険監督管理委員会」（保監会）は保険業の管理を行い，2003年にできた「中国銀行業監督管理委員会」（銀監会）は銀行行政にあたった。2018年，金融業務の複雑化や金融機関の相互進出等により，部門別の管理体制における問題点が顕在化し，「銀監会」と「保監会」が統合され，新たに「中国銀行保険監督管理委員会」（銀保監会）が誕生した。

　部門別の金融業管理体制では，業種ごとに専門の規則や条例などを制定する一方，金融業の構造も規定している。銀行業の市場参入では，厳しい参入条件を課したのに加え，店舗の新設に対しても許認可制度を設けている。金融機関

の新設については，国務院および中国人民銀行と各専門委員会の認可を受ける必要があるが，既存金融機関の新規支店管理については「金融許可証制度」（金融ライセンス制度）を通じて行っている。各金融行政部門は，地方政府の行政組織に合わせて設けられた支店や出先機関を通じて，金融業の参入を管理しているため，各地域の金融業は類似した構造を呈している。

　金融業の参入規制のみならず，「商業銀行法」や「銀行業監督管理法」などに基づく自己資本比率規制・流動性規制・融資規制および経営指標規制などのプルーデンシャル政策や銀行検査も，全国各地に設立した「銀監局」などの出先機関を通じて行う。また業務範囲規制が敷かれ，国有商業銀行や株式制商業銀行など金融機関のタイプごとに，詳しく業務の範囲を規定している。ただし，詳細な業務内容を規定する一方で，複数の金融業務をまたがる持ち株会社についての運用規則は定められていない。

　厳しい管理体制で臨みつつ，金融行政は一貫して金融業の規制緩和に対して慎重な姿勢を崩さなかった。改革開放以降，各種の金融機関が多く設立されるようになり，何度も社会的な混乱を引き起こした。1980〜90年代において，3回も金融業の整理が行われた（門，2011，68-72頁）。その間，金融業の規制緩和も絶えずに行われたが，それは整理の歴史とも解釈できる。中国人民銀行総裁だった戴相龍は，在任期間の1993〜2000年を「整理整頓の8年」と捉えていた（戴，2018，13-16頁）。同様に，外資金融機関への市場開放にも，常に慎重な態度を取ってきた。2013年以降，中国政府はようやく外資金融機関への市場開放を加速するシナリオを示すようになった。

2　テスト事業と規制緩和

①金融業務のテスト事業

　中国の金融改革は，市場参入の条件緩和や業務範囲の拡大を通じて，規制緩和を行ってきた。これまで実施された規制緩和には，2つの特徴がある。まず，金融当局は規制緩和に慎重な姿勢を崩さず，必ずテスト事業のプロセスを経てから，緩和に踏み切ることである。もう1つは，第1章で詳細に検討されたよ

うに，規制緩和がたびたび，国内経済の難局や外交関係の行き詰まりを打開するために用いられたことである。本来，テスト事業の目的は規制緩和の実施効果を見極めることにあるが，中国経済は成長が速く，目まぐるしい変化に対応するため，大半の規制緩和はテスト事業の効果を十分確認しないまま，実施されてきた（董，2016，5頁）。

中国の金融改革において，目玉ともいえるのは，1985年から全面的に進められた「撥改貸」(5)による国有企業の資金調達手段の変更である。本改革の全面実施によって，政策的な資金配分を色濃く残しながらも，当時の国有専業銀行には一定の競争圧力を加えることになった。ただし，当時の旺盛な資金需要に対して，常に資金不足が生じた。中国人民銀行は，預金準備を利用して預金とリンクさせる貸出枠を設け，いわゆる「預貸差額管理」という方法で過剰融資をコントロールしていた。

「撥改貸」という資金配分方式に全面転換させる前に，1979年から北京市・上海市・広東省の紡織業・軽工業および観光業企業に対して，「基本建設投資」（固定資産投資）を財政の資金配分から銀行の貸出とするテスト事業を行った。1980年からはその対象範囲を拡大したものの，関連措置が講じられなかったため，大きな進展はみられなかった（董，2016，6頁）。このように，その後の金融改革と金融業規制緩和もテスト事業を通じて行われてきた。本書の第5，6，11章で取り扱う「株式と先物取引の規制緩和」や「不良債権処理における債務の株式転換」，さらに「人民元の国際化を目標とするクロスボーダー人民元クリアリング銀行の指定」などがそれに該当する。

②経済特区と金融規制緩和

中国の改革開放は経済特区の設定から本格的に始まった。1980年に「全人大」（中国の国会）での可決を受け，国務院が広東省の深圳・珠海・汕頭および福建省の厦門を経済特区に指定した。同年に「経済特区条例」が制定され，経済特区での外国投資や工場建設に対して，税制・融資・土地および賃金支払いなどについて優遇措置を講じるようになった。優遇政策を受け，いわゆる「合資」・「合弁」・「合作」および「独資」企業が数多く経済特区に進出し，中国経

第Ⅱ部　多様化する金融セクター

> ***Column 3***　改革実験区域の指定と温州金融改革
>
> 　経済特区設立のように，中国の改革開放は往々にして特定の地域での規制緩和を通じて実験的に行われ，施策の効果を確認してから，全国に広げる形で進められてきた。金融改革についても，同様な手段が講じられている。2002年，中国人民銀行と浙江省政府は，民間金融が最も発達する温州地域を当時唯一の「金融総合改革実験区」に指定した。それによって，国有商業銀行の支店統廃合に伴う地域金融機関へのサポートや民間資本を利用する中小企業金融の充実を主要課題とする，いわゆる「温州金改」の幕を開いた。
>
> 　しかし，温州銀行などの地域金融機関における民間資本参加の比率を高めた以外に，期待されていた中小企業向けの融資や民間の地下金融の規範化，さらに市場メカニズムを介した金利自由化のモデル事業などについては，大きな進展がみられず，「温州金融改革の失われた10年」とも呼ばれるようになった。
>
> 　2012年，温州市は再び国務院から「金融総合改革実験区」に指定され，民間中小金融機関の設立を促進する12項目にわたる方針が策定された。これを受け，浙江省政府は相次いで「浙江省温州民間融資管理条例」と「温州市金融総合改革実験区実施方策」を制定した。注目されるのは，少額貸付を扱う「小額貸款公司」（少額貸付会社）が村鎮銀行へ移行することを認める規制緩和である。しかし，民間貸出が盛んに行われている温州地域では，制度化した金融取引がどこまで拡大できるのか，不明瞭な部分が多い。
>
> 　2013年，銀行業市場参入の規制緩和が決められたことを受け，温州市は深圳前海微衆銀行・天津金城銀行・上海華瑞銀行および浙江網商銀行と同様に，温州民商銀行の設立を認めた。ところが，同行はSNS最大手の「テンセント（騰訊，Tencent）」が主導する微衆銀行のように順調なスタートを切ることができず，2回に及ぶ「温州金改」の成果が問われている。
>
> 　　　　　　　　　　　　　　　　　　　　　　　　　　　　　　　　（門　闖）

済の起爆剤となった。金融においては，外資銀行および中外合資銀行に対する税制優遇や，外国銀行の預貯金の利払いやコールローンの利息収入に対する免税措置が講じられた。これらの優遇措置の存在が，内外金融機関による経済特区進出を促した。

　同様に，1992年から進み始めた「浦東新区」の建設にあたって，「国家の重大発展と改革開放戦略の任務を受け持つ総合機能区」として，それに相応する

優遇政策が実施された。金融面においても，1980年の経済特区設立時よりも外国金融機関の進出を促す優遇措置が講じられ，指定地域での実験事業を通じて改革開放を推し進めるため，「上海浦東銀行」の設立が認められた。現在の株式制商業銀行12行の多くは，経済特区などの実験事業を推し進めるため，設立されたものである。例えば，1987年に深圳に設立された招商銀行・深圳発展銀行，1988年に設立された広東発展銀行・福建興業銀行などがそれにあたる。同年に深圳で平安保険の設立も認められた。

　2013年以降，中国経済の成長減速が鮮明となり，新しい成長エンジンとして自由貿易区のテスト事業が期待されている。2013年9月に上海が初めて自由貿易試験区に指定され，2015年から，広東・天津および福建自由貿易試験区が相次ぎ設立された。さらに2017年には，遼寧・浙江・河南・湖北・重慶・四川・陝西などの地域でも自由貿易試験区の設立が認められた。自由貿易試験区の設立にあわせて，クロスボーダー人民元取引の拡大を目指す手続きの簡素化や優遇措置が実施された。国内に対しては民営銀行の設立を解禁し，外資金融機関の進出を促すために国内金融機関への出資割合制限を緩和した。[6]

第2節　銀行業の規制緩和と競争

［1］銀行行政の成立と限界：商業銀行法の成立と改定

　第1章で紹介したように，改革開放以降，1984年と1993年の「金融体制改革」は銀行業規制の礎を築いた。1984年の金融体制改革では，中国人民銀行から商業銀行業務を外し，中央銀行としての位置づけを明確化した。1984年1月に中国工商銀行が中国人民銀行から独立し，同行の商業銀行業務を引き継いだ。

　1993年に国務院は「金融体制改革に関する決定」を発表し，翌年から国有専業銀行の政策金融機能を，新設した政策性銀行に移し，国有銀行の商業銀行化を行った。その後，地域銀行の大量出現や，国有商業銀行の株式会社化を受け，2003年に銀行業全体を管轄する銀監会が登場した。金融機関のコングロマリット化や相互進出が多くなるにつれ，2018年に，銀監会と保監会が融合し，新た

に銀保監会が誕生した。

　その中で，関連法制の整備が金融改革決議の後を追う形で進められてきた。1986年に国務院が「銀行管理暫定条例」を制定した。同条例は，1984年の金融改革決議を確認し，中国人民銀行の中央銀行機能および「国有専業銀行」の業務範囲などを規定した。さらに，信託会社，農村信用組合，都市信用組合に関する条項を盛り込んだ。同条例は，銀行新設の門戸を開き，翌年から，交通銀行や招商銀行などの株式制商業銀行が設立され始めた。

　1992年の鄧小平の「南巡講話」に続き，市場経済化の方針が決められたことを受け，市場経済に合う金融主体の創出が金融改革の急務となった。1993年の金融改革は，国有専業銀行を商業銀行とするように，組織の再構築を行うことを目標としていた。その一環として，1995年5月に「商業銀行法」が「全人大」で成立した。同法は商業銀行の設立・組織・業務内容について，詳細な規定を設けた。さらに，「資産負債総合管理（Asset and Liability Management, ALM）」というリスク管理と規制の方法を導入した。また都市商業銀行と農村商業銀行など中小規模銀行の設立に門戸を開いた。その結果，同年設立の「深圳都市合作銀行」をはじめ，1996年から都市商業銀行設立のブームが始まった。

　その後，不良債権処理や銀行の株式会社化を受け，2003年に銀監会が創設され，同年に「銀行業監督管理法」が成立した。これにあわせて，同年末に「商業銀行法」が初めて改正された。それにより，銀行経営の健全性と金融機能の円滑な実現を確保することを目標とする銀行行政の体制が確立した。

　このようにして，市中商業銀行に対してALM管理や資本規制を課すとともに，支店開設や従業員の資格審査などに関し，詳細な規則と行政指導を実施する銀行業規制の体制が整えられた。しかし，商業銀行を取り巻く経営環境の変化は激しく，2015年には，施行から20年たった「商業銀行法」が，2003年以来2回目の改定を迎えた。2015年の改定では，法定基準であった預貸率の75%上限規制を撤廃した。しかし，預貸率規制の撤廃だけでは，すなわち，法定基準から銀監会による流動性規制へシフトすることだけでは，商業銀行による貸出以外の資産運用の拡大につながることは期待できない（中国研究所，2016，

153頁)。

　一方，期待が大きかった「混業経営（ユニバーサルバンキング）」の解禁をめぐる規制緩和は行われなかった。ただし，金融業におけるコングロマリット化は，事実上，金融の分業体制の壁を壊しつつある。2018年に行われた銀監会と保監会の統合はこうした流れを反映したものの，現時点では，混業経営に対応する金融規制緩和には，明確な政策ビジョンがみえない。

⑵　銀行業の同質化競争

　第２章でも紹介したように，改革開放以降，中国の銀行業は四大国有商業銀行の創出から始まり，銀行市場におけるプレーヤーを次々と増やしてきた。その結果，かつて銀行市場における総資産シェアの９割以上占めた四大国有商業銀行は，シェアを４割以下に下げた。地域の銀行として出発した都市商業銀行は，銀行業総資産シェアが，５％から10％を超えるようになった。このように，銀行業における参入規制緩和は，市場集中度を下げ，市場競争度を高めた。

　しかし，営業地域などの違いが存在する一方，業務内容ではこれらの商業銀行に大きな違いはなく，同質化競争が繰り広げられている。特に，2005年以降進められた金融機関のコングロマリット化は，この問題を深刻化させている。2005年に国務院が，商業銀行による資産管理会社への投資を認めた。それ以降，四大国有商業銀行を中心にファンド・資産管理会社・保険会社・証券会社等への投資や新会社設立が加速した。同様に，保険・信託などの金融大手も，証券・信託・資産管理・銀行への投資を増やし，次第に複数の金融業務をまたがる金融コングロマリットに成長してきた。

　さらに，中央レベルの金融企業として，中信集団や光大集団は，複数の金融ライセンスを生かして巨大な金融グループになった。深圳発の招商局集団や平安保険も，買収などを通じ銀行・証券・保険にまたがる金融大手に成長した。金融機関のみならず，他業種の大手企業も，持ち株会社を通じて金融業への参入を加速している。例えば，中国煙草・宝武鋼鉄・国家電網などは銀行業へ出資した。地域の中小銀行を傘下に収め，金融業務を拡大させる大手企業も現れ

た。

　金融持ち株会社を通じて，大型商業銀行のみならず，地域の中堅銀行も店舗やネットワークを増やし，経営規模を拡大させる動きが多くみられる。業務上，ほとんど差別化できない商業銀行は，金融コングロマリット化を通じて力量増強の機会を得た一方，今後は熾烈な競争が展開されることも予想できよう。金融当局も，金融持ち株会社がもつリスクおよびそれに対する規制を語り始めた。[9]

3　地域銀行の参入と統廃合

　アジア金融危機をきっかけに，国有商業銀行は経営の効率性を重視し，不採算地域からの撤退を余儀なくされた。かつて県レベルまで設立された国有商業銀行の支店は中心都市や大都市へ集中した。国有商業銀行の撤退で生じた金融サービスの空白を補ったのは，都市商業銀行を代表とする地域銀行の大量参入である。1980年代から90年代前半に，全国で多数設立された都市部の信用組合を統合して誕生した都市商業銀行は，省都や経済が発達した都市をはじめ地方都市にまで及び，銀行業内部においても，国有商業銀行と株式制商業銀行以外の資金配分ルートとして重要視されつつある（門，2011，58-59頁）。2017年末までに，都市商業銀行が設立された都市は160以上に上り，行数は134行に達した（詳しくは，第2章第2節を参照）。

　しかし，都市商業銀行は，国有商業銀行や株式制商業銀行にとって融資コストの高い顧客（中小企業や自営業者など）を中心に業務を営むため，設立当初から，経営統合を通じて経営の安定化と健全化を図る動きがみられる。2005年に安徽省内で，都市商業銀行の統合により成立した徽商銀行をはじめ，江蘇銀行（2007年）・湖北銀行（2011年）・中原銀行（2014年）など，都市商業銀行の域内統合は，安徽省・江蘇省から陝西省・甘粛省・貴州省など中西部へ広がった。

　また資本市場への上場を通じて経営基盤を強化することも行われ，2007年に国内株式市場への上場を果たした北京銀行・南京銀行・寧波銀行をはじめ，2013年には重慶銀行と徽商銀行が，香港市場への上場を果たした。2016年には，江蘇銀行・貴陽銀行・上海銀行・杭州銀行が国内株式市場へ上場した。

他に，大手企業の傘下に入り，経営の安定化を図る銀行も現れた。珠海市商業銀行は，2009年に華潤集団による資金注入を受け，珠海華潤銀行になった。新疆のクラマイ商業銀行は中国石油の増資を受け，昆崙銀行になった。これらの銀行は規模が急速に拡大し，国有商業銀行の地域支店に匹敵するまでに成長してきた。その一方で，都市商業銀行が規模拡大により全国への出店を始めたことで，地域銀行としての特色を失いつつあるとの懸念が生まれている。

4 中小零細金融機関

①信用組合の設立と衰退

預貯金取扱金融機関の中で，数が多い中小零細金融機関は，農業金融を営む農村の金融機関である。中華人民共和国建国後，社会主義改造の一環として農村部における信用組合の設立が推進された。1953～1960年に総数にして5万5000社も設立され，ほぼ全ての人民公社に農村信用組合が誕生した。採算性を考慮しない信用組合の乱立やずさんな資金管理によって，1980年代半ばに入ってからは，何回も整理が行われ，2000年以後は農村商業銀行への統合が進められた。現在でも，1000社弱（2017年末時点）の信用組合が残っている。

同様の事例として，改革開放以降，都市部における中小企業（集団所有制企業）や自営業者の金融アクセスをサポートするため，都市信用組合の設立が推奨された。1986年に「都市信用組合管理暫定規定」が制定され，都市信用組合の地位が認められると，全国レベルで都市信用組合の設立ブームが起きた。ピーク時の1994年には5000社を超えるほどになった。しかし，短期間で設立された都市信用組合は多くの問題を抱え，1989年からさまざまな理由で整理が行われた。その後，都市商業銀行などに統合され，次第に金融市場から姿を消した。

②村鎮銀行と少額貸付会社

現在，農村部において推進されている施策は，金融サービス不在地域を中心に資金融通を行う中小零細金融機関である村鎮銀行および少額貸付会社の設立である。初めて開業した村鎮銀行は，2007年に誕生した南充市商業銀行傘下の四川儀隴恵民村鎮銀行である。その後，都市商業銀行や農村商業銀行のみなら

ず，銀監会の推奨で国有商業銀行や株式制商業銀行なども村鎮銀行の設立を開始した。銀監会は2011年末までに村鎮銀行を1000社以上設立するという目標を掲げ，外資金融機関にも村鎮銀行の設立を呼びかけた（中国研究所，2012，143頁）。その結果，2017年末に村鎮銀行の数は1601社に達し，6割強は中西部に立地する（『毎日経済新聞』2018年7月2日付）。

　少額貸付会社の設立は，2008年からテスト事業を行い始めた。マイクロファイナンス[11]を手本にする少額貸付会社は参入条件[12]が緩く，2010年末までに2500社以上が設立された。その後も，各地で設立が急速に進められ，ピーク時の2015年末には，およそ9000社が開業した。2016年から，経営不振などによって数量が減少しているが，2017年末には8551社になっている（中国人民銀行HP，2018年10月28日参照）。少額貸付会社・村鎮銀行とも，金融包摂政策[13]の推進を受けて，零細な資金需要をカバーしようとする商業銀行を競争相手に，さらにインターネット企業のP2P貸付や少額貸付サービスの競合にさらされ，将来の見通しは決して有望とはいえない。2015年11月に，銀監会は「少額貸付会社より村鎮銀行への組織変更に関する暫定規定」を公表し，預金の集中により資金不足の問題を解決しようとした。

第3節　保険業の規制緩和と競争

1　中国人民保険公司の独占打破：1985年「保険企業管理暫定条例」制定

　保険業界では，1949年に中国人民保険公司（PICC）が設立されて以降，1959年から79年までの業務中断を挟んで，1985年まで同社による実質的な独占状態が続いていた。

　1985年当時，GDPに占める保険料の割合はわずか0.4％程度であり，先進国の平均レベルの10分の1以下であった。また，主な保険契約者は国営企業であり，業務拡大は政府からの指令によることが多く，PICC自らの営業努力により業務開拓を行っている状況ではなかった。保険種目の新規開発も遅々として進まず，むしろPICCによる保険市場独占の弊害が認識されるようになった

(伊藤，2015，81頁)。

　そこで，国務院は1985年に「保険企業管理暫定条例」を公布し，PICC 以外の保険会社設立への扉を開いた。1986年には，新疆生産建設兵団農牧業保険公司が設立され，兵団内部の農牧畜保険の引受けを始めた。1987年には，上海の交通銀行が保険業務部（1991年に太平洋保険公司へ改組）を設置し，保険の引受けを開始した。1988年には，深圳で平安保険公司が開設認可を受けた。

　上記３社のうち，新疆生産建設兵団農牧業保険公司は，場所が新疆ウイグル自治区という辺境地域にあり，引受け種目も農牧畜保険に限定されていたことから，開業当初，保険市場への影響は大きくなかった。

　一方，平安保険公司（平安）と太平洋保険公司（太平洋）は，経済発展が著しい深圳と上海に立地するという優位性があった。さらに，平安には出資者として中国工商銀行がバックに控え，太平洋では親会社の交通銀行が人材供給や業務開拓を支援するという体制がとられた。

　当時，PICC は平安や太平洋に比べると巨大組織であり，後発の２社には上記のような後ろ盾があったとはいえ，到底太刀打ちできないように思われた。そこで，平安と太平洋は，PICC がやっていないことを実行することで業績を伸ばそうとした。

　例えば，国有の PICC では，職員間の競争は少なかったが，平安は「幹部は業績によって昇進することもあれば降格することもある。会社を辞めることもあれば入社することもある。給与は上がることもあれば，下がることもある」という人事制度を採用した。それによって個人の報酬と企業業績が連動する仕組みを作り上げ，従業員の潜在能力を最大限に引き出した（馬，1999，36-37頁）。

　一方，太平洋の前身である交通銀行上海分行保険業務部は，「５つの訪問」すなわち，「宣伝および営業の為，顧客を訪問する」「保険証券発行および保険料収受の為，顧客を訪問する」「事故処理の為，顧客を訪問する」「意見を求める為，顧客を訪問する」「企業の困難を解決する為，顧客を訪問する」を実践していたという（交通銀行総行編，2006，861頁）。

保険会社としては当然と思われるこれらの行為を，PICC は積極的に行っていなかったと推測される。このように，一見ごく当たり前の社内競争や顧客サービスを導入することが差別化につながり，後発2社の業績向上に寄与した。

②　生損保分離と生命保険重視：1995年「保険法」制定

1995年に制定された保険法によって，各保険会社は生損保分離を求められた。この施策は，厳密には，規制緩和とはいえないかもしれないが，それに等しい競争促進効果をもたらした。それは，生命保険重視による保険市場の大幅な拡大である。

その先鞭をつけたのは，平安だった。1994年，平安は台湾の経験を学び，中国系保険会社として初めて，個人代理人による生命保険販売を始めた[14]。平安の創始者である馬明哲は，台湾を訪問した際，ほぼ30年前に業務を開始した国泰人寿（生保会社）と富邦保険（損保会社）の経営規模を比較した結果，国泰は収入保険料および利益の両方において，富邦の約10倍の規模に達していたことに気づいた（伊藤，2015，179頁）。

2000年に，平安は台湾で生保業務経験者500名を募集し，中国大陸で営業の第一線へ投入した（陳，2009，56頁）。彼らは，中間管理職として生保代理人のリクルートと育成を行うことが担当業務だった。

台湾生保業界から平安への人の流入を支えたのは，高収入への期待感だった。もし，1000人程度の個人代理人をリクルートできれば，彼らを統括する中間管理職の年収は150万元（当時のレートで換算すると約2000万円）前後になると推定された。5年かけて1000人をリクルートすることは，当時の中国の都市であれば可能だった。結果として，平安の個人代理人は，15万人から25万人へ増加した（陳，2009，110頁）。

平安のこの動きは，他社を大いに刺激した。太平洋も高給を条件に，台湾から144名の中間管理職を呼び寄せた。2000年11月には，中国人寿（PICC の生保部門が独立した会社）の王憲章社長自らが台湾に乗り込み，人材獲得に乗り出した[15]（陳，2009，110頁）。

3　生保における新商品の開発と新しい販売手法

　1990年代半ばまで，生保会社は顧客から預かった保険料を，主に銀行の定期預金で運用していた。それは，預入期間1年の定期預金の利率が9％を超えており，安全かつ有利な運用手段だったからである。

　ところが，マクロ経済を調整する過程で，1996年から99年の間に，1年定期の利率は，10.98％から2.25％に引き下げられた。この結果，生保会社は顧客に約束していた運用利回りを確保できなくなり，販売不振に陥った。

　この状況を打開するため，平安は新商品を開発した。1998年に利差配当付保険を，1999年に投資連結保険を同業他社に先駆けて開発し，販売した。利差配当付保険とは，利差のみを契約者に配当し，死差（危険差）と費差については配当しない商品である。死差と費差に相当する部分の保険料を引き下げた商品であり，価格競争力があった。

　投資連結保険とは，貯蓄保険料の運用を保険契約者の指図に基づいて行い，その損益が保険契約者に帰属する商品である。株式の運用割合が高いなど，ハイリスク・ハイリターン型の変額保険であった。投資連結保険は，株高の局面では，保険契約者に高い利回りをもたらすので，顧客からみて魅力的な商品だった（伊藤，2015，184-185頁）。

　このような新商品開発を監督官庁（中国保険監督管理委員会）も支持し，1999年に「生命保険会社が新商品を発展させることを推し進める」というスローガンを打ち出した（呉，2004，133頁）。

　1999年に，上海における平安の生保マーケットシェアが50％を超えるという結果をみて，PICCグループおよび太平洋グループも，同様の新商品を市場に投入し，生保市場が急拡大した。

　一方，生保商品の販売手法の面では，前述の通り，個人代理人による戸別訪問が市場拡大に寄与したが，それも人材獲得競争の激化により，曲がり角を迎えた。そこで新たに導入されたのが「バンクアシュアランス（銀行保険）」という販売手法である。

　2000年，平安は新機軸としてバンクアシュアランスを開始した。バンクア

シュアランスとは，銀行の窓口で保険商品を販売する方法を指す。欧米では一般的な販売手法であるが，中国では平安が先頭を切った。2002年には，四大国有商業銀行および10行余りの株式制銀行と代理店契約を締結した。その結果，全国で銀行の営業店舗約1万カ所を，自らの代理店として組織化することができた（陳，2009，101-102頁）。この成功を目の当たりにして，他社も追随した。

なお，2001年以降の自動車保険料自由化も，規制緩和による競争激化の例であるが，第1章第2節で説明したので本節では省略する。

第4節　証券業の規制緩和

証券業については，規制緩和によって競争が促進されたというよりも，むしろ，「改革開放後，規制緩和を通じて証券市場が形成された」という側面が強い。

例えば，改革開放初期の農村では，農家経営請負制の開始という規制緩和に付随して，一部の農民が資金を集めて合資経営による株式制郷鎮企業を設立した。これが，改革開放後の株式制経済の始まりである（呉，2008，197頁）。

証券会社設立については，1987年に，中華人民共和国建国後初の証券会社である深圳特区証券公司が設立された。1988年には，全国で国債の売買を行うため，中国人民銀行が資金を拠出して，各省で証券会社が合計33社設立された。同時に財政省系統の証券会社もいくつか設立された（呉，2008，200頁）。これらの証券会社も，証券市場を育成するために政府が主導した規制緩和の一環として，設立されたものである。

一方，証券会社設立に関する規制緩和は，負の側面ももたらした。それは，乱立した証券会社の経営管理がずさんで，顧客の資金流用や相場操縦などの不祥事が頻発したことに表れている。そのため，2004年から証監会が証券会社の整理統合に乗り出した。2006年には株式市場の回復もあり，整理統合は基本的に完了し，財務体質が強く有力な証券会社が，より勢力を伸ばす構図ができた。

証券取引所開設そのものも，1989年の6・4天安門事件後の経済低迷から脱

却するための規制緩和という側面をもつ。その経緯は，次の通りだった。1989年12月，上海市長朱鎔基は共産党の重要会議を主宰した。最も議論が白熱したのは，上海証券取引所開設問題だった。最後に，朱鎔基が決裁し，中国人民銀行上海分行長の龔浩成に「龔さん，試してみてからまた考えよう。徐々に拡大しよう」と言った。当時，証券取引所を開設することはリスクも大きかった。ある人は，龔浩成に「これは絶対やめたほうがいい。将来，中国のブルジョアジーはここから生まれるかも知れないから」と言ってブレーキをかけた。その際，朱鎔基はこう言い切った。「恐れることはない。何か問題が起きたら，私と劉鴻儒が責任を負う」。後で聞いたところでは，朱は上海証券取引所を開設する前に，鄧小平に報告した際「君たち，やってみたまえ。やってから考えよう。うまくいかなければ，改めればいい」という反応を引き出していたという（呉，2009，128-129頁）。

　証券市場の対外開放や中国企業の海外市場への上場も規制緩和であるが，それは次のように進められた。まず，1991年に海外の投資家が購入可能な「B株」が上海市場で初めて発行された。1993年に青島ビール社が香港で上場された（香港で発行された株式をH株と呼ぶ）。続いて，1994年にはニューヨーク，1997年にはロンドン，同じく1997年にはシンガポールで中国企業が上場され，それぞれN株・L株・S株と呼ばれた（呉，2008，208頁）。この規制緩和は，中国企業の資金調達および国際化に関して，極めて重要な道を切り開いた。

　さらに，対外開放における大きな変化は，2014年11月に開始された「上海市場と香港市場の株式相互取引（滬港通）」および2016年12月に始まった「深圳市場と香港市場の株式相互取引（深港通）」である。海外の投資家が香港市場を通じて，上海および深圳市場の株式を売買できるという規制緩和であり，両市場の活性化に寄与しつつ，中国市場と海外投資家の結びつきを強めた。

　一方，証券業への外資の進出という規制緩和は，慎重に進められ，近年まで少数のケースしか認められなかった。1995年にモルガンスタンレー（34％出資）が中国建設銀行と合弁で設立した中国国際金融公司が，例外的にA株のブローカレッジ業務など，中国系証券会社と同等の業務を行っていた。その後，

2002年には華欧国際証券（クレディ・リヨネが33％出資）が設立された。2004年には，ゴールドマン・サックスが，破綻した証券会社（海南証券）の処理費用を肩代わりすることを条件に，実質的にフルラインの国内証券業務への進出を実現した（野村資本市場研究所，2007，189-191頁）。

この面の規制緩和では，2018年以降，重要な進展が予想されている。例えば，同年中に証券会社への外資側出資比率を51％まで引き上げることが認められ，2021年には外資の100％出資を認可するとの政府発表があった。

なお，1990年代から2000年代に行われた「非流通株（国有株）改革」も重要な規制緩和であるが，第1章第2節で詳述したので本節では触れない。

注
(1) 「金融許可制度」は1994年から実施された。2003年に「管理方法」が制定され，2006年に改正が行われた。
(2) 商業銀行以外に，村鎮銀行・都市信用組合・農村信用組合・フィナンシャルカンパニー・信託会社・リース会社・少額貸付会社などについても，資本金や業務内容などに関して特別な条例と規定を設けて規制をかけている。
(3) 2017年から金融持ち株会社に対する規制のテスト事業が進められ，2018年中に「金融持株会社の管理・監督規則」をまとめることが目指されている。
(4) 2018年4月に出された「外資銀行へのさらなる市場参入緩和にかかわる関連事項に関する通知」（銀保監弁発，2018，16号）などが挙げられる。
(5) 企業の資金調達は，財政による資金配分の体制から，銀行の貸出を中心とする資金融通へとシフトした。
(6) 2017年からは外国資本に対して，証券・ファンド・先物会社に対する50％以上の出資ならびに銀行に対する50％出資が認められるようになった。中国政府は，2018年にさらなる市場参入の規制緩和を宣言した。
(7) 中国工商銀行・中国農業銀行・中国銀行・中国建設銀行・交通銀行は，それぞれ総資産額が2兆元を超える大型商業銀行である。
(8) プライベート銀行業務を通じて競争優位を獲得した招商銀行が存在するが，ほとんどの銀行は，銀行業務を通じた差別化ができていない。
(9) 2018年3月に開催された「中国発展高層論壇」において，中国人民銀行の易綱総裁が金融持ち株会社の潜在的リスクを訴え，同時期に開催された全国政治協商会議（国会に相当）で，中国人民銀行元総裁の周小川も同趣旨の発言をした。
(10) 2006年に「銀監会」が「農村地域における銀行業金融機関の参入規制緩和および社会主義新農村の建設へのサポートに関する若干の意見」を公表した。
(11) 貧しい人々を対象に，小口の融資や貯蓄などの金融サービスを行うこと。
(12) 「少額貸付会社に関するテスト事業の指導意見」では，資本金500万元以上の規定に加え，単独

株主による支配は認めないとの条件が設けられている。
⒀　これまで，金融サービスにアクセスすることが難しかった人々や組織に，廉価でサービスを提供すること。
⒁　個人代理人の戸別訪問による生保販売というビジネスモデルは，もともと，米国の AIG が1992年に上海で導入した。これも，保険市場の対外開放という規制緩和がもたらしたものである。
⒂　当時のキャッチフレーズは「内地へ行って500万元稼ごう！」だったという（陳，2009，110頁）。
⒃　予定利率と現実の運用利回りの差から生じた収益。
⒄　予定死亡率とある年度に現実に生じた死亡率との差から生まれた収益。
⒅　予定事業費と現実に費消した事業費の差から生じた収益。
⒆　顧客が支払った保険料のうち，運用に充てられる部分を指す。残りの部分は，危険保険料（死亡保険金をまかなう）と付加保険料（保険募集などの経費をまかなう）に分類される。
⒇　1995年から2000年までの間に，上海株式市場総合指数は約4倍となった。

引用参考文献
○日本語文献
伊藤博，2015，『中国保険業における開放と改革――政策展開と企業経営』御茶の水書房。
中国研究所，2012，『中国年鑑』2012年版，毎日新聞出版。
中国研究所，2016，『中国年鑑』2016年版，明石書店。
野村資本市場研究所，2007，『中国証券市場大全』日本経済新聞出版社。
門闖，2011，『中国都市商業銀行の成立と経営』日本経済評論社。
○中国語文献
陳懇，2009，『迷失的盛宴　中国保険産業 1919-2009』浙江大学出版社。
戴相龍，2018，「対金融秩序八年整頓的回憶」『中国金融』2018年第14期。
董志凱，2016，「由「撥改貸」到「債転股」：経済転型中企業投融資方式的変遷（1978～2015）」『中国経済史研究』2016年第3期。
交通銀行総行編，2006，『交通銀行史料　第三巻（1986-2001）中冊』中国金融出版社。
馬明哲，1999，「平安初創」『中国保険』第10期総第142期，中国人民保険公司。
呉定富，2004，『中国保険業発展改革報告（1979-2003）』中国経済出版社。
呉建融主編，2009，『見証：上海金融改革30年』上海遠東出版社。
呉暁霊主編，2008，『中国金融体制改革30年回顧與展望』人民出版社。

（門　　闖・伊藤　博）

| 第4章 | 政策金融と農業・農村金融 |

　中国では，構造的に農村部を取り巻く三農問題を抱え，都市部との大きな格差が生じ，大量の出稼ぎ者が発生した。諸問題解決のため，政策金融と農業・農村金融の果たす役割が重要となっている。本章では，まず，政策金融の概要，政策金融の歩みや特徴を確認する。そして，農業政策性銀行である中国農業発展銀行の資金調達や運用の状況を重点的に紹介し，同行を含む農業・農村への資金供給の状況や特徴を解説する。

Keywords ▶ 政策金融業務の分離，白条問題，中国農業発展銀行，三農問題

第1節　金融システムの健全化と政策金融

　1980年代，中国工商銀行は都市部の商工業，中国農業銀行は農業・農村，中国銀行は外国為替，中国建設銀行は中長期的投資と，それぞれ貸出業務が規定されていた。4行は当時，国有専業銀行と呼ばれ，国の政策的貸出業務である政策金融業務も担っていた。しかし，国有専業銀行の政策金融業務の比重が次第に高まるにつれ，商業金融業務に大きな悪影響を及ぼすようになった。政策金融業務の多くは国有企業への救済融資であったため，国有専業銀行の非効率化や不良債権の膨張を招いた（第6章を参照）。1992年の金融改革では，政策金融業務と商業金融業務を分離し，政策性銀行を創設することが初めて示された。
　1994年に3つ新しい政策性銀行が設立された。国家開発銀行，中国輸出入銀行，中国農業発展銀行がそれであり，政策性銀行の枠組みが形づくられた（**表4-1**）。
　加えて，2001年5月，国務院は中国輸出入銀行の保険部と中国人民保険公司（PICC）の輸出信用保険部がそれぞれ行っていた貿易保険業務を統合し，政策保

表 4-1 中国の政策性銀行の概要（2017年末）

	国家開発銀行	中国農業発展銀行	中国輸出入銀行
設立時期	1994年3月	1994年4月	1994年4月
資本金（億元）	4,212	570	1,500
職員数（人）	9,147	50,000	3,440
総資産（億元）	159,593	62,215	36,406
総負債（億元）	147,188	60,859	33,391
金融機関全体に占める総資産のシェア（％）	6.3	2.5	1.4
貸出金残高（億元）	110,368	46,560	28,768
純利益（億元）	1,136	171	▲123
不良債権比率（％）	0.70	0.81	不明

（出所）　各機関の『2017年度報告』に基づき筆者作成。

険機関として中国輸出信用保険公司（China Export Credit Insurance Corporation）を発足させた。これより，現在に至るまでこの4機関が中国の政策金融を担っている。

以下では，中国輸出信用保険公司を除く3つの政策性銀行の概要を概観する。

1　国家開発銀行

1994年3月，国家開発銀行は国務院直轄の政策性銀行として設立された。その目的は，経済発展のボトルネックを解決するため，中長期かつ安定的な資金調達を通じて，国の重要な建設プロジェクトへの資金供給を集中的かつ効率的に行うこと，マクロ経済の調整能力を強化することなどにあると示されている。国家開発銀行の具体的な業務は，産業政策に沿って国家の重要プロジェクトの実施や地域開発のための信用供与を行うことである。三峡ダム・プロジェクトや上海浦東国際空港などの国家重要プロジェクト，鉄道・道路，地下鉄，水利，電力などのインフラ整備プロジェクトへの貸出を行っており，中長期の貸出が貸出の主要部分を占めている。2017年末の貸出金の期間別残高をみると，中長期（1〜5年），長期（5〜10年）はそれぞれ全体の37.2％，40％を占めている。

インフラ整備プロジェクト（2017年末の貸出金残高の42.7％を占める）のほか，旧市街改造や低中所得者向け政策支援住宅（保障性住宅）の建設（同25.8％），中国政府が産業政策で育成を重視する新素材や省エネ・環境保護などの分野（戦略的新興産業）への貸出（同6.2％）に加えて，最近，一帯一路関連の貸出と貧困扶助資金や学生ローンなど（同25.3％）にも注力している。商業銀行は，このような国家開発銀行が貸出を行うプロジェクトを，貸倒れリスクの低いものとみなしており，これに協調融資などの方式で積極的に参画している。つまり，国家開発銀行は商業銀行からの貸出を引き出すための「呼び水」的な役割も果たしている。同行は政策性銀行の代表格で，2017年末の貸出金残高は11兆368億元と政策性銀行の中で最大である。海外に1支店，6事務所を有している。

2 中国輸出入銀行

同じく1994年3月に設立された中国輸出入銀行は，国の産業および貿易政策に従って，中国企業の機械電気製品や大型設備の輸出入に関する資金需要に合わせて直接融資を行うこと，政府の対外援助と海外からの資金援助の窓口業務にもあたることが示されている。具体的には，政府の産業貿易政策に沿って設備やプラントなどの資本財輸出入等に対して信用を供与する。2017年末の対外貿易（貨物・サービスを含む）関連の貸出金残高は9639億元で，全体の33.5％を占める。また，政府の発展途上国に供与する対外借款の実施や中国企業の国際展開支援など対外経済支援業務を担当し，外国政府からの援助資金を転貸することも行われている。2017年末の対外経済支援関連の貸出金残高は7567億元で，全体の26.3％を占める。2004年10月の政府通達は，資源プロジェクト，国際競争力の強化や海外市場の開拓につながる海外企業買収などに対して特別融資を行うことができるとした。さらに，国内企業の環境保全への取組みを促進するための信用供与のほか，農業の産業化の促進，インフラ整備プロジェクトなどへの貸出業務も行っており，2017年末の貸出金残高は9041億元にのぼった。2017年末の貸出金残高は2兆8768億元で，国家開発銀行の5分の1程度である

が，海外に1支店，3事務所を有している。

3　中国農業発展銀行

1994年4月，中国農業発展銀行は設立され，中国農業銀行などから農業政策融資業務を引き継いだ（王，2015，21-22頁）。同行は発足当初，「白条」問題の解決を期待された。

「白条」とは，国有食糧企業が1980年代後半から1990年代前半まで，農家から農産物を買い付けた際に，交付した支払保証書である。食糧増産のため，政府は1980年半ば，食糧流通制度に契約買付制度を導入した。契約買付とは，国有食糧企業と農家とが作付け前に，その年に買い付ける食糧の数量，価格および基準品質に関する契約を締結し，この契約に従って収穫後に買い入れる方式を指す。この食糧買付などに必要な資金は，国有専業銀行である中国農業銀行，国有食糧企業，地方政府が，各々3分の1ずつ負担していた。しかし，中国農業銀行を通じて国有食糧企業に融資されるはずの食糧買付専用資金が，他の用途に流用・転用されるケースが多発した。その結果，食糧買付の際に，しばしば農家から買い付けた食糧の代金を払えない「白条」問題が発生することになった。

後述のように，単なる食糧買付銀行であった中国農業発展銀行の歩みは，中国マクロ経済および農業・農村を取り巻く環境の変化によって大きく変容してきた。近年，同行の融資額が急速に増大し続けるとともに，融資対象も多様化したことから，中国農業・農村金融の主役にまでのしあがった。同行は全国に2000カ所余りの支店を構築，拠点数・職員数は，政策性銀行最大である。2017年末の貸出金残高は4兆6560億元で国家開発銀行に次ぐ。

このように，金融システムを健全化するため，中国は政策性銀行の創設とともに，国有専業銀行が行う業務内容の規制の撤廃や上場などを通じて経営改善などを図ってきた。具体的には，1995年5月10日に商業銀行法が制定され，国有専業銀行は国有商業銀行となり，国有専業銀行間の業務分野の制限が完全に撤廃され，相互参入ができるようになった。

しかし，政策性銀行の設立後も，国有商業銀行は国や地方の要請を受けて引き続き政策的貸出を行っていた。銀行はこれらの貸出の収益性や安全性を主体的に判断して実施してきたわけではなく，結局不良債権が累積してしまった。そこで，国有商業銀行に公的資金を注入し，不良債権を処理した後，国有商業銀行を株式制銀行に転換し，2010年までに上場し，ガバナンスの改善を図った。

第2節　中国政策金融の歩みと特徴

政策金融の歩みと特徴を概観し，農業政策性銀行である中国農業発展銀行を取り上げて，その資金調達の手段や資金運用の特徴を詳細に解説する。

1　政策金融の歩み

1994年の金融改革では，国有専業銀行の商業化を進めるため，同銀行の政策金融業務を新設の政策性銀行に移管する必要があった。しかし，国有専業銀行を完全に商業銀行にすることは，当時の経済情勢では無理があったため，国有商業銀行の金融業務は完全な商業化は図られなかった。

また，政策性銀行の設立にあたり，関連法が整備されず，組織だけが先に設立されたことから，政策金融業務の定義が曖昧なままであった。そのため，国有商業銀行は依然として政策金融業務の一部を続ける一方，政策性銀行も収益を追求するために，商業ベースの金融業務を一部，続けていた。国有商業銀行の上場など商業銀行化が進められる中，政策性銀行についても，同様の商業銀行化への動きが観測された。2000年代に入って，中国企業による対外直接投資を促すため，国家開発銀行も国際業務を開始し，中国企業の海外進出を支援するための直接融資を拡大していった。

この時期から国家開発銀行の性格について「開発性金融」という言葉が使用され始めた(1)。これは商業銀行的な収益重視の方針を主としつつ，国家の発展戦略に沿った開発プロジェクトに対する中長期的資金を供給することを意味する。これに対して，従来の政策金融は国家の発展戦略上，重要な案件については収

益性を重視せず融資を実施するというものである。

特に，2006年から2007年にかけて政策性銀行の商業銀行化への動きが強まった。2007年1月，国家開発銀行の商業銀行化を先行させるという方針が示されている。この方針に基づき，中国政府は外貨準備を用いて2007年12月末に国家開発銀行に対して200億ドルの資本注入を行い，2008年12月には同行を株式制銀行に移行した。2009年にファンド業務を担うCDB Capital という100％子会社を，2010年に投資銀行業務を担うCDB Securitiesという100％子会社を設立するなど，投資銀行業務への取り組みを通じて段階的に商業銀行化を進めていった。

このように，政策性銀行の国家開発銀行は株式制銀行となり，統計上も従来の政策性銀行から分離され，「政策性銀行と国家開発銀行」となった。さらに，2012年の第4回全国金融工作会議で，改めて国家開発銀行の商業銀行化の堅持・深化が決定されている。こうした動きもあり，中国農業発展銀行は食糧買付資金の融資だけではなく，商業的な銀行融資を兼業するようになった。この時期は，国家開発銀行の動向から，中国農業発展銀行と中国輸出入銀行もいずれも商業銀行化するとの見方が有力であった。しかし，世界金融危機や習近平政権の発足もあり，政策性銀行の商業銀行化改革の見直しが行われた。

経済成長の鈍化もあり，地方政府の債務問題，商業銀行のリスク上昇などの問題が顕在化してきた。これらを背景に，国務院は2015年4月，国家開発銀行が開発性金融機関の位置づけを堅持する，中国輸出入銀行が政策金融業務の位置づけを強化する，中国農業発展銀行が政策金融業務を主とすることを堅持するとの改革案を承認した。同時に，ガバナンスの改善や自己資本比率の引き上げなどの大きな方向性が示された。

2 政策性銀行の特徴

政策性銀行の特徴の1つは，中国政府の政策方針への対応が迅速なことである。特に経済成長が大きく鈍化する際，短期的な収益よりも，財政資金に近い長期的な観点から，内陸や東北地方のインフラ施設などへ貸し出すことができ

る。

　また，政策性銀行の設立根拠法が不在であることも特徴の1つである。3機関には国務院の通達に基づく定款があるが，日本などの政策金融機関にみられるような設立根拠法が制定されていない。その背景には，各機関の監督・管理省庁が分野ごとに複数にわたり立法が複雑であるため，関係部門間で意見がまとまらないこと，業務上のフリーハンドを手放したくないことが考えられる。

　例えば，一帯一路支援関連で，国家開発銀行と中国輸出入銀行の国際業務における役割分担は必ずしも明確ではない。具体的には，海外業務体制や国内支店体制が機関ごとに異なるため，業務分担について，資本や人員の豊富な国家開発銀行はプロジェクトファイナンス案件や政治的合意に基づく大きな案件を，中国輸出入銀行は輸出入関連融資業務を，国務院からの要請や支持に基づいて担っているようである。

　ただし，2017年11月，中国銀行業監督管理委員会が3機関それぞれの「監督管理方法」（2018年1月1日施行）を発表した。これらによって各機関の性格，市場での位置づけ，ガバナンス，リスク管理，資本管理，賞罰制度，金融当局からの監督管理などの内容を明確にしている。

　さらに，3機関の主な資本調達手段が金融債発行である点も特徴として挙げられる。政策性金融債と呼ばれる債券の発行は，1998年以前は主に国有商業銀行とその他の商業銀行によって引き受けられていたが，それ以降は入札制となり，市場メカニズムを活用した発行に移行した。現在，3機関が発行する債券の総額は中国債券市場において無視できないほど大きい。2017年，国家開発銀行は債券発行で1兆6195億元を調達した。これは，中国の債券市場全体の9.6％を占め，地方債，国債に次ぐ規模である。また，中国農業発展銀行，中国輸出入銀行も債券発行を通じた資金調達をしている。大半が国内の商業銀行によって購入されている。つまり，国民の預金が間接的に，政策性銀行を支えていることになる。

3 農業政策性銀行

①資金調達

　まず，農業政策性銀行である中国農業発展銀行の資金調達についてみよう。同行の貸出原資は1990年代後半から2004年にかけては中国人民銀行からの借入金に依存していたが，それ以降は，債券発行や預金を通じて貸出原資を得る割合が大幅に上昇した。借入金の負債に占める比率は1995年の86％から2017年には11％まで低下する一方，債券発行の比率は2017年に63％となっている。

　次に，資金運用の対象や詳細な内容については，貸出金残高全体の動きや融資業務の性格の変化という視点から，3つの時期に分けて紹介する（王，2015，24-27頁）。

②第1期（1994～1998年）：「白条」問題の解消

　同行創設から1998年までの融資業務は，コメや小麦などの食糧・綿花・食用油原料という社会安定につながる主要農産物の買付・備蓄・加工・流通などへの融資および農業開発融資と貧困扶助融資からなっていた。融資の使途に応じて主要農産物の買付・備蓄・加工・流通などへの融資を，「農産品安定化融資」，農業・農村開発融資と貧困扶助融資などを，「農業・農村基盤整備融資」の2つの類型に分ける。

　「農産品安定化融資」は，食糧需給をバランスさせるために，食糧企業が農家から食糧を買入れるとともに，食糧不足および食糧価格の大きな変動に備えるための備蓄や流通の円滑化を図るための資金である。これは国有食糧企業などへの短期融資で，創設以来の主な業務である。第1期では，融資のほとんどが食糧・綿花・食用油原料の買付・備蓄向けとなっている。

　「農業・農村基盤整備融資」は，農業生産性の向上を促すための農地整備や改良，農業用水施設の建設，農家の生活基盤である道路，水道，電気などのインフラ整備を行うための資金の総称である。これは主に地方政府などへの中長期（通常1～3年間）の低利融資である。第1期では，この区分の主な融資は農業開発向け融資と貧困扶助向け融資となっている。農業開発向け融資は，地方政府などを対象に農業用水施設の整備や中山間地域（平野の外縁部から山間

地にかけての地域）の開発などを行うための資金である。貧困扶助向け融資は，国が指定した貧困県や辺境地域の地方政府などに対する資金である。

　設立当初，同行は県レベルの支店がなかったため，融資業務の一部を中国農業銀行に委託せざるを得なかった。そこでは，中国農業銀行による食糧買付専用資金の流用が問題となっていた。さらに中国農業発展銀行の国有食糧企業への融資についての管理も不十分だったため，国有食糧企業による資金の流用も多かった。このため，同行は県支店を整備するとともに中国農業銀行への委託を中止した。これにより，委託が原因となっていた資金流用を根絶するとともに，1997年に「食糧買付専用資金の管理方法」と「処罰方法」を同行自身が制定することで，国有食糧企業による資金流用の防止に注力した。

　その結果，前述した「白条」という問題は次第に減少し，1998年には完全に解消した。これにより食糧買付専用資金の流用に歯止めをかけ，農業の安定的生産の維持という重要な政策課題が達成されたという点で，同行は農家の生産意欲を高め，食糧の持続的な増産に大きく貢献したといえよう。一方，この期間における中長期融資である農業・農村基盤整備融資は，地方政府の財政難（1994年の財政改革）などを受けて資金回収が困難だった。また食糧生産の増加などに伴い必要な農産品安定化融資額が大きく増大したことを背景に，1998年3月に，同行は農業・農村基盤整備融資を国有商業銀行に引き渡した。

③第2期（1998～2004年）：買付融資業務への特化

　前述のように，中国農業発展銀行の業務内容が一部変更され，1998年以降，同行は食糧買付専用資金の貸出に専念するようになった。そのため，同行の貸出残高は1997年の8637億元から1998年には7095億元に減少した。民間食糧流通業者や食糧加工企業が食糧の買付を行うことができるなど，農村における食糧の買付と価格を自由化する改革が進んだためであり，その後も貸出金残高は緩やかに減少する傾向にあった。

　一方，同行融資の未回収問題が顕在化した。この問題は設立初期からすでに発生していたが，この時期にはさらに増大し，2003年には正常とされる融資以外の融資残高が，融資残高全体の65％を占めるようになった。

融資残高の半分以上が未回収となった要因としては，次の2点が挙げられる。まず，財政的要因である。食糧の買付・備蓄は，中央政府が実施するものと地方政府が実施するものとの2つに分けられる。いずれも買付資金と売却資金の逆ざや分の資金，一定期間の保管費用や買付資金の利息の全てを中央政府または地方政府が食糧企業向けに全額補てんする。しかし，中央政府による企業への補てんが迅速に行われる一方，地方政府による企業への補てんは，地方財政の困難によって予定通りになされないことが多かった。また，多くの国有食糧企業では，帳簿と在庫の不一致，株式投資や職員厚生などへの不正流用が発生し，食糧買付と販売の逆ざやの発生もあって，赤字経営が続いた。

こうした中，同行は1999年にクローズ・システムという国有食糧企業の銀行口座に関する管理方法を導入した。これは，国有食糧企業の多数の銀行口座を一本化し，中国農業発展銀行で1つの口座を開設し，その口座で買付用・財務用・返用という3つの科目を設けて資金管理を行う手法である。中国農業発展銀行は，このような新たな管理方法を用いて，融資資金の管理や企業運営への監督を通じた資金回収に取り組んだものの，国有企業の赤字経営の体質を根本から変えることができず，融資の未回収問題は解決されなかった。

このような多額の未回収融資については，中央政府の関係省庁が3回も整理・清算を行い，中央政府・地方政府・食糧企業に対して，それぞれの責任の所在を明確にし，中国農業発展銀行への返済を行うことにした。

④第3期（2004～2017年）：融資分野の拡大

第1期，第2期の中国農業発展銀行は，食糧買付資金の融資を中心としていたが，農村・都市間の経済格差が拡大しつつあり，農業基盤の整備や農村社会環境の整備などに向けられる投資資金の必要性が増大していた。こうした中，2004年以降，都市・農村間の経済格差を緩和するため，三農問題と呼ばれている農民・農村・農業問題の解決に重点を置いた国の施策がとられるようになった。これを受けて，中国銀行業監督管理委員会（銀監会）は，より多くの資金を農業・農村に投入するために，中国農業発展銀行に対して融資内容の拡大を認めた。拡大された具体的な融資内容は以下の通りである。

2004年から食糧・綿花・食用油原料分野の大手企業（龍頭企業）向け融資を開始した。2006年には，食糧・綿花・食用油原料分野の大手企業だけでなく，農業・林業・牧畜業・漁業分野の大手企業にも融資できるようになった。2007年には，農業生産資材の備蓄・流通・販売向けの融資，農業・林業・牧畜業・漁業分野の生産・加工・流通を行う農業小企業向けの融資を実施できるようになった。これらの食糧企業以外の企業向けの融資を，ここで「農業産業化促進融資」とする。

　また2007年には，農村の道路・電力・水利（飲水供給プロジェクトを含む）・郵便・通信などインフラ施設の整備，食糧生産基地の開発や整備，農業生態環境の改善，農業技術の普及にかかる施設の整備，農産品流通施設整備向けの中長期融資も実施できるようになった。

　さらに，2009年には，県域（県レベルの市および都市近郊の県を含む）における個人向け以外の預金業務，県域のインフラ施設，文化や教育施設，商業施設，農家住宅用地の整備向けの融資を行えるようになった。2010年には，農地改良や整備，農家住宅建設など向けの融資（新農村建設向け融資）も承認された。

　これらを整理してみると，以前廃止された「農業・農村基盤整備融資」は再び行われるようになり，融資対象が広がったことがみてとれる。また，前述の「農業産業化促進融資」は大手企業のみならず，農業中小企業も対象とするようになった。

　このように融資対象の拡大を受けて，同行の融資残高は2010年末の6277億元に比べ，2017年末には4兆6560億元へと大きく増加した。2017年末時点の融資残高の内訳をみると，農産品安定化融資残高の融資残高に占める比率は27％であるが，「農業・農村基盤整備」および「農業産業化促進融資」残高は3兆4192億元へと増大し，その比率が73％となった。とりわけ，「農業・農村基盤整備融資」は大きく増加し，第1期（1割以下）に比べその比率が5割前後となり，大幅に上昇した。

　このように発足当初の農産品安定化融資が依然として主な業務となっているが，農業の産業化を促進し，農業・農村基盤を強化するための融資が大きく拡

Column 4　三農問題に対応する新型農業経営体

　中国政府は，農業生産性の低迷，農民の相対的な低所得，農村経済の停滞といったいわゆる「三農問題」に対応するため，「農民専業合作社」（以下，合作社），「家庭農場」といった新しい農業経営体の育成を進めている。

　まず，合作社とは，農業生産者のための農業生産にかかわるサービスの提供，農地の集積，生産物の共同販売などを行う協同組織である。合作社の多くは特定の生産物を扱っており，生産を含む経済事業を中心に行っていることから，日本の総合農協よりはむしろ専門農協に近い組織である。また，合作社の組織内部のガバナンスは協同組織と異なる部分がある。

　2007年に施行された「農民専業合作社法」で，合作社に法的地位が付与されたほか，政策的支援の強化もあって，合作社の数は急増した。国家市場監督管理総局によれば，合作社の数は2017年末時点で201万7000社に達しており，これは同合作社法が施行された2007年の2万6000社の77.6倍となっている。

　次に，家庭農場とは，「家族労働力による大規模で集約的な商業的経営を行い，農業を主な収入源とする農業経営体」と農業農村省によって定義されている。家族労働力を主とし，農業を主な収入源とすること，一定以上の規模で安定的な経営を行っていることを条件とする。

　中国政府は農家主体の経営方式を維持しながらも経営規模を拡大し，生産効率の向上と収入増加を実現するため，規模が小さい，コストが高い，リスクが大きいといった問題を解決しようとしている。農村では，より高い収入を得るため，農業を離れて都市部に出稼ぎに出る若者が多いが，家庭農場では家族が労働力の主体となる上，農業収入だけで生計を立てることを目指している。これにより，若者の農業離れに歯止めをかけようという狙いもある。

　2015年末時点で，家庭農場は87万カ所，県・市農業局，省農業庁による認可された家庭農場は34万カ所，全国平均の経営規模は10haとなっている。

大しており，中国農業発展銀行の役割は変化しつつあるといえよう。

　こうした中，同行の経営状況も大きく改善し，2017年には法人所得税や貸倒引当金など控除後の純利益が171億元となった。1997年には政府財政から127億元の補てんを受けたにもかかわらず，25億元の最終赤字を計上するなど，厳しい経営内容の時期もあったが，近年は融資分野の拡充によって一定の利益を上

げている。

　中国農業発展銀行の今後の展開としては，農業・農村基盤整備を支える政策金融の機能を強化しながら，農業経営体の変化を考慮した融資を検討することも必要と考えられる。例えば，多数出現している農業生産に意欲のある農民専業合作社，家庭農場や大規模専業農家などに直接融資することは検討の余地があろう。

第3節　農業・農村への資金供給

1　農業・農村融資の主な金融機関

　2003年以降の農業・農村に関連する金融機関は，図4-1のようになった。大別すると，正規金融機関と非正規金融機関に分けられる。前者は，中国農業銀行，中国農業発展銀行，農村信用合作社（農村信用組合），農村商業銀行，農村合作銀行（農村協同組合銀行），中国郵政貯蓄銀行，国家開発銀行，新型農村金融機関（村鎮銀行など），少額貸付会社で構成される。一方，後者には，「質屋」，「高利貸し」，「知人貸借」などが挙げられる。以下では，各年版の『中国人民銀行報告書』などを用いながら，主な正規金融機関の現状と特徴について述べる（王，2017，121-128頁）。

　2003年以降の農村金融改革では農村信用組合を対象に組織の再編や統合が進められた。まず，資産規模が大きく，経営的に健全な農村信用組合は，他の信用組合と統合することができることとなり，統合後には農村商業銀行に再編された。これは名称の通り，商業ベースの経営となり，営業地域は農村に限定されないなど，業務についても一般の商業銀行と同様の扱いとなった。農村商業銀行は2008年の22行から2017年の1262行へと急増している。

　また，農村信用組合の農村協同組合銀行への転換である。農村協同組合銀行とは，資本金2000万元以上，かつ自己資本比率4％以上の条件を満たす農村信用組合が転換したもので，協同組合と株式会社の性格を合わせもつ金融機関である。この制度は，言ってみれば農村商業銀行への転換条件を満たせない農村

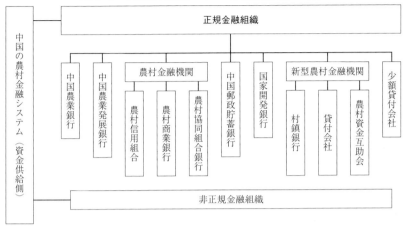

図 4-1 中国農村金融システム（資金供給側）の現状

（出所）『中国農村金融服務報告2012』に基づき筆者作成。

信用組合を対象とするものである。農村協同組合銀行は増加し続けてきたが，2010年にピークを迎え，2017年には33行へと減少した。

以上の組織形態の転換とともに，郷鎮の農村信用組合と県連合信用組合の統合などによって，農村信用組合は2008年の4965社から2017年の965社へと減少した。

農業・農村融資について，銀監会が2009年5月に，中国農業銀行の三農金融事業部制改革・監督指針を公表している。三農金融事業部制とは，収益性が低くかつ高リスクの農業・農村関連業務を一般の商業業務から切り離し，農業・農村・農民という3つの「農」に関する金融サービスを専門的かつ効率的に独立して行うことを目指して考案された制度である。中国農業銀行の役員会に「三農金融発展委員会」が設けられ，三農金融部総行（本店），省分行，市分行の垂直的指導と監督を受けつつ，県レベルの支店が具体的貸出業務などを行っている。

さらに，銀監会は2006年末，地域密着型の中小金融機関の設立を促進する方針を示した。具体的な枠組みとして，商業銀行が中心となり100万元以上の出資を募る形で設立される「村鎮銀行」，一定条件のもとに50万元以上の出資金

で設立される「貸付会社」，10人以上の発起人により一定条件で郷鎮もしくは行政村のレベルで設立される「農村資金互助会」が提示され，それらは新型農村金融機関と呼ばれている。新型農村金融機関のうち，村鎮銀行は2008年の91行から2013年には1701行へと急増したが，経済減速の影響もあり経営的に厳しくなったことから，2017年には1562行へ減少している。

振り返ると，協同組合金融組織である農村信用組合については，商業銀行に転換させる方向で改革が進んできた。他方，村鎮銀行などの新型農村金融機関は，農村信用組合の独占的な地位を打破し，農村金融市場を活性化させるという点で期待を寄せられたが，これらの貸出規模は未だ小さく，期待されたほどの役割を果たしていない。

中国の農業・農村金融市場における主な担い手が，依然として農村信用組合，政策性銀行，商業銀行（農村商業銀行も含む）の三者である状況に変わりはない。

２ 農業・農村融資の現状とその特徴

金融機関の融資残高に占める農業・農村融資の残高，およびその内訳から以下のような特徴がある（中国人民銀行農村金融服務研究小組，2008，9-11頁および2017，4-5頁）。

第1に，農業・農村融資残高は年々増加しており，金融機関の貸出金残高に占める比率も2007年末の22.0％から，2016年末には26.5％と上昇傾向にあった。

第2の特徴として，農村の道路や電力施設整備などの「農村インフラ建設」融資の増加が挙げられる。その農業・農村融資の残高に占める比率は，2007年末の9.2％から2016年末には14.2％へと上昇している。この背景には，都市部のインフラ水準と比較して農村部は大きな遅れをとっており，これを是正すべく中央政府が道路，学校，電力施設の整備や汚水ゴミ処理施設の建設などの農村政策を強力に押し進めていることがあろう。一方，「農林牧漁業関連」，「農業用資材購入と農副産物流通」，「農産物加工」融資の比率は低下している。特に「農業用資材購入と農副産物流通」への融資は，2007年末の17.0％から2016

年末の10.1％へと大きく低下した。これは個別農家を主たる対象としてこの時期に増大する財政補助金との代替関係も考えられよう。

　融資残高全体の動きから，農村金融機関に対しては商業銀行的な業務が求められている一方で，農家の所得向上，安定的食糧生産をはかる農業政策を反映し，農業・農村への資金供給源として貸出を増加させることも求められている様子がみてとれる。ただし残高構成比でみると，最も割合が高いのは「その他」であり，この項目の詳細な内容については不明である。食糧・綿花などの買付用資金がこの中に含まれているが，大半は農業生産とは関係の希薄な企業への貸出とみられ，この項目が増加している背景には，前述した農業政策性銀行である中国農業発展銀行の業務拡大があると考えられる。

　また，農業・農村融資の動向を地域別・資金需要主体別にみると，農業・農村融資の大半は農村向けの貸出であるものの，都市部向けの融資も全体の2割弱を占めており，その中には都市部に立地する農業関連企業向けの融資も含まれていることがわかる。企業への融資が最も多く，2007年末の4兆2063億元から2016年末の19兆9038億元に増加している。農村の中小企業向け貸出が大半を占めており，一部は農村部の大企業である龍頭企業などへの貸出となっているものと思われる。

　さらに，農村向け貸出のうち，農家への貸出金残高は2007年末の1兆3399億元から2016年末の7兆846億元へ増加しているが，農業・農村融資全体に占める割合はほとんど変わらず，2割程度に留まっている。農村向け貸出の中でも圧倒的に割合が高いのは，やはり農村に立地する企業などへの貸出であり，農業・農村融資全体の5割超を占めている。

　これらのほか，全体に占める農民専業合作社などの非企業組織に対する融資の割合が2007年の9.3％から2016年の3.7％に低下していることも，特徴の1つとして挙げられる。これは，農産品の生産・加工・流通などを行う農民専業合作社の資金需要の少なさを反映するものではなく，むしろ農民専業合作社をはじめとする非企業組織の多くが金融機関に提供できる担保となる資産をもたないため，正規金融組織からの融資を容易には得られないことの現れであろう。

このように農業・農村融資全体の２割程度が農家向け貸出となっているが，今後は農村における都市化の進展に伴い，住宅や教育などの資金需要が増大するとみられる。しかし，金融機関は農家向け貸出金の大半について何らかの担保を求めている。第三者が保証人となる保証付き融資が多く，居住地域において保証という担保を提供してくれる相手がみつからない零細農家の場合は，金融機関からの融資を受けにくい状況が続いている。

　そのため，最近では農業融資担保会社の創設，農地にかかわる経営権や，農家の住居および公有地である屋敷・附属地を融資の担保として認める試みが行われているが，これらは農地経営権や家屋敷の登記，収益性に対する評価方法の確立，農地流動市場などの整備を条件とすることから，制度化には多くの解決すべき問題が残されているというべきであろう。しかし，農地や家屋敷を担保とする資金調達に道を開くことで，農業・農村における資金難を緩和する一歩とはなろう。

　最後に金融機関別の農業・農村融資の状況を紹介する（中国人民銀行農村金融服務研究小組，2017，６頁および33頁）。2016年末時点の大型銀行による農業・農村融資残高は10兆3974億元で，農業・農村融資全体の36.8％を占めており，最も大きな貸し手となっている。大型商業銀行のうち農業・農村融資残高が最も多いのは中国農業銀行で，2016年には県支店の融資残高が３兆1775億元で，大型商業銀行全体の３割に達する。

　農業・農村融資残高の順位は，大型銀行に次いで小型銀行，中型銀行，農村信用組合の順となっている。特徴的なのは，農村信用組合の残高が農業・農村融資残高全体に占める割合が低下し，中型銀行，小型銀行を下回っていることである。しかしこれは，前述した2003年以降の農村金融改革と，それに伴う農村信用組合の改組および数の減少，農村商業銀行や村鎮銀行の増加やプレゼンスの高まりを反映した結果でもある。

　さらに，農業・農村融資にかかわる不良債権残高をみると，農村信用組合の再編が2003年からスタートし，中国人民銀行などからの資金援助を受けて不良債権比率は低下傾向にあるものの，2016年末で８％と，ほかの金融機関と比較

して依然高い水準にある(中国人民銀行農村金融服務研究小組, 2017, 10頁)。

注
(1) 開発性金融という言葉は, 元同行のトップであった陳元氏が2003年から提唱し, 既存の政策性銀行との差別化を図るべく, 投資銀行業務などの商業銀行業務を拡大しつつ, 国家戦略に基づく中長期的金融を担う国家開発銀行のサブソブリンとしての特別な地位も維持するという意味合いであった。
(2) 大型銀行には, 四大国有商業銀行のほか, 国家開発銀行, 交通銀行, 中国郵政貯蓄銀行も含まれている。中国輸出入銀行, 中国農業発展銀行, 招商銀行などの14行は中型銀行, 農村商業銀行, 農村協同組合銀行, 村鎮銀行などは小型銀行に属する。

引用参考文献
○日本語文献
王雷軒, 2015, 「中国農業政策金融機関の変貌と課題」『農林金融』8月号。
王雷軒, 2017, 「農村部の資金需要と農村金融の構造」田島俊雄・池上彰英編『WTO体制下の中国農業・農村問題』東京大学出版会。
○中国語文献
国家開発銀行, 2018, 『2017年度報告』。
中国農業発展銀行, 2018, 『2017年度報告』。
中国進出口銀行, 2018, 『2017年年度報告』。
中国人民銀行農村金融服務研究所小組編, 2008, 『中国農村金融服務報告』中国金融出版社。
中国人民銀行農村金融服務研究所小組編, 2013, 『中国農村金融服務報告2012』中国金融出版社。
中国人民銀行農村金融服務研究所小組編, 2017, 『中国農村金融服務報告2016』中国金融出版社。

(王　雷軒)

第5章　国有企業改革からベンチャー企業支援へ

　中国の株式市場の規模は世界最大級である。資金調達世界一，上場数で日本と並び，時価総額で世界2位である。発行市場では当初，国有企業改革のツールとして期待されたが，近年，深圳や海外で民間企業が大きな役割を果たす。流通市場では改革は続くものの，外国人投資家が考える「普通の株式取引」は内外の短期資本移動の自由化まで待たなければならない。さらに党の影響が強い社会で上場企業に対しガバナンスが有効かとの命題も抱える。

Keywords ▶ 金融・資本取引自由化の手順，国有企業改革，適格海外機関投資家制度（QFII），ナスダック，創業板

第1節　国有企業改革のツールとしての株式市場

1　国有企業とベンチャーが象徴する構図

　株式市場をめぐり，あまり変化しないかにみえる中国と，日々変化する中国が共存している。本章では，前者の象徴が国有企業で，後者の象徴がベンチャー企業と位置づける。

　第1節では，株式市場を国有企業改革のツールとして位置づけて説明する。上海証券取引所が1990年に創設された。国有企業を株式会社化して株式上場させ，政府は持ち株を投資家に売却することで財政資金を補えるとともに，国有企業が市場競争で質的な向上を図ることが期待された。第2節では，2001年の世界貿易機関（WTO）加盟に際して公約された外国人投資家への段階的な株式市場開放について，人民元建て海外適格機関投資家制度（QFII）からストック・コネクトまで考察していく。

第 5 章　国有企業改革からベンチャー企業支援へ

　第3節では，海外市場上場，第4節では，深圳の創業板（創業ボード）について触れている。第1節，第2節でみるように，株式市場には依然，国有企業改革の場所としてのレガシーや外国人投資家への規制が残っているものの，政治や政策と距離がある。国有企業がなかった，インターネットなど新しい産業や中小企業では，世界的にも特筆すべき市場競争やイノベーションが起きている。

②　世界金融危機前の高値を超えない相場

　米国と中国の株価は連動ではなく，対照的な動きをみせている。米国のサブプライムローンの返済の停滞から，2008年9月のリーマン・ショックを経て世界金融危機へ広がった。その後，景気や企業業績の回復に伴い，世界金融危機の震源地米国の株価はリーマン・ショック前の水準を超えて，過去最高値を回復している。

　他方，中国は世界金融危機後，いち早く大型の景気対策で高速道路や地下鉄建設などを前倒して，欧米のような大きな景気後退から逃れたにもかかわらず，株価は2014年の後半から2015年9月まで上昇相場を経験しているが，2007年10月の最高値を超えるには至っていない。

　株価の形成にはさまざまな要因が重なり合うが，「隠れた債務」であるシャドーバンキング（影の銀行）問題とも重なる。

　アジア諸国の個人投資家はファンダメンタルズをあまり重視せず，わずかな政策変更や風聞で投資判断する傾向が強かった（相沢，2005，233頁）。

　中国国内株式市場の投資家も，引き続き個人中心である。業績を分析して投資するというよりは，中国政府の株価を押し上げそうな政策動向をみながら，上昇局面で投資が過熱する要素が根強い。相場が過熱している局面の証券会社の店頭風景は，「カジノ」(3)に似ている。

　後述する上海や深圳と香港ストック・コネクト（中国と香港間の株式相互投資制度）が導入されたタイミングで，市場全体としては，政策が相場をリードしやすい中国で，1つの相場が終わったといえるのかもしれない。上海・香港ス

トック・コネクトが2014年11月，深圳・ストック・コネクトが2016年12月，それぞれ導入されている。中国は2001年の世界貿易機関（WTO）加盟に際して，株式市場の外国への開放方針を公約した。外国人投資家向け制度は，上海と深圳のB株（当初は，外国人のみが外貨取引できる市場として生まれた），QFII，人民元適格海外機関投資家制度（RQFII），そしてストック・コネクトと増加している。中国側は，利用しやすい制度に変わっていると評価するだろう。ただし，自由化というゴールがみえない段階的な緩和の連続は，投資家からは必ずしも評判はよくない。

　QFIIのような旧制度を温存しながら，ストック・コネクトなど新しい制度が設けられる。なぜなら，QFIIのような旧制度で，中国に投資している場合，旧制度が利用しにくい状態で，多少，利用しやすい新制度を設けられても，既存の投資家は，二重投資になるため，なかなか新制度を積極的には利用しにくいためである。

3　国家資本主義

　株式をはじめ金融業は，中国に限らず，法令改正や監督官庁の方針変更の影響を強く受ける。ただし，中国の場合，公表されている法律や国務院の通知と，実態の間で乖離がある。外国人投資家からみれば，実にわかりにくく，つまり不透明に映る。

　中国は，中国共産党が政府や民間企業より優位にある統治機構である。党が治める国家で，国家資本主義とも呼べる（小原，2015，66-67頁）。1978年の改革開放路線後，世界の経営者や投資家も，驚く速度で変容しているものの，土地の公有制が堅持されているように，党の戦略や，政府の政策が，民主主義国家では，自由度が高いとされる株式市場の特徴も規定している。

　後述するように，中国石油（ペトロチャイナ）のように，ニューヨークに上場し米国の証券取引委員会（SEC）の規定に従った情報開示では，政府の影響をビジネスリスクとして記載している。

　中国を含む50カ国を対象に2002年から2013年まで，ジャーナリストのネット

ワークである国境なき記者団（Reporters Without Borders）が策定する報道の自由指数（Press Freedom Index）や，国連開発計画（UNDP）の人間開発指数（Human Development Index）と，株価変動の関係を回帰分析した研究もある（Masrorkhah and Lehnert, 2017）。2018年の報道の自由指数では，中国は180カ国中176位である。

こうした研究が行われる背景には，上場企業の役職者や監督当局や政治家と，一般投資家の間には，情報の非対称性がある。情報の非対称性は融資の返済でも起きる，金融取引でしばしば用いられる概念である。上場企業の株価は，債券相場や為替レートよりも価格変動率が高い。つまり内部情報を利用した取引が行われる場合，多額の利益をあげられる市場である。

中国でもインサイダー取引や株価操縦を罰する法律があり，一部摘発されることがあるが，規模的には世界最大級となった株式市場を，質的にも世界的な市場に育成するためには，基本的に，党や政府の不透明で過度な関与を排しながら，公平でタイムリーな情報提供が必要条件だろう。中国のような報道が規制されてきた社会で，株式に関する企業情報がタイムリーに公表されるなど情報開示が改善していくのか，または，中国社会全体が変容していくのかは，長期的な観察が必要な構造的な命題である。

4　中国工商銀行の株主構成

証券市場が国有企業改革にとって重要なツールであることは，現在の株主構成をみると確認できる。すでに多くの国有企業の上場も終えており，国有企業改革を支援する役割はレガシーになりつつある。

米ビジネス雑誌 *Fortune* がまとめた売上高ランキングによると，金融セクター世界3位で，銀行部門でトップは中国工商銀行である（*Fortune*）[5]。同行の発行済み株式総数（3564億株）の内訳は，75.65％が人民元建ての上海A株，残り24.35％が香港ドル建ての香港H株として上場している（ICBC, 2018, 73頁）。全て市場で取引可能な株式の種類である。

中国の政府系金融持ち株会社の中央匯金公司（匯金）が34.71％，財政省が

34.60％，合計で69.31％，その他の国有企業を含めると，71.16％にのぼる。すでに，全ての株式を上場している点を評価すれば，民営化されたわけである。他方，政府系や国有企業が株式の大半を保有しており，さらに役員人事も党主導で，会社の都合では決められない。

　投資家が株主として企業経営に与える影響は限定的な構造になっている。市場で敵対的買収の対象となるほか，株主提案が株主総会で可決される余地もないに等しい。上場しても依然として，国有商業銀行なのである。

　同行の年次報告書では，匯金が保有する金融機関の持ち株比率も公表されている。四大国有商業銀行では，中国銀行が64.02％，中国建設銀行が57.11％，中国農業銀行が40.03％となっている。政策性銀行の国家開発銀行が34.68％である。国家開発銀行は株式会社に移行しているものの非上場金融機関である。匯金の持ち株比率は，国家開発銀行より四大国有商業銀行の方が大きいことになる。匯金は，5行のほか，銀行，保険など合計17の金融機関の大株主であることが示されている（ICBC, 2018, 74頁）。

5　ペトロチャイナの株主構成

　アジア通貨危機後の景気後退で不良債権問題が拡大し，一時経営破たんが懸念された国有商業銀行のうち，交通銀行と中国建設銀行が相次いで上場したのは2005年である。それまで中国の巨大な上場企業として注目されたのは，ペトロチャイナをはじめとするエネルギー企業だった。

　ペトロチャイナの場合，非上場の親会社である中国石油天然気集団公司（China National Petroleum Corporation, CNPC）が上海Ａ株，香港Ｈ株を合わせた82.71％と圧倒的な株式を保有している。つまりCNPCの改革の中で，石油販売など収益性が高い部門をペトロチャイナとして，香港，ニューヨーク，上海に上場した。圧倒的に親会社が株式を支配するいびつな構造ではあるが，ニューヨーク上場も認められている。

　上海や香港に提出されている2017年度年度報告[6]には触れられていないが，米国証券取引委員会規定に基づいた Form 20F[7] と呼ばれる2017年度年度報告（合

計269頁）では，いくつかのビジネスリスク（Risk Factors）[8]について言及されている。

政府規制に関連するリスクとしては，当社は，他の中国石油・ガス会社の事業と同様に，広範な政府規制を受けており，規制および管理は，当社の多くの重要な側面に影響を及ぼす（PetroChina, 2018, p 12）。

中国では経済に関する法律や規制は公表される判例が限定されていること，法律や規則の解釈および執行には不確実性があると明記している。中国の会社法は重要な側面が米国，香港などと異なる。また，中国の証券法はまだ発展段階にあり，中国以外の地域で得られる株主保護を得られない可能性がある。

さらに，ペトロチャイナの株式の82.71％を保有する親会社 CNPC との関係については次のように記載されている（PetroChina, 2018, pp. 12-13）。

CNPCは株式の約82.71％を保有している。この保有割合により，CNPC は他の株主の同意なしに当社の取締役会全体を選出することができる。したがって，CNPC は次のような立場にある。

- 当社（ペトロチャイナ）の方針と管理業務を管理する。
- 適用される中国の法律および規制および当社定款の規定に従い，配当支払の時期および金額に影響を与え，定款の一定の規定に対する修正を適用する。
- そうでなければ，ほとんどの企業行動の結果を決定し，当社の株式が上場されている管轄区域の規制上の要件に従い，当社は少数株主の承認なしに合併や株式譲渡を行う。

CNPC の利益は，当社の少数株主の一部または全部の利益に矛盾することがある。当社の支配株主である CNPC が当社の少数株主に利益をもたらす方法で常に議決権行使することを保証することはできない。

さらに，支配株主としての当社との関係に加えて，CNPC は単独で，または関連会社を通じて，建設および技術サービス，生産サービス，資材供給サービス，社会サービスおよびその他の事業活動に必要な特定のサービスおよび製品，金融サービスを提供している。これらのサービスおよび製品の提

供者としての CNPC およびその関連会社の利益が当社の利益と衝突する可能性がある。

中国が WTO 加盟直前で，米国市場は1990年代の IT バブルが崩壊した時期で，ペトロチャイナをはじめ，新しい未曽有の投資機会として，中国への期待が過大だった時代背景も無視できない。リスクよりリターンに関心があったといえるだろう。

6　ペトロチャイナ幹部の辞任

現実に，ペトロチャイナのビジネスリスクは幹部の逮捕で顕在化している（『日本経済新聞』2013年8月29日付）。ペトロチャイナと，同じく CNPC 系の上場子会社の昆侖能源の株式が2013年8月27日早朝，突然，売買停止となった。27日夕方，CNPC 副社長でペトロチャイナ副総裁，昆侖能源の董事長を兼務する李華林氏ら幹部3人が共産党中央規律検査委員会の調査を受けていることと，前日の26日付で辞職していることが公表された。取引が再開した28日は，26日終値比でペトロチャイナが4.4％，昆侖能源が13.5％下落している。両社とも香港株式市場の代表的な株価指数ハンセン指数の構成銘柄で，ハンセン指数全体の下落にも影響を与えた。「共産党中央規律検査委員会が調査する」とは，汚職の容疑による捜査とされる。

その後，ペトロチャイナに対しては，株主代表訴訟（クラスアクション）が米国で起きている。同社による虚偽の情報開示が株主に損害を与えたなどとしている。米国大手法律事務所が2013年9月，米ニューヨークの裁判所に訴えている。訴えによると，2012年4月26日から2013年8月27日までにペトロチャイナの株式を購入した投資家の損失回復や，中国当局から調査を受けている同社の元幹部を米国の証券取引法に基づき追及する方針だった（『日本経済新聞』2013年9月5日付）。しかしニューヨークの連邦地方裁判所判事は，中国政府がペトロチャイナ関係者の不正行為を疑っていることは明らかであるとしながらも，ペトロチャイナがコーポレートガバナンスの実務や財務報告に対する内部統制について虚偽の報告をしたことを原告が立証していないなどとして，原告

の訴えを却下している。

　他方，ペトロチャイナ幹部の摘発直後，李克強首相は2013年9月11日，遼寧省大連市で開かれた世界経済フォーラム主催の夏季ダボス会議の開幕式における基調講演で，安定成長を目指して国有企業改革などの構造改革を進めていくと表明している。構造改革の一環として，これまで国有企業が独占してきた石油，金融，通信などの分野に民間資金を引き入れ，市場の力を活用すると強調した。CNPCの汚職摘発に続き，巨大な既得権益をもつ国有企業の改革を推進する姿勢をみせた（『日本経済新聞』2013年9月11日付）。

　李首相の発言は海外の起業家やメディアが集まる会議を意識したものだったのだろうが，中国工商銀行やペトロチャイナの2017年の年度報告をみる限り，株主の保有構造には変化がみられない。投資家，特に外国人投資家からの信頼度を高めるには，こうした発言および実行の積み重ねが必要である。

第2節　限定的な市場開放の継続

1　金融・資本取引自由化の手順

　1990年代，アジアやメキシコなどで通貨危機が相次いだ。こうした新興国における通貨危機の教訓として，金融や資本取引の自由化の手順（sequence）が重要な考え方として定着している。マッキノンなどは1970年代からこうした考え方を表明していた（Mckinnon, 1973, 1993）。

　簡単にいえば，新興国では，株式などの短期的な投資の受け入れや，海外投資家の短期間の資金移動に関する自由化を急いではいけないということである。

　自由化の手順としては，物価の安定，財政収支の均衡などマクロ経済や経済ファンダメンタルズの安定が金融・資本取引自由化の前提と考えられる（小原, 2003）。その上で，国内の銀行業務の自由化から着手する。預金金利や貸出金利の自由化，銀行の新規出店や参入の規制緩和などである。参入の規制緩和は，外資系銀行もあれば，異業種参入も考えられる。預金金利や貸出金利の自由化には，ベンチマークとなる長期・短期の金利，債券市場の整備，発達も必要に

なる。まずは，金融の要である国内の銀行業務を強化することの重要性である。預金保険や銀行の再編ルールを明確にする必要もあるだろう。そして，株式市場も育成していくことも重要となる。この段階では，国内市場と海外取引は事実上，分断されていることが望ましい。国際金融業務は，貿易取引や直接投資など実需に基づく取引から始めて，株式投資は長期投資に限って対外投資を認めていく。短期的な株式投資が認められるのは，為替取引の自由化の後になるのだろう。対内株式投資と対外株式投資を比べれば，前者の後に後者を進めたいところである。前者であれば，国内の金融監督当局でコントロールできるためである。

中国の現状は，段階的な緩和に向かう方針を表明しながらも，対外投資を促進であれ抑制であれ，いつでもコントロールできる強力な政府の介入を温存している。例えば，外貨準備高が増加する局面では，対外投資を促進し，逆に外貨準備高が減少する局面では，対外投資を抑制する方向に指導を行っているようにみえる。中国政府の対外投資促進の方針を受けて，海外金融機関を買収した経営幹部から，その後，追加の買収資金に対する許可がなかなか下りず，資金調達で苦労したことを聞いたことがある[9]。

株式市場については，株価が低迷しているときに，発行市場は抑制的になり，外国人も含めて投資家を呼び込む政策が出やすい。秋に開かれる共産党大会や3月の全国人民代表大会後に，監督当局から，株式市場改革の詳細な規定が公表され，実施される傾向もある。大きな政策は党や国務院のようなトップダウンでなされるが，現場の許認可はこうした政治の日程要因，政策実施のタイミングを慎重に考慮している。株価の動向以外では，四半期のGDP発表前後，景気の変動する場面では，緊急対策的な政策が公表される傾向がある。

2 QFII・QDIIからストック・ダイレクトへ

株式市場の対内投資は2002年11月に導入されたQFII（Qualified Foreign Institutional Investors）で始まる。QFIIは，中国証券監督管理委員会（CSRC）の認定を受け，かつ国家外貨管理局（SAFE）から投資限度額の認可を取得し

なければならない。前者が外国人投資家に対して日常的に監督にあたる。後者は，国際収支の管理の観点から投資限度額の認可を担っていた。外国人投資家が，投資限度枠内で外貨を資金および証券管理を担当する銀行に対して送金して，人民元に両替し，中国人民元建ての金融商品（上海A株，深圳A株や債券，投資信託）へ投資を行うことを可能にした。2つの認可当局へは，中国語の申請書類（申請投資家の必要に応じて英文や日本語の翻訳もつける）を受託銀行経由で申請する。

　QFIIの運用枠は導入当初は上限100億ドルに設定され，実際に100億ドルを超えるのは2007年2月だった。運用枠は2007年5月の第2回米中戦略経済対話を経て300億ドルに引き上げられ，実際に300億ドルを超えるのは2012年9月だった。CSRCは2012年4月，300億ドルから800億ドルに上限枠を設定した。2015年2月には，この800億ドルの枠も超えている。他方，株式市場の対外投資は2006年4月，適格国内機関投資家制度（QDII）として解禁された。

　中国本土の人民元建て証券市場に対する外国人の投資制度は，2002年末にQFIIが導入された後，香港などオフショアで調達した人民元で本土の株式・債券へ投資を行うことができるRQFIIが2011年末に導入された。2018年8月末現在，香港のほか，米国，韓国，シンガポール，英国，日本など合計17の国・地域で1兆8900億元の投資枠が付与されている。ただし，実際の投資枠の付与は3分の1にあたる6275億元に過ぎない（梅原，2018，8頁）。

　すでに，投資家にとってRQFIIより利用しやすい新制度がスタートしている影響もある。QFIIやRQFIIは，投資家や国・地域が中国当局に投資枠を申請して認可を受ける方式だったが，ストック・コネクトは証券会社などの事前登録は必要であるが，投資限度額の申請は不要であった（梅原，2018，9頁）。世界の主要機関投資家向けに株価指数を提供することで影響力をもつ投資情報会社のMSCI社は2017年6月，ストック・コネクトなどの改革を評価して，中国本土の株式市場に上場する企業を同社の株価指数に採用する方針を決め，2018年から実施している。

　ストック・コネクトの開始に伴い，香港経由で海外の個人投資家が上海や深

圳のA株を直接購入することが可能になった。同時に，中国国内の一定規模以上の投資実績がある個人投資家の香港株取引も可能になった。それぞれ上限が決められており，1日の間で自由に取引できるわけでもなく，上海と香港のように重複上場している株式が1つの株価にはなっていない。将来的には，投資枠を引き上げたりしながら，ストック・コネクトという新制度を段階的に開放の方向に向かわせるのだろう。

3 海外市場上場の役割

　海外株式市場も，第1節で取り上げた国有企業改革と，第2節の民間企業へのコストが低い大口資金の提供という2つの役割を果たしている。そのほか，海外証券取引所の審査基準をクリアすることで外国人投資家や企業家や消費者らに対して知名度が向上する。第1節でペトロチャイナが年度報告で想定されるビジネスリスクを詳細に開示していたように，外国人投資家にとっては，中国国内の上場企業よりは情報開示で期待され，中国国内市場よりは自由に投資ができる。

　1993年7月，青島ビールが香港証券取引所にH株として，国有大手石油会社の中国石化の傘下の上海石油化工が米国預託証券（ADR）を活用してニューヨーク証券取引所（NYSE）に上場している。上海石油化工は上海証券取引所A株，香港証券取引所H株としても上場している。

　H株は，中国本土で登記した企業の株式であるが，2004年6月，100社を超え，2017年末現在で252社にのぼる（図5-1）。このほか，中国本土外で登記した企業の株式は，レッドチップと呼ばれる。代表的企業は，米IBMからパソコン部門を買収し，NECや富士通とも合弁会社を設立する，世界の大手パソコンメーカーのレノボグループ，大手石油会社の中国海洋石油（CNOOC），不動産会社の中国海外発展などである。レッドチップの数は100社を超えている。

　NYSEをはじめADRを利用した米国上場は2003年8月現在で，17社でアジアでは日本（19社）に次ぐ数だった。2018年10月現在では，111社（このうちIT系ベンチャー企業の上場先として知られるナスダックが47社）まで増加し，世

第5章　国有企業改革からベンチャー企業支援へ

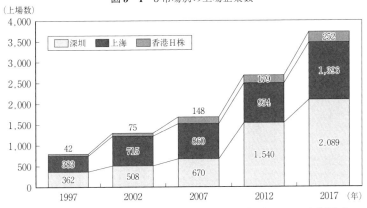

図5-1　3市場別の上場企業数

(出所) 深圳証券取引所，上海証券取引所，中国証券監督管理委員会，CEICより筆者作成。

界最多になっている (The Bank of New York Mellon Corporation)。

ナスダック[10]は，創業者が大半の株式を上場後も保有することを認めている。経営環境の変化が速いIT企業の創業者オーナーに好まれる。彼らが，世界や中国の富裕層ランキングで上位に来る理由でもある。

当初は，上海石油化工のような石油化学や，ペトロチャイナのようなエネルギー，そしてチャイナモバイルなど通信会社など寡占度の高い業種で，国有企業が大半を占めていた。その後，ナスダック中心に，アリババ (Alibaba Group〔阿里巴巴集団〕)，京東 (JD.COM)，バイドゥ (Baidu〔百度〕)，網易 (NetEase)，新浪微博 (Weibo)，携程旅行網 (Ctrip.com International) などIT系ベンチャー企業の上場が相次いでいる。

日本企業では，NTT，日立製作所，パナソニックなどが上場廃止し，現在は，トヨタ自動車，本田技研工業，メガバンク，LINEなど14社にとどまっている。

第3節　ベンチャー市場で上場企業が増加する深圳市場

中国株式市場は日本と2位を争うように，その規模は急拡大してきた。国際

表 5-1 世界の主要な証券取引所の株式時価総額と国内企業の上場数（2017年末）

		時価総額 (兆ドル)	構成比（％）	上場数（社）	構成比（％）
NYSE	米国	22.1	26.8	2,286	4.9
ナスダック	米国	10.0	12.2	2,949	6.3
日本取引所グループ	日本	6.2	7.5	3,604	7.7
上海取引所	中国	5.1	6.2	1,396	3.0
ユーロネクスト	欧州	4.4	5.3	1,255	2.7
香港取引所	香港	4.4	5.3	2,118	4.5
深圳取引所	中国	3.6	4.4	2,089	4.5
トロント取引所グループ	カナダ	2.4	2.9	3,328	7.1
インド国立証券取引所	インド	2.4	2.8	3,328	7.1
ボンベイ取引所	インド	2.3	2.8	5,616	12.1
ドイツ取引所	ドイツ	2.3	2.7	499	1.1

（出所）　国際取引所連合（World Federation of Exchanges）より筆者作成。

取引所連合が集計した2017年末の株式時価総額では，中国は米国に次ぐ世界2位の時価総額（株価×株数）に拡大している。取引所別では，上海証券取引所が，ニューヨーク証券取引所，ナスダック，日本証券取引所に次いで世界4位，深圳証券取引所は7位となっている。

そして，国有企業のような大企業だけでなく，ベンチャー企業もより簡単に資金を調達できるように，いわゆる「多階層株式市場」の育成に力を入れてきた。

2017年末現在，上海証券取引所の上場企業1396社，深圳証券取引所の上場企業2089社で，上場企業は合計3485社に達した（図5-1，**表5-1**）。上海と深圳を合計すると，ほぼ日本の上場企業数と同じ数になった。2000年末で上海・深圳の上場企業合計は1086社だったため，17年間で2000社以上，増加したことになる。深圳証券取引所は2004年，中小企業ボードを，さらにベンチャー企業上場の創業ボードを2009年，新設した。上場数は，中小企業ボードは903社，創業ボードは710社にのぼる。この2つが，ベンチャー企業の資金調達を多様化させた。これに対して，従来のA株や，B株はメインボードとなる。

さらに，2012年に中小企業株式譲渡システム（National Equities Exchange and

第 5 章　国有企業改革からベンチャー企業支援へ

Column 5　2008年，中国におけるリーマン・ショック

　This Time Is Different――米国研究者が金融危機の歴史について書いた書籍のタイトルだ。リーマン・ショック前の中国市場を振り返るとき，同ショックがなかったら，市場化・自由化の速度は違うものになったのかと思いを巡らすことがある。冒頭タイトルは，「今回は違う，少なくとも自分だけは違う」と正当化する投資家心理をうまく表現している。上海と深圳に証券取引所が開設からほぼ10年で，念願の WTO 加盟が決まり，QFII をはじめ中国の金融サービスの対外開放の時期に入っていた。外資系の金融機関，外国人機関投資家，そして中国側の担当者も，次の開放の10年に期待していた。

　外国為替業務を得意とする中国銀行をはじめ大手銀行も米国サブプライムローン関連証券への投資で損失が明るみになった。最初の報道は2008年1月21日の香港紙だった。翌日になって，上海取引所は中国銀行の取引を止めた。「普通の市場」なら，取引所は売買停止ではなく企業に即時の情報開示を命じるだろう。中国銀行，中国工商銀行，中国建設銀行の3行は2008年6月末で，米連邦住宅抵当公社（ファニーメイ）と米連邦住宅貸付抵当公社（フレディマック）が発行する債券などの保有額が合計254億ドルにのぼった。同年6月の中間決算発表で，損失を大きく上回る利益をあげ，問題ないことが確認された。

　リーマン中国部門責任者は同年4月でも，中国で証券会社の設立を目指すと積極的な発言を残している。リーマンは欧州法人名で2004年7月，QFII の認可を取得した。早さで20番以内に入っているが，日本の野村証券，日興アセットマネジメントより後の認可だった。外資系参入競争の中で第一陣の最後列の位置づけである。リーマンは保有株式に連動する債券を発行，投資機会を提供する業務を得意とした。中国当局者もリーマンの QFII や QDII の事後対応を通じて金融スキームを学習したことだろう。経済用語で「技術移転」といえる。中国側にとって規制緩和の大きな目的でもある。

Quotations, NEEQ）が開設し，取引所の上場条件を満たせない企業の資金調達と株式の売買に新たな道を開いた。このシステムで譲渡される企業は1万社を超えている。非上場企業への出資や売買が活況を呈しているといえる。党および国務院や国有企業ばかりに注目して「国進民退」と考えていると，見落としてしまう激烈な競争やイノベーションの源となっている。香港の対岸，広東

省深圳市や，中国のトップ大学である北京大学や清華大学とも地理的に近い北京市中関村エリアが，中国のシリコンバレーと呼ばれるゆえんである。

　最後に，2018年4月以降，中国国内の証券会社の合弁会社の出資比率が49％から51％に引き上げられた。野村ホールディングス（2019年8月，51％出資の中国法人設立）と大和証券グループが合弁会社の設立を目指している（『日本経済新聞』，2018）WTO後の解禁当初は33％だった。日系では，大和SMBCが2004年6月，上海証券と合弁会社を設立していた（その後，解消）。過半数出資が可能になることで，証券業務の競争が促進される見方と，すでに中国の証券会社が実力をつけてきているだけに大きな影響はないという見方に分かれる。

注
(1) 中国の株式市場については，野村資本市場研究所，2007；徐，2003；日本証券経済研究所，2001などが詳しい。
(2) 改革開放から40年以上が経過しても，国有企業が支配的で民営企業の成長を抑制している「国進民退」の議論がある。中国では，米中貿易摩擦などで低迷する株価対策として，国有企業が民営企業の株を買う例が相次いでいる（『朝日新聞』2018年10月23日付）。この記事も「国進民退」観測として紹介している。変わらない中国として国有企業に注目するか，変わる中国としてベンチャー企業に注目するかで「国進民退」かの議論も異なるものになる。
(3) スーザン・ストレンジは変動相場制導入後，グローバル化した金融市場を「カジノ」と表現した（ストレンジ，2007）。原著は1986年に刊行されている。
(4) 中国に限定した回帰分析はなされていない。
(5) 中国工商銀行は上海と香港に上場しているため，業績報告などを，中国国内で使用される簡体字のほか，香港で使用される繁体字，英文で公表される。本章での引用文献は，日本の読者のため，英文を基本とした。
(6) ただし上海と香港提出の2017年度年度報告には親会社CNPCとの賃貸借関係など業務連携については詳細に記載されている。
(7) Form 20-F は外国企業を対象とする決算の年度報告。
(8) 2017年のForm 20-F では，リスク要因は合計7頁に及ぶ。しかし上場間もない2001年のForm 20-F では半分未満の3頁に過ぎない。全体の頁数は168頁から269頁に増加している。
(9) 2018年2月後半に実施した聞き取りによる。
(10) 電気自動車に特化した米国自動車ベンチャーのテスラもナスダック上場である。イーロン・マスク最高経営責任者（CEO）兼会長が2018年8月，ツイッター上でテスラを非公開化する計画を表明した。米証券取引委員会（SEC）から証券詐欺だとして提訴され，和解した。和解案によると，マスク氏は会長職から退いて独立した取締役から後任を選ぶほか，マスクとテスラはそれぞれ2000万ドル（約22億円）の罰金を支払う。所有と経営が分離しにくいナスダックの弊害ともいえる。

⑾　株式時価総額は，上場企業の価値とともに規模を表す指標である。発行済み株式数に，株価をかけて算出する。時価総額によって大型株や中小型株などに分類される。証券取引所の規模の比較や，対 GDP 比で株式市場を国別の比較に使われる。投資家，特に機関投資家は，時価総額を基準にした株価指数をベンチマーク（運用目標）に用いる。

⑿　今後の方針は不明だが，中国当局は，外資系設立当初，中国法人幹部の中国語も面接で確認していた。

引用参考文献
○日本語文献
『朝日新聞』2018年10月23日付。
相沢幸悦，2003，「アジアの証券市場」佐藤昇・木村由紀雄・高橋元・相沢幸悦『入門現代の証券市場 [第2版]』東洋経済新報社。
梅原直樹，2018，『中国本土の関係緊密化のなかで発展を模索する香港経済』国際通貨研究所。
小原篤次，2003，「中国株式市場の海外投資家自由化」『東アジア研究』第38号。
小原篤次，2015，「強靭な一党支配下の中国型市場経済」『国際情報学部研究紀要』第16号。
野村資本市場研究所，2007，『中国証券市場大全』日本経済新聞出版社。
徐燁聡，2003，『入門中国の証券市場』東洋経済新報社。
スーザン・ストレンジ／小林襄治訳，2007，『カジノ資本主義』岩波書店。
『日本経済新聞』電子版2013年8月29日付，2013年9月5日付，2013年9月11日付，2018年11月2日付。
日本証券経済研究所，2011，『図説 中国の証券市場〈2011年版〉』日本証券経済研究所。
○英語文献
Fortune, "Global 500", 2018年10月19日閲覧。
PetroChina Company Limited, 2018, "United States Securities and Exchange Commission Form 20-F" (2017 annual report).
Masrorkhah, Sara Abed & Thorsten Lehnert, 2017, "Press freedom and jumps in stock prices," *Economic Systems*, Vol. 41, Issue 1.
The Bank of New York Mellon Corporation, "DR DIRECTORY" 2018年10月19日閲覧。

　　　　　　　　　　　　　　　　　　　　　　　　　　　　　　　　（小原篤次）

第6章　不良債権処理と金融資産管理会社

　政府主導の成長モデルを堅持する中国では，工業化を推進するため，国有企業が肥大化した結果，巨額な不良債権が国有商業銀行に累積した。不良債権処理のため，1999年に金融資産管理会社（Asset Management Corporation, AMC）が設立された。不良債権処理を通じて中国の AMC は株式市場への上場を果たし，銀行，保険，証券にまたがる金融コングロマリットにまで成長した。2016年以降，再び不良債権の懸念が強まるにつれ，地方政府や他の大型商業銀行も四大 AMC を模倣して各レベルの AMC を立ち上げた。このように中国の AMC は特殊な目的をもつ金融機関として定着し，世界でも類をみない不良債権処理業界を作り上げている。

Keywords▶不良債権，金融資産管理会社，ソフトな予算制約，資産証券化，デット・エクイティ・スワップ（債務の株式転換）

第1節　不良債権の発生メカニズムと処理

1　不良債権の定義

　単純な理解では，不良債権とは，貸金の回収が困難，または回収の見込みのない債権のことである。ただし，厳密にはどのような債権が「不良債権」として判断されるのか，その規則は各国の金融行政当局，あるいは金融機関内部の「債権管理指針」や「リスク管理規定」などに規定される。中国では，中国人民銀行が公表した「貸出リスク分類の指導原則」（2001）と「中国銀行業監督管理委員会」（銀監会）が策定した「貸出リスク分類のガイドライン」（2007）に従って，債権の管理は5段階（5級分類）に分けられる。それぞれ，「正常」（ノーマル），「要注意」，「次級」（サブプライム），「可疑」（危険），「損出」（更生

破綻）である。

　5段階に分類される債権の中で，不良債権にあたるのはサブプライム，危険，更生破綻となった債権である。「サブプライム」は，いわゆる債務者の返済能力に著しく問題が生じ，または通常の売上高から十分に元利を返済することができないもの，担保を処分しても一定の損失を被る可能性がある債権である。「危険」は債務者が元利を十分に返済することが不可能なもの，または担保を処分しても比較的大きな損失を被る債権である。「更生破綻」はあらゆる措置および法的プロセスを講じても，元利を回収することが不可能なもの，あるいはごくわずかしか回収できない債権である。

［2］ 不良債権の発生メカニズム

　不良債権の発生にはさまざまな要因が影響している。マクロ政策や景気循環もあれば，企業の誤った経営判断や過剰な設備投資もある。さらに政府の介入や関連融資の存在など，不良債権を醸成させる要因が多数存在する。そのため，根本的に不良債権を解決するには，その発生メカニズムを見極めなければならない。1980年代から90年代にかけて発生した中国の不良債権問題については，ソフトな予算制約の存在が主要因とされてきた（渡邊，2000；門，2007）。ソフトな予算制約とは，不採算企業あるいはプロジェクトが本来清算されるべきところを，何らかの原因で出資者または政府が事業を継続させるため，予算制約をソフト化させる現象である。当初は，社会主義国（旧共産圏諸国）でよく存在するパターナリズム（paternalism）[2]に起因し，常に国有企業に対する予算制約が「ソフト」であることが考察されていた（Kornai, 1980）。

　しかし，この問題は所有制度に関係なく，企業経営のインセンティブ問題として社会主義国のみならず，資本主義国でも同様な現象が存在することを，より一般化した理論モデルによって示されている（Dewatripont & Maskin, 1995）。借り手と貸し手の間に情報の非対称性が存在する限り，すでにサンクコスト（Sunk Cost，埋没費用）を払った融資案件に対して，ごくわずかの回収見込みが存在するとしたら，債権者には追加融資を行うインセンティブが働く。すな

第Ⅱ部　多様化する金融セクター

Column 6　過剰債務とゾンビ企業

　固定資産投資やインフラ整備が旺盛な中国では，各地が競い合って同じような工業プロジェクトを導入したため，しばしば過剰な設備投資がみられた。これらのプロジェクトを推進した企業は国有部門に属するものが多く，不採算な事業を続けても倒産に追い込まれないまま，「ゾンビ企業（zombie company）」として生まれ変わった。ゾンビ企業は日本の失われた10年において経営が事実上破綻していても，銀行の保護を受け，存続し続ける企業のことを指す。中国では，概ね生産活動を行えず，生産停止あるいは半休業状態にあり，政府の補助金や銀行のつなぎ融資を受けて清算破綻ができない企業を指す。

　ゾンビ企業のほとんどは，過剰債務問題を抱えており，所有構造や規模にはいくつかの特徴がある。所有構造からは，地方の国有企業が多い。また，規模は比較的大きく，また多くの生産人員を抱えている。さらに工業化優先戦略で進められた重厚長大産業に属するものが多く，さまざまな理由から所在地の政府に救われている。業種からみると，鉄鋼（51.43%），建築業（44.53%），建材（31.76%），貿易商社（28.89%）などの産業においてゾンビ企業の比率が高い。地域をみると，山東，江蘇，浙江，広東などの沿海部に集中し，国有と集団所有企業はその大半を占めている。規模別の割合をみれば，大規模企業におけるゾンビ企業が最も多く，中小企業の割合が低いが，数が多い。しかもその割合は操業年数の増加とともに増え，操業30年を超える企業のうち，23%がゾンビ企業になる（聶等，2016）。しかし，地域保護主義の存在によって正確にゾンビ企業を把握することが難しく，厳格な調査ができない。中国の市場化改革をさらに前進させるには，市場メカニズムに基づく破綻清算のルールを徹底する必要があるだろう。

わち，事前のモニタリングが働かない場合，「事後の最適」が存在すれば，リスキーなプロジェクトでも追加資金が投じられ，結果としては不良債権の醸成につながった。このようなメカニズムは追い貸しゲームとして知られる。

３　不良債権の処理

　金融機関に累積した不良債権の処理は，大きく間接償却と最終処理の2つの手法に分けられる。間接償却とは，いわゆる不良債権となった融資の損失見込

第6章　不良債権処理と金融資産管理会社

額を貸倒引当金に計上する方法である。最終処理はいわゆる債権を金融機関の会計や帳簿から消し去る作業で，直接償却や債権放棄，また証券化などの流動化方策を通じて債権者のバランスシート再建を図る。しかしながら，不良債権の発生は景気循環などから集中する傾向があり，債権者自ら不良債権を処理する際には，売却の買い手がつかないなど，現実の困難が多く存在する。特に証券化する場合，第三者を通さず債権者と債務者の間で合意を達成できる可能性が高くないため，多くの国では公的機関を設立して不良債権処理にあたらせる。1980年代のS&L危機（Savings & Loan）に対処するために設立した米国のRTC（Resolution Trust Corporation，整理回収機構）をはじめ，日本の整理回収機構（Resolution and Collection Corporation，RCC）や韓国の金融資産管理公社[3]，さらにタイのAMC，中南米のチリ，メキシコ，アルゼンチン，ブラジルなどの諸国においてもAMCに準ずる不良債権処理機関を立ち上げていた。

　改革開放以降，大きな成長を遂げた中国経済は，1990年代後半になると，国有企業の資金融通を支える国有銀行には，2兆元を超える巨額の不良債権を積み上げた。1997年のアジア金融危機を機に，四大国有商業銀行を中心とする銀行セクターの不良債権が焦げつきとなり，巨額な不良債権を処理するため，1999年に中国政府は4つのAMCを設立し，四大国有商業銀行と政策性銀行の不良債権の処理にあたった[4]。四大AMCが成立してからは，帳簿の書き換えや不良債権の買取りおよびデット・エクイティ・スワップ（債務の株式転換，DES）などの方法を用いて不良債権を処理した。2001年からWTO加盟を受けた景気の高揚もあって，2008年になってから1980年代から累積してきた不良債権問題に対処することができた。AMCは特殊目的会社として，不良債権処理を終えるまで存在期間が定められたことが多いが，中国のAMCは不良債権処理を通じ大きく成長し，中国金融業においてなくてはならない存在となっている。

第Ⅱ部　多様化する金融セクター

第 2 節　不良債権処理のプロセスと長期化

⬜1　銀行部門における不良債権の推移

　間接金融を中心とする中国金融業では不良債権が銀行部門に集中していた。アジア金融危機を機に，中国の不良債権問題は表面化し，経済の持続的発展を大きく妨げるものとなった。1998年末になると，四大国有商業銀行だけでも 2 兆元を超える不良債権額（同年 GDP の約25％を占める）が累積された（施，2005）。1999年に AMC が設立されてから，銀行部門における不良債権の切り離しが行われ，2001年以降，不良債権残高と比率がともに低下し始めた。その後，特別中央銀行債券の発行や帳簿の書き換えなどを通じ，銀行部門の不良債権が段階的に減り，2008年になってようやく国有商業銀行の不良債権問題が解決できた。その後，好景気に支えられ，中国銀行業の不良債権比率は 1 ％台で推移していた。しかし，2013年以降，景気後退や企業と家計部門債務の上昇などによって銀行部門の不良債権が再び上昇し始め，2015年に 1 兆元を超え，2017年末においては不良債権の残高が 2 兆元に迫るところまで増えた（図 6 - 1 ）。

　2001年以降，中国人民銀行と「銀監会」が不良債権に関する公式の統計を公表するまでは，1990年代後半における中国銀行部門の不良債権について，銀行年報の財務諸表や要人の談話に基づいてさまざまな推計が行われた（西崎，2003；施，2005）。各推計には不良債権の残高と比率をめぐって大きな差が存在するが，中国人民銀行の専門誌『金融研究』にて発表された施（2005）の推計では，1994年における国有商業銀行の不良債権比率はすでに融資残高の20％を占め，不良債権残高が 1 兆元に達したことがわかる。1995～99年のわずか 5 年で，不良債権が 3 兆元に迫る規模に達した。その間，国有商業銀行は国有企業への資金融通を絶やさず，1990年代後半に入ってからも続く旺盛な設備投資を支え，広範にわたる貸し渋りを起こさなかった。

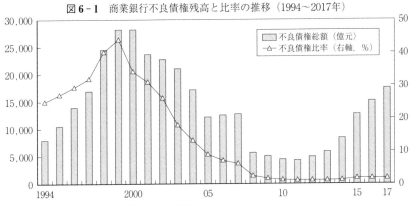

図6-1 商業銀行不良債権残高と比率の推移（1994〜2017年）

(注) 1：2000年以前の数字は施（2005）に依拠した。
2：2001年における不良債権残高と比率は四大国有商業銀行の数字である。
3：2002〜2005年における不良債権残高と比率は商業銀行（四大国有商業銀行と株式制商業銀行）の数字である。
4：2006〜2017年における不良債権残高と比率は商業銀行（五大銀行，株式制商業銀行，都市商業銀行，農村商業銀行と外資銀行が含まれる）の数字である。
(出所) 施，2005。『中国人民銀行貨幣政策執行報告』2001〜02年版。『中国銀行業監督管理委員会年報』2006〜17年版。

2 不良債権処理のプロセスと長期化

①政策処理の段階とルール作り

　1999年に誕生した四大 AMC は各地に支店と出張所の設立を終え，早くも2000年8月に国有商業銀行から不良債権の切り離しを行った。2000年時に策定した不良債権処理プランでは，帳簿の書き換えなどを通じて処理する四大国有商業銀行と国家開発銀行の不良債権は1.3兆元であったが，実際に不良債権の切り離しを完了した2006年には，合計1.4兆元に上った（『中国銀行業監督管理委員会年報』2007年版）。帳簿の書き換えを通じて不良債権の切り離しを行った「政策性の不良債権処理」は AMC 設立後，初期段階の最優先業務である。

　AMC は不良債権を処理するために設立された特殊目的の公的金融機関であり，設立まもなく関連のルール作りが始まった。2000年11月に中国国務院の常務会議で「金融資産管理会社条例」（国務院令［297号］）が通過し，公表された。同条例は7章からなる。それぞれは(1)総則，(2)会社の設立および業務範囲，(3)不良債権処理の範囲および処理業務に必要となる資金源，(4)DES，(5)会社の経

営およびコーポレートガバナンス，(6)会社の終止および清算，(7)その他である。ほかにも，財務省は2000年11月に「資産処理の管理方法」(2004年と2008年に2回も修正が行われた) を策定し，対外経済貿易合作省 (商務省)，財務省と中国人民銀行は外国資本を利用して不良債権を処理する関連規定を公表した。

「金融資産管理会社条例」では，AMCの業務内容について明確に定めている。それぞれ，(1)債権の償却，(2)リース・譲渡や転売等の方法で不良債権を処理する，(3)DESを実施し企業の株式を保有する，(4)企業の上場推薦，企業債券や株式を発行する，(5)金融債券の発行，金融機関からの借り入れ，(6)企業財務・会計・経理のコンサルティング，資産監査等，(7)人民銀行と「中国証券監督管理委員会」(証監会) の認可を受けた業務，である。上記の7項目以外にも，認可を受ければ，投融資業務も認められていた。また債権償却や資産管理についても，関連の条項が設けられている。

②不良債権処理の市場化

AMC設立の初期段階において，「政策性の不良債権処理」を中心に帳簿の書き換えを通じて不良債権の切り離しを行った。切り離した不良債権の損失を補うため，中国人民銀行は四大国有商業銀行に対して5739億元の再融資を行い，またAMCを通して8200億元を超える特別債券を発行した (図6-2)。2001年以降，AMCは切り離した「政策性の不良債権」を処理し始め，2006年末までに9割を超える不良債権を償却した。現金として回収できた債権はわずか2200億元であった。その間，「政策性の不良債権処理」を遂行すると同時に，不良債権の買取りを通じて市場化による不良債権処理のテストも行われていた。

2007年以降，AMCは市場化による不良債権の処理を開始し，各AMCがそれぞれ担当する国有商業銀行を区分せず，競売の方式で国有商業銀行から売り出される不良債権を買い取った。AMC4社は価格提示を通じて買い取った不良債権を，「政策性の不良債権」に較べて複雑な手段を講じて処理した。2014年末まで四大AMCが市場化の手段を通して買い取った不良債権は2.8兆元に上った。2016年末までには4兆元にも達したことが推測できる[5]。また四大AMCは四大国有商業銀行の不良債権のみならず，株式制商業銀行や都市商業

図 6-2　AMC による不良債権処理のスキーム

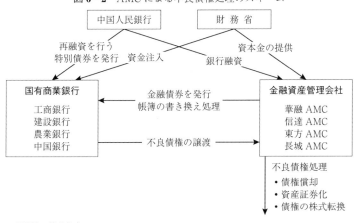

(出所)　筆者作成。

銀行まで買取りの範囲を広げた。

③不良債権の資産証券化

　資産証券化は不良債権処理の重要な手段として,「政策性の不良債権処理」段階から,信託会社と共同で関連の不良債権の証券化商品が売り出されていた。「金融資産管理会社条例」では,AMC の業務内容について,明確な規定が定められている。それは,(1)債権の譲渡,(2)企業債権の回収,(3)株式と債権の売却,(4)競売できる商品との置換,(5)債権の競売・入札,(6)資産リース,(7)資産の移管,(8)債務の再編・資産の置換,(9)破産・清算の手続き,(10)資産の証券化と DES,(11)法的手段による債権の回収,(12)外国資本の利用,といった手段である。不良債権の資産証券化は,銀行から切り離した債権を,何らかの仕掛けを使って最終的に証券化の商品に換える金融手段である。そのメリットは不良債権の証券化を通じて,資産の流動性を高めバランスシートが改善できる点である。

　2003年,資産証券化のテストとして,華融 AMC は「中信信託」と協力し,工商銀行寧波支店の132億元の不良債権をパッケージにして投資信託商品を売り出した。投資信託商品は運用利益の分配を A,B の 2 種類（優先と劣後）に分けて受け取る受益証券の形で設計された。その後,各 AMC は信託子会社

や信託業務部門をもつようになり，独自の投資信託商品を売り出した。2006年以降，東方 AMC と信達 AMC は「東元」と「信元」（固定収益）という優先級の「債権整理支持証券」(6)を発行した。これをきっかけに，優先と劣後の部分をもつ債権整理支持証券が次から次へと出された。ほかにも，商業銀行自ら売り出した「建元」などの債権整理支持証券もある。特に，多くの場合は，元利償還原資を優先と劣後の部分に分け，リスクとリターンの分配が異なる仕組みを取っており，証券化によって不良債権の原資の高いリスクをわかりやすく格づけた。不良債権証券化商品を購入する顧客は商業銀行から，ファンドやフィナンシャルカンパニーなどまで幅広く広がった。

　不良債権証券化商品が多く売り出されることによって，2011年，「銀監会」と財務省は「金融資産管理会社の投資信託と理財商品の規範化に関する通知」を公表し，株式会社化されていない AMC に対して，財務省の許可を受けない不良債権の証券化を認めないなど，資産証券化の厳格化を図った。

　④デット・エクイティ・スワップ

　不良債権の売却や証券化などを通じて不良債権を処理する以外に，AMC が設立してから，直ちに DES（デット・エクイティ・スワップ）企業との審査・協議を始めた。DES は過剰債務に陥った企業の債務（debt）を，企業の資本（equity）に交換（swap）する方法で，企業の債務リストラクチャリングの一手法である。この手法を利用し，AMC は，経営不振に陥ってはいるものの再建の見込みがある国有企業に対して，金融機関が保有する貸出金を株式に振り替えることにより，企業の財務内容を改善して再建を図った。DES による不良債権の処理のもう1つの目的は，多額の負債に苦しむ国有企業の負債率を低下させ，利息の支払い負担を軽減させるとともに，効率的な黒字経営に転換させて，同時に市場原理に従う「現代企業制度」（コーポレートガバナンス）を確立することである（門，2007）。

　DES 実施の当初には，AMC の業務展開を支える法的規則がなかったため，DES の実施にあたって一部に混乱もみられた。1年後の2000年11月に「金融資産管理会社条例」が制定され，不良債権処理にあたるコーポレートガバナン

スの基本指針が示された。DES は主に銀行，企業，AMC の間で行われているが，全国各地に散在する DES 企業の選出は政府によって行われた。まず「国家経済貿易委員会」(経貿委)は既定の条件を充たす企業を AMC に推薦する。推薦を受けて AMC は独自に審査する。審査の結果が全ての条件を満たしていれば，AMC は企業と DES プランを立案し，それに基づいて協議案を結ぶ。この協議案は，「経貿委」・財務省・中国人民銀行の共同審査を受け，さらに国務院の承認を得る必要がある。全ての手続きを踏んだ後，「経貿委」より企業側に銀行への債務利払い停止命令が下される。これと同時に，企業を株式会社として登記し，AMC が企業の株式を取得し，企業の経営戦略立案に参加する。

　四大 AMC は「経貿委」の推薦を受け，601社の企業を対象に DES を実施し，金額ベースで4050億元に上った(『中国金融年鑑』2001年版)。最終的に，四大 AMC が DES を実施した国有企業は580社で，1600億元の株式を保有した。各 AMC は，DES 企業の企業経営に参加するため，株式資産管理の業務部門を設けて，企業に取締役や監査役を送っていた。2001年以降，企業業績の回復などを受け，AMC は次第に株式保有を減らし DES 企業から退いた。華融 AMC が参加する DES 企業は2000年の530社から2015年には265社まで減少した(『華融金融資産管理会社年報』2016年版)。

3 AMC のコングロマリット化

① AMC の株式会社化

　2007年以降，四大 AMC が市場化手段による不良債権の処理を始めた。競売の方式で国有商業銀行より不良債権を買い取り，各自の経営戦略に従って異なる不良債権の処理方法を用い，不良債権処理における四大 AMC の方針の違いが生じ始めた。また資産現金化や事業統合合併，資産証券化などの不良債権処理を通じ，AMC はさまざまな金融活動にかかわるようになり，経営規模を拡大した。さらに，不良債権処理の長期化に伴い，設立当初から定めた10年の経営期間を過ぎても，不良債権の処理は拡大する傾向にあった。信達 AMC

は2010年に株式会社化を実施し、2013年に香港市場への上場を果たした。華融AMCは2012年に株式会社化を行い、その後2015年に香港市場への上場を果たした。東方AMCと長城AMCは2016年中に株式会社化を完成させた。

　株式会社化などを通じた資本の増強を受け、四大AMCは市場化による不良債権の処理を加速した。華融AMCの有価証券報告書によれば、2014年末までにAMC４社が競売の方式でトータル2.8兆元の不良債権を買い取り、そのうち、華融AMCが買い取った不良債権は5783億元で不良債権総額の２割程度を占めた。わずか２年後の2016年末になると、華融AMCは１兆元を超える不良債権を落札した（『華融金融資産管理会社年報』2016年版）。

②金融コングロマリット化

　2008年以前、四大AMCは「政策性の不良債権」を中心に処理したため、収益が見込めず、経営規模の大きな拡大を果たせなかった。2001～07年における政策性の不良債権処理期間では、華融AMCの資産総額が減少する時期も存在した。2009年の世界金融危機の副作用を食い止めるため、中国政府は４兆元にも及ぶインフラ投資を実施した。四大AMCも市場化による不良債権の処理を加速させ、中央レベルの金融機関であることを生かし、不良債権処理を通じ金融リース、証券、信託、保険、銀行および不動産業まで手を伸ばし、大手の金融グループを凌ぐ規模まで成長してきた。四大AMCの総資産は2012年末の8615億元から2017年末には５兆元まで増えた(7)。

　不良債権処理を通じ、四大AMCは金融業にかかわるほぼ全てのライセンスを手に入れた。銀行、保険、証券、信託会社からリース、先物、投資ファンド、アセットマネジメントまで、さまざまな金融業態にまたがる金融会社を抱える巨大な金融グループに成長した。四大AMCがこれほど成長できたのは、中央政府に直属する金融機関という身分の特殊性以外に、経営陣の経歴も関連する。「金融資産管理会社条例」によれば、AMCの社長と副社長は、中国人民銀行の資格審査を受けた上で国務院により任命される。設立当初は、四大国有商業銀行の副頭取がAMCのトップを専任になるかあるいは兼任した。それぞれ華融AMCの社長に工商銀行の副頭取であった楊凱生が、信達AMC

の社長に中国建設銀行の副頭取である朱登山が，長城 AMC の社長に中国農業銀行の副頭取であった汪興益が，東方 AMC の社長に中国農業銀行の副頭取であった孫昌基があたった。その後も，華融，東方と長城 AMC は「銀監会」の官僚を社長として受け入れた。のちこれらの AMC は地域銀行に出資し，華融湘江銀行，大連銀行と長城華西銀行をグループ傘下に収めた。先駆けて上場した信達 AMC も 2016 年に香港を本拠地とする南洋商業銀行を買収した（『人民日報（海外版）』2016 年 5 月 31 日付）。

第 3 節　不良債権処理業界の変容

1　資本規制の強化と市場競争の導入

　2011 年，信達 AMC の株式会社化を受け，当時の「銀監会」は「金融資産管理会社の連結決算に関する管理・監督の手引き（試行）」（銀監発［2011］20号）を公表し，初めて AMC に対して資本規制をかけるようになった。さらに，2014 年，AMC の上場に伴って，「銀監会」は財務省，中国人民銀行，「保監会」と共同で「金融資産管理会社管理・監督方法」（銀監発［2014］41号）を公布し，AMC に関する詳細な資本規制を公表した。このようにして，AMC の上場などに伴って AMC の管理・監督体制は，政府の直接介入から資本規制・業務規制などの方向へとシフトした。2017 年に，「銀監会」は「金融資産管理会社資本管理方法（試行）」（銀監発［2017］56号）を策定し，2018 年から実施した。

　また AMC 設立直後の 2000 年に，財務省は「金融資産管理会社資産処理の管理方法」を公表し，不良債権処理のプロセスとルールを明文化した。また市場化による不良債権処理の開始と不良債権処理の長期化に対応して，財務省は 2004 年（財金［2004］41号）と 2008 年（財金［2008］85号）の 2 回にわたって当該管理方法の改定を行った。これらの改定では，不良債権処理業務の規範化を図った一方，ますます複雑化する不良債権業務に対応しきれない一面も存在した。特に，2008 年以降，市場化による不良債権処理の開始に伴い，不良債権処

理業界に新しい動向がみられ始めた。AMCのみならず，銀行や保険，証券，信託会社も不良債権関連業務を通じ経営基盤を強化した。2016年，国務院は「市場化による銀行債権の株式転換に関する指導意見」を公布してから，銀行，証券，保険業に対して一連の指導政策を公表し，DES実施主体の拡大と多元化を認めた。これによって，AMCの専権だったDESの領域でもAMC以外の実施主体が現れた。これらの政策は，急速に深刻化する企業の過剰債務問題に対処する狙いがあるが，不良債権処理業界にも市場メカニズムを取り入れ，債権処理の効率性と生産性を高めようとする意図もある。

2　地方版AMCの参入

2013年以降，景気減速に伴い，銀行業の不良債権が再び増え始めた。不良債権比率自体は大きく上昇しなかったが，不良債権残高に占める地域金融機関の割合は増え続けた。農村商業銀行の場合は，2011年以前，都市商業銀行と同じく10％以下から，16年には銀行業全体の20.4％を占めるようになった。不良債権比率も商業銀行において最高の3.16％まで上昇した（『中国銀行業監督管理委員会年報』2017年版）。また近年，地域金融機関の資産内容と大きく関連する地方政府の債務が急速に累積し続けた。財務省の発表では，2018年7月末における地方政府債務は17.1兆元に達した。その詳細をみると，一般債務が10.8兆元，特別債務が6.3兆元である。またその大部分は，地域金融機関が引き受ける地方政府債券と地方政府系投融資機関（「投融資平台」）を通じて発行した「都市投資債券」によって賄われ，累積額が16.6兆元になった（財務省HP，2018年9月19日参照）。

このような状況下で，2013年から地方金融機関の不良債権処理にあたる地方金融資産管理会社（「地方版AMC」）が設立された。2017年末時点で地方版AMCの数が57社に達した（翟・楊，2018）。その半数以上は2016～17年にかけて設立され，ほぼ全ての地域において地方版AMCが成立した。また都市レベルのAMCを設立する動きも活発となり，広州，深圳，寧波，厦門，蘇州，青島などの都市では，AMCの設立も行った。2016年10月に，国務院による

第6章　不良債権処理と金融資産管理会社

「銀行債権の市場化処理に関する指導意見」（国発［2016］54号）が発表され，「銀監会」も地方 AMC 設立の要件にかかわる規制緩和を行った。その結果，各地域に対し2社以上の AMC の設立を認めることとなった。

3　銀行系 AMC の参入

2016年以降，銀行不良債権に対する市場化処理の解禁を受け，銀行による不良債権証券化の処置が認められ，銀行でも DES の方式で不良債権を処理することができるようになった。また中国人民銀行から出された「工業の安定成長，構造調整と効率向上に対する金融サポートに関する若干の意見」では，銀行による不良債権を担保とする資産証券化商品（Asset Backed Securities, ABS）の発行が認められ，金融機関に再び不良資産証券化の門戸が開かれた。2018年1月に，国家発展改革委員会は「市場化による銀行債権の株式転換の実施に関する具体的な政策問題の通知」を公布し，銀行にも不良債権処理部門の設置や DES 主体の多元化を促進する政策を公表した。

2017年からは，主に大型商業銀行を中心として銀行系 AMC を設立するようになり，中国建設銀行の建信金融資産投資有限公司をはじめ，中国農業銀行，中国工商銀行，中国銀行と交通銀行の AMC は2017年7月から2018年2月にかけて続々と開業した。ほかに招商銀行などの株式制商業銀行も ABS 証券を発行する関連部署を設置するなど，不良債権処理業務を強化した。また，保険，証券会社でも類似する動きがみられる。

4　不良債権業界の成立

こうして地方版 AMC に銀行系の AMC が加わり，不良債権処理をめぐって中国の AMC は世界に類をみない特殊な金融業態を形成した。それは，各レベルの政府に応じてまた異なるタイプの銀行に応じて，重層な構造を呈している。AMC 業界の頂点に立つのがかつて四大国有商業銀行の不良債権を処理した四大 AMC である。20年近くの発展を通してほぼ全てのライセンスを有する巨大な金融コングロマリットに成長した。業務規模においては，地方政府

と地域金融機関の債務問題が顕在化したことを受けて設立した地方版AMCと不良債権処理にかかわる規制の緩和で設立した銀行系AMCを合わせてもAMC業界の1割しか占めていない。ただ，市場化による不良債権の処理が進行するにつれ，多数のプレイヤーが存在するAMC業界では，果たして市場の競争原理が機能するであろうか，機能するとしたら，どのような展開をみせていくであろうか。AMC業界はますます目を離せない存在になっている。

注
⑴　ほかにも，不良資産と不良貸出という用語があるが，本章ではAMCの観点から回収の見込みの少ない債権であることより，不良債権という用語を使用する。
⑵　日本語で父権主義，家族主義または温情主義とも訳され，旧共産圏諸国の政府が強い立場を利用し，国有企業の意志を問わずに介入・干渉・支援することを指す。
⑶　AMCは公的金融機関であるため，韓国などのAMCは「公社」と訳されることが多い。
⑷　1999年4〜10月にかけて4つのAMCを設立した。最初誕生した信達AMCは中国建設銀行と国家開発銀行の不良債権を処理し，華融AMCは中国工商銀行の，東方AMCは中国銀行の，長城AMCは中国農業銀行の不良債権をそれぞれ担当した。
⑸　各AMCのホームページおよび『華融AMC新規上場申請のための有価証券報告書』より計算した。
⑹　一般的には優勢と劣後の構造をもつ不良債権の証券化商品である。
⑺　各AMCの年次報告書とホームページから，2017年末における華融，信達と東方AMCの総資産がそれぞれ1.87兆元，1.38兆元と0.98兆元であることが確認できた。また長城AMCの総資産が1兆元であることが推測できた。
⑻　「地方資産管理会社にかかわる諸政策の調整に関する通知」（銀監弁便函［2016］1738号）。
⑼　貸付債権を担保にした資産担保証券は主流である。

引用参考文献
〇日本語文献
西崎賢治，2003，「中国における不良債権処理の可能性と今後の展望――資産管理会社を中心に」『中国経営管理研究』第3号。
門闖，2007，「デット・エクイティー・スワップと銀行のリスク・インセンティブ」東京大学『経済学研究』第49号。
渡辺真理子編，2000，『中国の不良債権問題』アジ研トピックレポート。
〇中国語文献
施華強，2005，「国有商業銀行帳面不良貸款，調整因素和厳重程度：1994〜2004」『金融研究』2005年12期。
翟立宏・楊朝暉，2018，『中国地方資産管理行業白皮書』西南財経大学信託與理財研究所。
聶輝華・江艇・張雨瀟・方明月，2016，『中国殭屍企業研究報告：現状，原因和対策』中国人民大学国家発展與戦略研究院。

第6章 不良債権処理と金融資産管理会社

○英語文献

Dewatripont, M., and E. Maskin., 1995, "Credit and Efficiency in Centralized and Decentralized Economics," *Review of Economics Studies*, 62(4).

Kornai, J., 1980, *Economics of Shortage.*, North-Holland.

(門　闖)

第7章 アセットマネジメントの急拡大

　中国では所得と貯蓄増加に伴い，預金金利が低いこともあり今世紀に入り資産運用に対する需要が強まった。これを受けて各金融機関も資産管理商品を販売し始め，2010年以降，資産管理業界は飛躍的に発展した。ただし，実態は規制回避のシャドーバンキングによるところが大きく，金融システムにリスクが蓄積した。こうした中，2018年に中国政府は新たな規制を発表，中国の資産管理業は本格的な発展の出発点に立った。

Keywords▶資産管理商品，シャドーバンキング，金融リスク，機能別規制，投資家保護

第1節　資産管理商品の概略

1　定義と範囲

　資産管理（アセットマネジメント）とは，一般に委託人が金融資産の価値の保持・増加を目的として，資産管理人に投資管理業務の展開を委託し，また，資産管理人に一定の費用を払う活動である（智信資産管理研究，2014）。

　今世紀に入り，中国では経済発展と人々の所得・資産の増加につれて，定期預金などの規制金利下にある金融商品だけでなく高利回りの金融商品への需要が増し，各金融機関も資産管理商品を提供し始めた。以下では，主に，商業銀行，信託会社，証券会社，基金管理会社（投資信託の運用会社，以下，基金会社）の資産管理業務について述べる。保険会社も，中国では保険機能よりも投資収益が重視されてきた経緯を考慮し，取り上げることにした。これら金融機関の資産管理商品の残高合計は，2017年末時点で約124兆元で，GDPの1.5倍にものぼる（図7-1）。

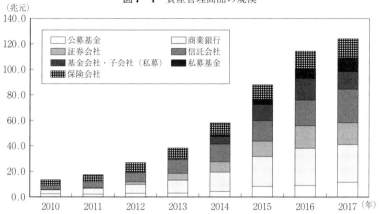

図7-1 資産管理商品の規模

(注) 商業銀行は理財商品,信託会社は信託管理資産規模,証券会社は証券会社受託管理資金,基金・子会社は私募部分。私募基金のデータは2014年からで,私募証券投資基金,PEファンドなどを含む。保険会社は資金運用残高。
(出所) 中国証券投資基金年鑑(各年版),中国証券投資基金業協会・中国証券業協会・中国信託業協会ウェブサイト,智信資産管理研究院編著(参考文献参照),CEICより筆者作成。

2 商業銀行

商業銀行(銀行)の理財(資産管理)商品は,2002年に外資銀行が初めて販売した。収益率が高いことで人気となり,その後,国内銀行も販売を始めた。

銀行業監督管理委員会(銀監会,現銀行保険監督管理委員会)の「商業銀行個人理財業務管理暫定弁法」(2005年)によると,個人向け理財業務は,理財顧問業務と総合理財サービスから成る。理財顧問業務は顧客への投資商品紹介・分析提供などであり,総合理財サービスは顧問業務に基づき事前に顧客と取り決めた投資計画・方法で投資と資産管理を行う業務である(個人向けは通常,この総合理財サービス・商品を指すことが多く,実態は銀行窓口での金融商品販売に近い)。

理財商品は,収益保証型,元本保証・変動収益型,元本保証なし・変動収益型の3つに分けられる。最低投資金額は,当初は5万元以上(外貨5000ドル以上)であったが,2011年に,投資家のリスク許容度により,5万元(リスク許容度低),10万元,20万元以上となった。

理財商品の投資範囲は,固定収益(フィクストインカム)類金融商品(投資適

格のもの），銀行貸出資産，信託融資，ポートフォリオ商品，デリバティブや仕組み商品，集合資金信託プラン（後述）などである。

　一方，国内流通市場で公開取引されている株式や証券投資基金，未上場会社の持分と上場会社の非公開発行・取引の株式には投資できない[1]。これは，銀行が直接，エクイティに投資することを原則禁止したことを受けたもので，銀行が迂回ルートを通じて企業の資金調達を助ける遠因にもなった[2]。

　2017年末時点で562行が販売した9.35万種類の理財商品が存在し，残高は29.5兆元である。2017年第4四半期の予想収益率は4.7％である（智信資産管理研究，2018）。なお，同時期の3カ月物定期預金の基準金利は1.10％である。

③ 信託会社

　中国の信託業界は，1980および90年代の黎明・混乱の時期を経て，2001年以降，信託法などの法規が整備された。ここでは信託業の資産管理規模の約83％（2017年末）を占める資金（金銭）信託を取り上げる（他に不動産信託などの管理財産信託がある）。

　信託会社管理弁法（2007年）によると，信託会社は信託の約定により，投資・売却・同業預金・売戻条件付き買入・リース・融資などの方法で信託財産を管理・運用・処分できる。なお，最低収益保証を承諾してはならない。

　委託人の数により，資金信託は委託人が1人の単一資金信託計画（プラン）と2人以上の集合資金信託プランに分けられる。単一資金信託プランは，1人の委託人の委託を受け，委託人が確定した方法で信託資金を単独で管理運用する。2010年前後から，後述するシャドーバンキングにおける迂回融資チャネルとして多く使用された。

　集合資金信託プランでは，債権（主に信託融資），エクイティ，物権などを対象に信託資金を運用できる。証券投資の場合，ポートフォリオ方式を採り，投資比率・投資戦略を事前に定め，リスク防止措置を採らなければならない。

　資金の委託人は適格投資家でなければならない。適格投資家は，1つの信託投資プランへの投資金額が100万元を下回らない個人（法人・その他組織）であ

ることなどの条件を満たさなければならない。また，1つのプランの個人は50人を超えてはならない（ただし，委託金額が300万元以上の個人と適格機関投資家は無制限）。信託期間は最低1年間で，受託人の報酬は信託契約で定める。このように，資金信託商品は，適格投資家（個人・法人）向けで，最低投資金額が高く資金運用の幅が広い商品である。

　2017年末時点で，信託会社は68社，管理信託資産規模は26.2兆元，うち資金信託は21.9兆元（単一プラン12.0兆元，集合プラン9.9兆元）である。

④ 証券会社

　証券会社の資産管理業務は，2000年頃から始まり，徐々に証券監督管理委員会（証監会）の規定も整っていった。「証券会社顧客資産管理業務管理弁法」（2012年）などによると，証券会社の資産管理業務には，主に集合資産管理（多数顧客向け），定向資産管理（単一顧客向け，定向はターゲットを定めること），特定目的専項資産管理（顧客の特定目的用）がある。

　集合資産管理プランは，証券会社が顧客（投資家）から資金を集め，顧客と契約を結んだ上で資産管理する商品である。2013年に証券投資基金法が改定されるまで，大集合プラン（大集合）と小集合プラン（小集合）に分かれていた。

　大集合は一般投資家向けで，最低投資額はプランにより5万元ないし10万元で，株式，債券，証券投資基金などに投資していた。しかし，大集合は後述の証券投資基金法改定以後，公募基金により代替された。

　小集合は，商品規模50億元以下，顧客数200人以内，1顧客の最低投資金額100万元の商品で，2009年に導入された。200人以下は私募扱いのため，大集合の投資先に加えて，金利スワップや他の金融機関の資産管理商品などリスクの高い投資が可能である。同年，基金会社に特定多数顧客向け特定資産管理業務が認められたことを受け，証券会社にも競争上，中高所得者層向け商品を認めたものである。

　定向資産管理プランは，単一顧客向けで純資産価値が100万元以上という条件がある。投資範囲は顧客と契約により定めるとあり基本的に制限がない。こ

の背景には，2012年に証監会が「創新（イノベーション）元年」と称し，規制緩和により証券業務の多様化・安定化を図る方針を示したことがある。

これを受けて，シャドーバンキングにおいて定向資産管理プランが使われ，2012年以降急増し，証券会社の資産管理商品の大部分を占めるようになる。

特定目的専項資産管理プランは，顧客の要求や資産状況により特定の投資目標を設定するもので，事実上は資産証券化業務で使われている。

証券会社の資産管理業務規模は16.9兆元（2017年末）。そのうち，定向資産管理プランが14.4兆元であり，ほとんどがシャドーバンキング関連とみられる（智信資産管理研究，2018）。

⑤ 基金管理会社・子会社

①基金管理会社

中国では1990年代初頭に証券などに投資する基金が存在していたが，不動産にも投資するなど定義が不明確であった。その後，1997年の「証券投資基金管理弁法」，2004年の「証券投資基金法」が発表され規制が整ってゆく[3]。

証券投資基金は，基金シェアを公開発行して証券投資基金を募集し，基金管理人の管理の下で基金シェアの保有者の利益のためにポートフォリオ方式で証券投資するものである（「証券投資基金法」2004年）。投資先は，上場取引されている株式・債券，証監会の定めるその他の証券である。運用商品は先進国と同様，株式投資型，債券投資型，バランス型，マネーマーケット型などに分類される。先進国との相違として，運用対象が主に中国国内ということがある。証券投資基金は2000年代半ばに株価の上昇もあり，大きく増加した。

2009年には特定資産管理業務（私募）が導入される。これは，特定の一顧客または特定多数の顧客に対して，顧客の投資目的，リスク志向などに合わせて作る商品である。「基金管理会社特定顧客資産管理業務試行弁法」（2012年）によると，特定単一顧客資産管理業務は，単一顧客向けで，規模は3000万元以上，特定多数顧客資産管理業務は，顧客数2～200人で（ただし，単独の委託金額が300万元以上の顧客の場合，制限なし），一顧客の投資額は100万元以上である。

投資範囲は，資産管理契約によって定められる。なお，投資先は，①現金，銀行預金，株式，債券，証券投資基金，中央銀行手形，非金融企業債務融資ツール（CPなど），資産証券化商品，商品先物およびその他金融デリバティブ商品，②証券取引所で取引されていないエクイティ，債券およびその他財産権利，③証監会が認可したその他資産に分類される。そして，②と③に投資するものは専項資産管理プランと呼ばれ，基金会社は専項資産管理業務を担当する専門子会社（基金子会社）を設立しなければならなくなった。

一方，2013年6月に「証券投資基金法」が改定・実施された。公募発行と私募発行が明確に区分され，基金会社の公募商品は，証券会社の大集合などとともに公募商品として統一して取り扱われることになった。公募の資産運用業務に関しては，基金，証券，保険会社などが競合することになったわけである。

公募業務では，200人超（公募の条件）を対象に①上場株式・債券，②証監会が定めるその他証券およびそのデリバティブ商品が販売される。一顧客の投資額は一般的に1000元以上である。

2017年末時点で，公募基金管理の資格をもつ機関は127社，うち基金会社が113社，証券会社・子会社が12社，保険資産管理会社が2社である。

公募基金数は4841，資産管理総額は約11.6兆元である。商品別にみると，クローズドエンド型が同じく480，約0.6兆元，オープンエンド型が同4361，約11.0兆元である。オープンエンド型のうち，株式投資型が791，約0.8兆元，バランス型が2096，約1.9兆元，マネーマーケット型が348，約6.7兆元，債券型が989，約1.5兆元，QDII型(4)が137，約0.1兆元である。公募基金の株式型，バランス型，QDII型の収益率は10％以上であり，マネーマーケットファンドは3.75％である（智信資産管理研究，2018）。

②基金子会社

2013年末時点で，基金会社89社中，62社が子会社を設立した。第2節で述べるように，シャドーバンキングに関して信託会社に対する規制が厳しくなる中で，規制の少ない基金子会社が迂回融資に使われ，業務は急速に伸びた。

しかし，2016年に，基金子会社に対しても自己資本に関する規制などが導入

されたため，基金子会社の資産規模は2016年半ばをピークに急速に減少した。

2017年末時点で，基金子会社数は79社で，銀行系15社，証券系42社，信託系19社（実質上の支配者による）である。2017年末の資産規模は7.3兆元と2016年末の10.5兆元から減少した（智信資産管理研究，2018）。

③私募証券投資基金

2013年の証券投資基金法改定で公募発行と私募発行が法律上も明確に区分されるようになったことを受け，それまでグレーゾーンにあった私募証券投資基金が初めて監督管理の対象となった。

私募証券投資基金は，証監会の認可なしで事実上の基金会社の業務を営むもので，その規模は，注目され始めた2001年時点で7000億元の規模とされた（2001年のGDPは約11兆元）。当局が捜査しても，個々の投資家が自らの口座で投資する形になるように巧みに設計されており，違法な基金業務と認定し難かった。悪質な基金がある一方で，優秀なファンドマネジャーが運用を担当する基金もあったことから（基金会社からの引き抜きもある），証監会も，一定の条件を満たした基金を登録させるなどの措置（陽光私募基金）を採っている。

2014年8月に，「私募投資基金管理暫定弁法」が発表された。適格投資家の定義などを含むもので，私募基金会社のみならず証券会社，基金会社，先物会社・子会社の私募基金業務にも適用される。このように，2014年時点で，業態によらず公募・私募という機能による規制が始まっている。

2017年末時点で，私募証券投資基金会社（登録されたもの）は8467社，規模は2.29兆元である（智信資産管理研究，2018）。

6 保険会社・保険資産管理会社

①保険商品と保険資金の運用

中国では，保険契約の購入者が本来の保険機能よりも投資リターンを求めて購入することが多い。

ここで投資性の強い保険商品には，分紅保険，投資連結険，万能保険（ユニバーサル保険）がある。分紅険は，配当付き保険商品である。投資連接険は変

額保険で，保険と投資の機能の両方をもつ。

　投資部分については，保険契約者が複数の投資口座から選択する。投資信託に近く，投資リスクは保険契約者が負う。万能保険も同様だが，投資口座は1つのみで，最低運用利回り保証がある点が異なる。

　保険資金（保険準備金など）は，①銀行預金，②債券・株式・証券投資基金シェアなどの有価証券売買，③不動産投資，④エクイティ投資，⑤国務院が規定するその他の資金運用方式で運用される。⑤は，上の 1 ～ 5 項で述べた各金融機関の資産管理商品や金融デリバティブ商品などを含む。また，資産証券化商品，PEファンドなどへの投資も可能である。これらは，保険会社と後述する保険資産管理機構にも適用される。

　投資比率規制について，「保険資金運用比率の監督管理の強化と改善に関する通知」（2014年）をみると，流動性資産と固定収益類資産への投資に対する比率制限はなく，エクイティ，不動産，その他金融資産，海外投資の残高（額面）は，保険会社の直前四半期末の総資産のそれぞれ30％，30％，25％，15％以下となっている。

　②保険資産管理会社

　保険資産管理会社は，保険資金を受託管理する金融機関である。2003年から保険会社が設立し始めた。具体的な業務は，当初，①その株主（保険会社，保険持ち株会社など）の人民元・外貨保険資金の管理・運用の受託，②その株主が支配する保険会社の資金の管理・運用の受託，③自己保有の人民元・外貨資金の管理運用と，保険監督管理委員会（保監会，現銀行保険監督管理委員会），国務院，その他の部門（省）が認可する業務であった。2011年には，①，②が「委託人が委託する人民元・外貨保険資金の管理の受託」となり，株主以外からも資金を受託できるようになった。

　一方，2012年には，保険資金運用の自由化の一環として，保険会社側も保険資金を，子会社の保険資産管理会社以外にも運用委託できるようになった。保険資産管理会社にとっては，これまで株主の保険会社から受託していた資金が他に流れる可能性が出てきた。

そうした中，2013年には，保険資産管理会社についての一連の新規定により，適格投資家（保険持ち株会社，保険会社，保険資産管理会社など）向けの定向商品と集合商品が認められた。定向商品は，単一投資家向けで当初購入額が3000万元を下回ってはならない。集合商品は多数の投資家向けで，投資家数は200人を超えてはならず，一投資家の当初購入額は100万元を下回ってはならない。投資範囲は，銀行預金，株式，債券，証券投資基金，中央銀行手形，非金融企業債務資金調達ツール（CPなど），貸出資産の資産証券化証券，インフラ投資プラン，不動産投資プラン，プロジェクト資産の証券化プランなどである。

これにより，保険資産管理会社も，適格投資家向けに証券会社同様に定向商品や集合商品を作れるようになった。証券会社，基金会社などと競争できるようになったわけで，2013年以降，シャドーバンキング関連業務が増えていく。2015年時点で，保険資産管理会社の資産管理規模のうち株主である保険会社以外からの資金の割合は15％を超えている（智信資産管理研究，2016）。

2017年末，保険資金の運用残高は14.9兆元で，2017年の収益率は5.77％である（智信資産管理研究，2018）。運用の内訳は，銀行預金が1.9兆元，債券が5.2兆元，株式と証券投資基金が1.8兆元，その他投資が6.0兆元である（保監会，2018年3月6日付）。

第2節　シャドーバンキングによる発展

1　シャドーバンキングの拡大

2010年以降のアセットマネジメント業界の拡大は，「シャドーバンキング（影の銀行）」によるところが大きい。

中国におけるシャドーバンキングの定義はさまざまだが，概ね「銀行のオンバランスでの融資」以外の信用仲介を指している。

ちなみに，人民銀行によれば，2016年末の資産管理商品（オフバランス銀行理財商品，信託会社受託管理資金信託，公募基金，私募基金，証券会社資産管理プラン，基金管理会社・子会社の資産管理プラン，保険会社資産管理商品）の残高

96.2兆元のうち，迂回融資などによる重複部分を除いた残高は約60兆元強とされている。ただし，この全てがシャドーバンキングに関連するわけではない。研究機関や市場参加者などによるシャドーバンキングの規模の推計も，2017年時点で，10～60兆元超と計算方法などにより大きな幅がある。いずれにしても銀行などのオンバランスの国内融資約122兆元（2017年末）と比較してみても，かなりの金額がシャドーバンキングを通じて実体経済に流れている。

シャドーバンキング拡大のきっかけは，2010年からの金融引締めである。中国政府はリーマンショック後の世界金融危機を受けて，2008年に「4兆元」の大型景気対策を打ち出し，財政・金融政策を大幅に緩和した。しかし，2009年半ばには，早くも金融緩和の行き過ぎが懸念され始め，2010年から利上げや預金準備率引上げを実施，並行して預貸比率規制（75%以下。預金100に対して融資は75が上限。なお同規制は2015年に撤廃）を厳格に適用した。

また，銀監会などは，特に地方政府の「融資平台（プラットフォーム）」向け融資と不動産向け融資の返済リスクを警戒し，これらの融資に対する監督管理を厳しくした。なお，融資平台とは，地方政府のインフラ建設などの資金調達のため地方政府が設立した独立法人であり，2010年頃には，その借入残高約9兆元の約2割に返済リスクがあるなどと報道されていた。

一方，地方政府プロジェクトや不動産開発の資金需要は依然として強かったため，銀行側は規制を回避しながら「融資」を続ける動きをした。規制のかかるオンバランスの融資ではなく，規制のかからないオフバランスの取引，具体的には，各金融機関の資産管理商品などを利用した迂回融資を通じてこれらの資金需要に対応したのである。

以下では，迂回融資における資産管理商品の利用と2010年代に繰り広げられた規制当局と金融機関のイタチごっこについてみることにする。

❷ シャドーバンキングの形態と規制とのイタチごっこ
① 金融機関間の「合作（協力）」

シャドーバンキングの形態として，当初，「銀信合作（銀行・信託会社の協力）」

がみられた。商業銀行は不動産開発業者などに融資するかわりに，信託会社の単一・集合資金信託プランに投資し，その資金信託プランが企業に融資したり（信託融資），企業の手形や債券を購入する。資金は，元本保証がない理財商品が多く使われた（個人に預金から乗り換えさせることもあった。**Column 7**参照）。元本保証がない場合はオフバランス扱いとなるため，もともとの「預金─融資」というオンバランス取引は銀行のバランスシートからはずれ（オフバランス化），預貸比率規制などを回避しながら不動産プロジェクトなどの資金需要を満たすことができる（図7-2）。

2010年，銀監会は銀信合作の抑制に乗り出した。商業銀行に対して2011年中に同業務のオフバランス資産をオンバランスに算入し，オンバランス化していない部分については10.5％の比率で自己資本を積むことなどを求めた。

この結果，「銀信合作」は抑制されたが，規制回避の新たな迂回融資の方法が編み出される。ここから，規制と規制回避のイタチごっこが始まる。

2012年頃から，迂回融資のルートに証券会社などが加わった。例えば，銀行の理財商品の資金が証券会社の定向資産管理プランに委託され，同プランを通して企業に融資されたり，同プランが企業の手形を購入したりする（銀証合作）。さらに，銀行が同プランを通して信託プランを購入する形なども使われた（銀信証合作）。同様に銀行と基金子会社や保険会社の合作もみられた。

背景には，銀監会が迂回融資の取締りを厳しくする一方で，証券会社や基金会社・子会社を管轄する証監会や保監会が，2012年頃から，規制緩和を進めたことがある（第1節参照）。例えば，証券会社の集合資産管理プランは届出制になり，定向資産管理プランの投資範囲が拡大された。また，基金子会社の受ける規制は信託，証券会社より緩く，実際，2013年以降，銀行理財の資金を基金管理子会社の専項資産管理プランにつなぐ形の迂回融資が大きく増えた。

多くの場合，銀行が迂回融資の方法を設計しており，信託，証券会社などは迂回融資チャネルを提供するにすぎず（チャネル〔「通道」〕業務），事実上の利鞘（最終的な融資金利と銀行理財商品の金利の差）の大部分は，銀行の収入となり，証券会社などは（1万分のいくつといわれる）手数料を得る。

図7-2 オンバランスの融資とシャドーバンキングの例

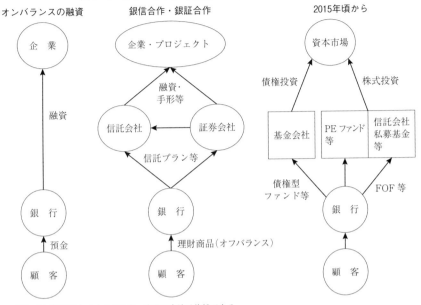

(注) 図は単純化したものであり、実際の方法は複雑である。
(出所) 筆者作成。

　このように、迂回融資ルートは、規制強化を受けてルート上の金融機関が増えることで長くなり、また、複雑化していった。中国の金融行政が銀行、保険、証券という金融業態別の縦割り方式を採る中で、上述のように業態別の規制の相違に目をつけて有利な方法で資金を流す、いわゆる規制アービトラージがみられたことは中国のシャドーバンキングの問題点の1つである。

　シャドーバイキングのリスクをみると、まず、銀行が販売するオフバランスの理財商品には、期間ミスマッチによる流動性リスクがある。最終的な投融資先の多くは長期間にわたる不動産・インフラ建設などであるのに対し、資金調達側の理財商品の満期は3カ月間などと短く、満期毎に借り替えられている。

　次に、ある銀行が複数の理財商品によって集めた顧客資金が結局は1つにされて管理および運用される「ドンブリ勘定」の問題も存在する（資金プーリング）。特定の商品の収益率の根拠が不透明で、最悪の場合、運用益ではなく、

> **Column 7　中国の銀行神話と「剛性兌付(ごうせいだふ)」**
>
> 　筆者らの経験では，2000年代半ば頃，中国の銀行では，予定利回りの数字がポスターで示され，証券投資基金や保険商品を「3カ月で2倍になります」，「（買えないはずの）外国人でも何とかします」というように窓口販売していた（最近は改善されている）。
> 　中国では銀行は絶対安全という強い社会通念がある。当時，預金保険の概念を専門家以外の人々に説明しても，「銀行はつぶれないんですよ」との反応であった。逆説的だが，預金保険制度がないことから，銀行で販売される商品は全額保証されているという社会全体の暗黙の了解があったともいえる。この社会通念は，預金保険制度ができた2015年以降もあまり変わっていない。
> 　多くの顧客に元本保証なし理財商品を大した説明もなく販売した銀行には販売責任があろう。そして，その銀行も，融資先が地方政府や国有企業であることから万一のときは政府が救済すると考えていた。
> 　こうして，最終投資家のリスク認識，銀行の売り手責任や情報開示，地方政府の返済責任などが曖昧なまま，最後は誰かが責任を取るだろうという前提の下で，リスクを気にせず高利回りのみを追求する風潮が生じた。
> 　この社会全体でみられるモラルハザードの解決には，理財商品が必ず元利返済されるという状況（「剛性兌付」）の打破が必要である。運用に失敗した理財商品の投資家に損をさせるわけだが，社会問題となりかねず，これまでのところ不可能に近い。中国金融業界の抱える問題の1つである。

後から販売した商品の代金で満期になった商品の元利金を払うポンジースキームと化す可能性がある。

　さらに，理財商品販売の現場では，定期預金を預けに来た（あるいは定期預金が満期になった）銀行顧客に，利回りの高い元本保証なしの理財商品を，詳しい説明もなく勧めていた。これらの理財商品は市場金利を反映した金利が付いており，例えば，規制金利の下で1年物定期金利（基準金利）が3％の時に5％前後（2013年頃）の収益率が得られた。つまり，預金者側にも理財商品に乗り換えるメリットがあった。

　そして，銀行は絶対安全という社会通念が強い中で，理財商品の運用結果に

かかわらず元本保証をせざるを得ないという状況（暗黙の元本保証）が今日まで続いている（*Column 7* 参照）。

②複雑化したシャドーバンキング

こうした状況に対して，2013年3月に，銀監会は，「商業銀行理財業務の投資動向の規範化についての問題に関する通知」（8号文）を発表した。

これは，第1に，銀行の各理財商品とその投資資産が対応していること，各商品が単独で管理されて商品毎に会計処理がなされることなどを要求している。これはドンブリ勘定を避けるためである。

第2に，「非標準化債権資産」に比率規制が適用された。ここで，「非標準化債権資産」（以下，非標）とは，銀行間市場や証券取引所で取引されていない債務性資産である。具体的には，貸出資産，信託融資，委託債権，銀行保証手形，売掛債権，各種受益権などである。これらの非標は，上述の信託融資や手形の例からわかるように迂回融資のルートで使われるものである。そして非標は理財商品全体の残高の35％，あるいは前年度末の総資産の4％のうちの低い方を超えてはならない，とされた。

第3に，個人投資家保護の観点から，銀行に非標への投資の状況について十分な情報開示を求めている。

8号文を受けて，銀行は，上述の比率を超えた非標を，銀行のオンバランスの「同業（銀行間）取引」に移していく。これは，例えば，銀行が保有する非標を他の銀行に一定期間後に買い戻す条件で売却することにより，会計上，当該非標を「同業資産」に転化させることで規制を逃れる方法である。そして，2014年にこれが禁止されると，銀行は，今度は非標をオンバランスの「同業投資」の項目に移し，各金融機関の資産管理商品を通じて非標に投資している。

一方，2015年頃になると，市場金利が低下し資産の運用難に陥る中で，中小銀行を中心に理財商品を発売して得た資金の運用を，基金会社などに委託する動きが増えた（「委外」）。当初，債券市場が主な投資先であったが，やがて資金の一部は，PEファンドやファンドオブファンド（FOF，複数のファンドに投資するファンド）などを利用して間接的に株式関連投資に向かった。また，こ

うした取引では仕組債やレバレッジが利用され，商品も複雑化している。

以前の単純な迂回融資に比べリスクが増す一方，銀監会や証監会などの業態別の縦割り行政の下では，規制当局も資金の流れの全体像を把握し難くなった。特に，FOFなども介在する中では，最終的に誰が何に投資し，そのリスクがどの程度かがわかり難い。これは投資家保護のみならず金融システム全体のリスク把握の問題に関わっている。

ここで資産管理商品の投資家構成をみると，信託プランの投資家のうち機関投資家の占める割合は45.7%（12.0兆元），証券会社資産管理プランでは92.4%（14.9兆元），基金子会社の専項資産管理プランでは94.8%（6.8兆元），基金会社の特定顧客資産管理プランで97.2%（4.7兆元）であり，機関投資家の割合が非常に高い（智信資産管理研究，2018）。多くは，シャドーバンキング関連とみられ，特に，証券会社と基金会社・子会社の資産管理業務はシャドーバンキングにおけるチャネル業務がほとんどであろう。中国のアセットマネジメント業界の規模は拡大したが，シャドーバンキングによるところが大きい。

第3節　変革期を迎える中国のアセットマネジメント業界

［1］資産管理の新規規定の発表

シャドーバンキングに関連する問題を整理すると，規制回避・規制アービトラージ，レバレッジ率の高まり，リスク把握の困難化，銀行理財商品のドンブリ勘定や期間ミスマッチ，暗黙の元本保証などである。これらが累積し，金融システム全体のリスクが懸念されるようになる中，人民銀行，銀行保険監督管理委員会，証監会，外為管理局は連名で2018年4月27日，「金融機関の資産管理業務の規範化に関する指導意見」（以下，指導意見）を発表，即日実施した。

指導意見は，アセットマネジメント業界に正常化に向けた変革を迫っている。第1に，規制アービトラージ防止のために従来の資産管理を行う金融機関の属する業態別の規制から商品・サービスの機能に基づく規制にシフトする。資産管理商品は，募集方式（公募・私募）と投資先（固定収益類・エクイティ類・商

表 7-1 「金融機関の資産管理業務の規範化に関する指導意見」(2018年4月)

- 資産管理業務は金融機関のオフバランス業務。元本・収益保証禁止, 投資家がリスクを負う。投資家適格性管理の実施。
- 機能別規制。資産管理商品の分類は, 募集方式(公募・私募)と投資先の二次元。後者は固定収益類・エクイティ類・商品とデリバティブ類・混合(バランス)類。分類に基づく統一的規制の適用。同じ機能の商品には同じ規制(投資範囲, レバレッジ, 情報開示等)を適用(私募投資基金については私募投資基金専門の法律を適用する)。
- 資産管理商品資金の非標準化債権類資産への投資条件厳格化。
- 金融機関は, 資産管理商品の管理費収入の10%をリスク準備金として積む。
- 基準価額(純資産価値)による管理の実行(公正価値)。元本収益保証の認定の基準にもなる。
- 各資産管理商品はそれぞれの勘定で管理する(資金プールの禁止)。
- 金融機関が他の金融機関の資産管理商品に規制回避のチャネルを提供することを禁止。資産管理商品の資金の他の資産管理商品への投資は一層のみ。
- 公募商品やオープン型私募商品で(優先・劣後など)クラス分け商品の利用を禁止する。私募商品でも, 優先, 劣後・中間部分の比率が商品の種類毎に規定。
- 商品の種類毎に統一的な負債比率(総資産/純資産)を設定。ルックスルーの原則を適用。
- 資産管理商品の統一的報告制度を確立。人民銀行を中心に資産管理商品データコードと総合統計を作成。
- 既存の資産管理商品の満期を待つ一方, 指導意見に合わない新商品を発売しない。過渡期は2020年末日まで。
- 非金融機関の違反行為については, 国家規定により規範化。

(注) ルックスルーとは, 最終的な投資先に基づき, 負債比率等を計算すること。
(出所) 「金融機関の資産管理業務の規範化に関する指導意見」(中国人民銀行, 銀行保険監督管理委員会, 証券監督管理委員会, 外為管理局)より筆者作成。

品とデリバティブ類・バランス類)により分類され, 同じ機能の商品・サービスには同じ規制をかける(**表7-1**)。

第2に, 理財商品の元本収益保証を禁止し投資家責任を徹底する。各資産管理商品は, 公募基金と同様に原則, 市場価格に基づいて基準価額が評価されることになる。これは元本・収益保証をしているか否かの判断にも使われる。また, これまでは, 銀行の理財商品の運用益のうち, 顧客に提示した予想収益を上回る部分が銀行の利益となったが, 今後, 収益は投資家に帰属し, 銀行は手数料などを得るモデルになる。

今後, 個人の投資家にとっては, 銀行の理財商品が元本割れになる可能性があるため, 銀行理財商品がゼロリスク・ハイリターンの時代が終わることになる。このため銀行としては, 投資家教育も徹底しなければならない。

第3に, 銀行に対して理財商品の分別管理の徹底や期間ミスマッチのリスク

低減を求めている。商品の分別管理の徹底により，銀行が理財商品の資金をプールし商品間で利益操作を行うことも難しくなろう。

　第4に，チャネル業務について，資産管理商品からの資金の他の資産管理商品への投資は原則，1回のみとする。このため，証券・基金・信託会社などの資産管理業務のうち，チャネル業務は減少してゆくとみられる。

　第5に，チャネル業務で利用される非標のうち関連規定違反のものは，激変緩和のために設けられた過渡期が終了する2020年末までに解消することも要求している。実際，指導意見の発表などを受けて，証券会社の資産管理業務はすでに2018年3月から6月までに約1兆元以上減少した。証券・基金・信託会社ともアセットマネジメントとしての本来の業務への回帰を迫られている[6]。

　非標の解消の方法としては，オンバランスの銀行融資への切り替えがあるが，そもそもシャドーバンキングは銀行が規制回避のために始めたことを考えると，簡単ではないはずである。

　非標を銀行間市場あるいは証券取引所で取引可能な資産証券化商品に組み替えることも考えられる。具体的には，銀行間市場や証券取引市場における正規の資産証券化商品が指導意見の適用外であることから[7]，資産証券化が利用されることが考えられる。また，指導意見では，私募投資基金については別途法律で定めるとしているため，私募投資基金が使われる可能性もある。

2　今後の資産管理業務の方向

　金融リスクを内包するシャドーバンキングであるが，その金融革新の側面も忘れてはならない。具体的には，2015年の金利自由化以前に，一般の個人に自由金利商品を提供した。その際，迂回融資の過程では，事実上の資産証券化の技法が使われノウハウが蓄積された。つまり，預金金利自由化や証券化を市場主導で進め，規制当局の規制緩和を促進した。

　問題は，情報開示不足から個々の商品のリスク，リターン，投資家がマッチせず，投資家保護が不十分になり，また，リスク顕在化の際の責任の所在が不明なことなどである。新規定を受けて，中国の資産管理業務は，これらの点を

改善しながら，投資家のリスク受容度にあった商品を提供しつつ実体経済に資金供給するという本来あるべき姿に回帰し始めたといえる。今後，チャネル業務・非標は減り，公募基金，資産証券化商品，私募基金が増加していくとみられる。中国のアセットマネジメント業界は，大きな変革期を迎えている。

注
(1) 「股権」は基本，エクイティとした。有限責任会社の「股権」は持分とした。(上場)株式会社の「股票」は株式とした。
(2) 銀行理財商品に関する新規定 (2018年9月，12月発表) によれば，元本・収益保証型の理財商品は禁止される。一方，最低投資金額が1万元に引き下げられ，理財商品は公募基金を通して間接的に株式市場に投資可能になった。銀行が理財子会社を作り理財商品業務を行う場合，最低投資額なし，直接株式に投資可能。これらは，2018年の資産管理業務に関する指導意見 (第3節参照) を受けたものである。
(3) 中国では証券投資信託を証券投資基金 (以下，基金) と呼び，基金管理会社が投信を運用する。
(4) QDII (Qualified Domestic Institutional Investors) は適格国内機関投資家のこと。対外証券投資を認められた中国国内金融機関。
(5) 実際，2018年9月以降，新規定が出ている。証券会社の小集合・基金会社の特定資産管理業務等の私募資産管理業務は，「証券先物経営機関私募資産管理業務管理弁法」(10月実施) により統一的に取り扱われる。投資先は標準化債権資産，非標準化債権資産，エクイティ類などである。
(6) 指導意見は，標準化債権資産を，「等分化され取引可能で，情報開示が十分で，集中登記・独立委託管理されている」，「公正価値を定めることができ，流動性があり，銀行間市場・証券取引所など国務院の同意を経て設立された取引市場で取引される」ものと定義した。これ以外が非標となる。
(7) 正規の資産証券化業務は2000年代半ばに始まった。銀行間市場の貸出資産証券化 (銀監会管轄) と証券取引所の企業資産証券化 (証監会管轄) がある。2014年に認可制から届出制になった。

引用参考文献
〇中国語文献
保険監督管理委員会 (現，銀行保険監督管理委員会)「2017年保険統計数据報告」http://bxjg.circ.gov.cn/web/site0/tab5257/ (2018年10月11日アクセス)。
李潔怡主編，2015，『銀行非標資産交易』中信出版集団。
閻慶民・李建華，2014，『中国影子銀行監管研究』中国人民大学出版社。
智信資産管理研究院編著，2014，2016，2018，『中国資産管理行業発展報告』(各年版) 社会科学文献出版社。

(神宮　健)

第Ⅲ部

フィンテックと金融イノベーション

第8章　モバイル決済・インターネット金融の普及

　中国では2000年代後半からモバイル通信の普及とともに金融業務におけるインターネット技術の利用が急速に進んだ。インターネット企業の金融業進出と既存金融機関のインターネット技術導入である。これにより，これまで金融サービスを受け難かった人々や企業に金融サービスが提供されている。また，インターネット金融により，ビッグデータ・人工知能（AI）・ブロックチェーンなどの技術を利用した新たな金融業務の地平が開かれた。

Keywords ▶ 第三者決済，P2P，サプライチェーン金融，フィンテック，金融包摂（Financial Inclusion）

第1節　モバイル決済の普及・拡大

　インターネット金融の定義はさまざまだが，人民銀行などによれば「伝統的金融機関とインターネット企業がインターネット技術と情報通信の技術を利用して，資金融通・支払・投資・情報仲介サービスを実現する新たな金融業務のモデル」（2015年7月「インターネット金融の健全な発展の促進に関する指導意見」）としている（中国版のフィンテックともいえる）。

　中国のインターネット金融は，電子商取引（electronic commerce, EC）などのインターネット関連会社の金融分野への進出と既存の金融機関の業務のインターネット化（ネットバンキング，ネット証券など）の2つの流れで進んでおり，インターネット関連会社と既存金融機関の間では競争もあれば提携もみられる。金融機能からみると，①支払・決済，②資産運用，③融資（少額融資，サプライチェーン融資，P2P）などがある（表8-1）。以下ではこれらの代表的な例を

第Ⅲ部 フィンテックと金融イノベーション

表 8-1 インターネット金融の例

会社名	機能	名称	内容
アントフィナンシャル（蟻蟻金融服務）	決済	アリペイ（支付宝）	タオバオ（淘宝）の決済問題解決のための第三者決済プラットフォームとして2004年に設立。現在は，コンビニ等，さまざまな場で使用可能。
	融資	企業向け：アリババ少額貸付（「阿里巴巴小額貸款」）・「網商銀行」	2010年設立。アリババのタオバオ，Tモール（天猫）等に出店する企業に24時間365日の無担保の即時融資サービスを提供。資金の用途は仕入れ等。網商銀行（MYBANK）は2015年6月開業。認可民営銀行第一陣5行の1つ。アリババ少額貸付の業務を継承。
		個人向け：「花唄」・「借唄」	「花唄」は2014年に発表された分割払いサービス。3，6，9，12回の分割払いが可能。「借唄」は個人向けの無担保・少額融資サービス。最大返済期限は12カ月，金利は1日0.015%～0.06%。
	資産運用	「余額宝」	2013年導入。アリペイの余剰資金をマネーマーケットファンドで運用。1元から投資可能で，いつでも換金可能。2017年に世界最大のマネーマーケットファンドに。2018年6月末時点で，余額宝とリンクする6つのファンドの規模は1.86兆元。
		「蟻蟻財富」	ワンストップ型の資産運用プラットフォーム。各金融機関に開放。
	信用評価	「芝麻信用」	信用履歴・人脈等を総合して採点。毎月更新。350点から950点で600点以上が良好。消費金融はもとより，点数が高いとホテル予約の際の保証金が免除される等，生活のさまざまな場面で使われている。
衆安保険（アリババ，中国平安集団，テンセント等が設立）	保険	「衆安保険」	中国初のインターネット保険会社（2013年）。支店なしで，インターネットを通じて保険販売と保険金支払を行う。タオバオの出店者と個人消費者向け返品保険やアリペイ口座の盗難保険等を提供している。
テンセント（騰訊）	決済	「微信支付」	ウィーチャットペイ。第三者決済サービス（2013年より）。
	融資	「微衆銀行」	WEBANK。2014年12月開業。中国初のインターネット銀行で，金融包摂路線を採る。ビッグデータを利用した信用評価により業務展開。17年12月時点で，資産規模は700億元弱，累計貸出金額は6000億元超。
京東金融	融資（サプライチェーン金融）	「京保貝」，「京小貸」等	無担保融資（「京小貸」），ファクタリング（「京保貝」），動産担保融資，資金運用（「企業金庫」，マネーマーケットファンドで運用）の商品を揃える。
	融資	「白条」・「金条」	「白条」は2014年に発表された国内初のインターネット消費金融商品。最長24カ月の分割払いが可能。「金条」は無担保・少額融資サービス。金利は1日0.025%～0.065%。
	信用評価	「小白信用」	信用履歴，消費・投資状況等を総合して採点。0点から110点で80点以上が良好。点数が高いと敷金の免除，レンタカーの保証金の優遇等が享受できる。
陸金服	資金貸借(P2P)	—	中国平安保険集団傘下のP2Pプラットフォーム。

（出所） 各社ウェブサイト等から筆者作成。

第8章 モバイル決済・インターネット金融の普及

みてゆく。[(1)]

　近年のインターネット金融の発達においては，EC大手アリババ（阿里巴巴）の「支付宝（アリペイ）」などの非金融機関による決済サービスの発達，特にモバイルの利用が重要かつ基礎的な役割を果たしている。

　非金融機関決済（いわゆる第三者決済）とは，「非金融機関が，資金の支払い側と受取り側の間で仲介機関として，以下の貨幣資金の移転サービスの一部あるいは全部を提供することである。▷ネットワーク決済（インターネット決済，モバイル電話決済，固定電話決済など），▷プリペイドカードの発行・受理，銀行カード決済（POS端末決済など），▷中国人民銀行が定めるその他の支払いサービス」（2010年中国人民銀行「非金融機関支払サービス管理弁法」）。ここでは，主にインターネット決済，特にモバイル決済をみる。

　インターネット決済では，利用者はスマートフォンなどを利用し，第三者決済機関（アリペイなど）に口座を開設し，自身の銀行カードやクレジットカードとリンクさせる（なお，第三者決済機関は銀行と契約を結んでいる。これにより銀行口座からアリペイなどの自分の口座に資金を移すことができる）。

　例えば，アリババのECサイトの「淘宝（タオバオ）」での商品売買の場合，まず，購入者は商品を選んで，上述の自分の口座から第三者決済機関（アリペイ）に代金を振り込む。次に，アリペイが商品の販売者に振込み完了を通知すると，販売者は商品を発送する。購入者は商品を受領，確認した後，アリペイにその旨を通知し，アリペイが販売者に代金を振り込み，一連の取引は完了する。

　利用者間（購入者と販売者）に信頼関係がない中で，第三者決済機関を介在させ，利用者の資金取引の相手を第三者決済機関にすることでEC取引を成立させるわけである。[(2)]無論，第三者決済機関の信用は高くなければならない。

　アリババの創始者馬雲は，2004年当時，タオバオにおける決済問題解決のために，中国銀聯（China UnionPay。人民銀行が認可した銀行カード提供組織）との提携を図ったものの実現しなかった（廉他，2017，12頁）。このため，馬雲は新たな決済システムとしてアリペイを構築した。アリペイは当初，タオバオの決

145

第Ⅲ部　フィンテックと金融イノベーション

> ***Column 8***　何が人を金融革新（イノベーション）に駆り出すのか
>
> 　アリババの創始者馬雲は，1990年代初頭に翻訳会社を創設した頃，銀行から3万元を借りるために，いろいろと手を尽くしたが結局借りられなかった経験をもつ（なお当時の賃金は100元強である。廉他，2017，166-167頁）。これが，もっぱら小企業向けに融資する銀行があれば役に立つと考えるきっかけとなり，少額貸出業務進出の原動力になったとみられる。
> 　次に，2004年当時，タオバオにおける決済問題を抱えていた馬雲は，銀聯傘下のインターネット上の支払い関連の会社 ChinaPay との協力を探った。しかし，当時は，まだインターネット上で全ての銀行がリンクしていなかったため協力に至らなかった。なお，銀聯側がこの件に興味を示さず（同，12-13頁），馬雲との会合が短時間で終わったとする説もある。結局，タオバオ決済のためにアリペイが生み出された。
> 　2012年になると，アリペイは実店舗の領域に進出を図り，POS 機器（売上・在庫管理システムに対応したレジ）を利用しようとするが2013年8月に中止する。POS 機器を長年にわたり設置してきた銀聯に妨害されたためといわれる。その後，アリペイやウィーチャットペイは QR コードを利用して，コンビニなどでのスマートフォンによる支払いを可能にした。店舗側の導入コストがほとんどかからない QR コードを利用したことでモバイル決済は急速に広がった。
> 　新たな金融の手法は，規制回避のシャドーバンキングにおいても次々と編み出された（第7章参照）。こうしてみると，少なからぬ金融革新が，情熱や差し迫ったピンチなどの要因から生まれていることがわかる。

済機能として提供されたが，その後，取引規模，使用可能範囲とも拡大し，2018年3月末時点で利用者8.7億人と世界最大の第三者決済機関となった（***Column 8*** 参照）。アリペイのほか，ネットサービス大手テンセント（騰訊）の「微信支付（ウィーチャットペイ）」（2013年導入）なども第三者決済サービスを提供している。

　一部の第三者決済機関でみられた顧客資金流用などの問題に対する取締り強化による淘汰の影響もあり，中国の第三者モバイル決済市場は寡占状態になっている。2018年第1四半期，第三者モバイル決済の市場規模は40.4兆元で，ア

リペイのシェアが53.8％，テンセントのテンセント金融（含むウィーチャットペイ）が39.0％となっている（『捜狐』2018年8月10日付）。

　多くの場で第三者決済機関を使った支払いが可能である。ECサイトでの支払い以外にも，レストラン・コンビニなどでの支払い，公共料金，シェア自転車の支払い，出前・配車・医療などのサービスにおける予約・支払いなどで利用可能である。子どもへのこづかいや飲食時の割り勘でも使われる。また，後述の資産運用，消費者金融などでも第三者決済機関上の口座が利用される。

　さらに，海外でも利用できる。日本でも，アリペイ，ウィーチャットペイは，インバウンド観光の増加とともに，主要な百貨店，コンビニエンスストア，ドラックストアなどで使われている。

　市場規模が拡大した背景には，モバイル端末，特にモバイル電話の普及がある。モバイル電話の普及率は2013年に90％を超え，モバイル経由でのインターネット利用も比例して増えた。また，2014年以降普及した4Gにより通信速度も上昇した。スマートフォン経由で第三者決済が可能になったことで，生活のさまざまな場でアリペイやウィーチャットペイが使われるようになった。

　モバイル決済の拡大により，第三者決済機関には，利用者の日々の活動に関する膨大なデータが蓄積されている。これは，ビッグデータを利用した新たな金融サービスを生み出す基礎となっている点で極めて重要である。

第2節　他の金融業務のインターネット化

1　資産運用

　中国では2013年が「インターネット金融元年」と呼ばれる。きっかけは，2013年6月にアリババが導入した「余額宝」である。この商品が中国金融界に与えた衝撃は絶大であった。

　これは，アリペイに口座をもつ利用者が，口座上の遊休資金をマネーマーケットファンドに投資するものである。通常1000元であったファンドの最低購入額を1元に引下げ，しかも，いつでも換金可能，つまりネット上で買い物で

きるようにした。資金は天弘基金管理会社（投信運用会社）などのマネーマーケットファンドで運用されており，収益は毎日インターネット上で確認できる。

　アリペイのアプリの入ったスマートフォンを経由して気軽にファンドが買えるという便利さもあり，若年層を中心に瞬く間に広がり，2014年1月には同ファンドの規模は2500億元を超えて中国最大規模のファンドとなり，発売1年後の6月には約5700億元となった（なお，2018年6月末で1.86兆元である）。余額宝の成功を受けて，類似商品，例えばテンセントと基金管理会社による資産運用商品（2014年1月）などが次々と発売された。

　余額宝の資金の運用先をみると，いわゆるマネーマーケットファンドからイメージされる短期の優良債券などは少なく，大部分が銀行の協議預金である。これは，大口預金者が銀行と金利などの条件を協議して決めるものである。つまり，個人にとっては，銀行預金の低い金利ではなく，余額宝を経由して企業向けの協議預金の高い金利を得られることになった。そうした中で，銀行側も平安銀行の「平安盈」（2013年12月）などの対抗商品を販売したものの，余額宝のような成功は収めていない。

　一連の動きの意義は，第1に，決済に使える普通預金の金利（年利0.35％）が規制されていた中で，消費者に事実上，市場金利の付いた決済性預金を提供したことである。ちなみに，2014年7月の「余額宝」の収益率は約4.2％であり，2017年は約3.9％である。第7章でみたシャドーバンキングにおける理財商品の場合も同様だが，市場による革新（イノベーション）によって事実上の預金金利自由化が推進された。これによって金融当局による金利自由化政策も加速した。中国の金利自由化は2015年の預金金利の自由化を以って完了した。[3]

　第2に，証券投資基金（投資信託）などの公募基金（第7章参照）業界に変化をもたらした。最低投資額が，1元まで引き下げられたことで資産運用の小口化が進み，インターネット利用者が若いことから，投信の購入者が若年層に拡がった。つまり，これまで銀行の窓口販売が主であった投信の販売チャネルが多様化した。スマートフォンでの金融商品購入が身近になり，後述するP2Pなどの発展にもつながった。

2 融　資

①少額融資

次に，インターネット上の少額融資をみる。

中国でも，他国と同様に中小企業・零細企業の資金調達難は長らく問題となっている。2000年代になってからも，商業銀行に中小企業向け融資を促す政策が毎年のように出されているが，大きな効果は現われていない。

アリババのECプラットフォームにおいても，B2Bのアリババ，C2Cのタオバオ，B2Cの天猫（Tモール）で商品を販売する零細企業や個人経営者は銀行から融資を受けるのが難しい。こうした中，馬雲は「銀行が変わらないのであれば，アリババが銀行を変える」として，零細企業や個人向けの融資業務に乗り出した。

2010年に，アリババは少額融資のライセンスを得ると，同年6月に浙江省，2011年6月に重慶市でそれぞれ1社の少額融資の子会社「阿里巴巴小額貸款（アリババ少額貸付）」を設立した。タオバオ・Tモールおよびアリババの出店者などに対する少額融資が目的である。

同社の融資の約8割を占めるタオバオ・Tモール融資は，インターネット上で手続きを行う無担保融資である。出店者の経営状況・信用履歴などが蓄積されたビッグデータを利用し，申請があれば自動的に与信審査が行われる。「申請3分間，与信1秒，人手ゼロ」であることから「310モデル」と呼ばれる（廉他，2017，153-154頁）。

2011年6月までの1年間でアリババ少額貸付は累計4万件の小・零細企業に総額28億元を融資した。うち99.9％が50万元以下の融資である。2016年時点では，同じく400万強件，7000億元強となっている（同上，157頁）。

少額貸付会社の資金源についてみると，銀行からの借入金は資本金の50％を超えてはならないとの制限がある。このため，2013年にアリババ少額貸付は，中国初の少額融資の資産証券化を行った。同社の少額融資を原資産にした資産証券化商品（ABS）が東方証券資産管理会社から販売された。アリババ少額貸付は貸出資産を流動化（現金化）することで，新たな銀行借入れをせずに次の

融資が可能になる。これ以降，少額融資の資産証券化が行われるようになり，2017年には2680億元の少額融資を原資産とする ABS が発行された。

アリババ少額貸付の業務は，その後，浙江網商銀行（MYBANK）に継承された。同銀行は，銀行業監督管理委員会が認可した民営銀行第一陣５行のうちの１行で2015年６月に開業した。2017年１月時点で，同行は小・零細企業（および経営者）271万戸に融資し，累計融資額は1151億元，融資残高は331.9億元である。不良債権比率は，商業銀行の1.74％（2016年末）より低く，１％を下回っている（同，175頁）。

②サプライチェーン金融

大手 EC サイトの京東傘下の京東金融（2018年11月に京東数字科技に社名変更）は在庫商品などを担保にした動産担保融資，ファクタリング（売掛債権回収），資金運用などの業務を展開している。企業側からみると，商品を販売する前に必要な運転資金を動産担保融資で調達し，商品販売後はファクタリングを利用して早目に資金回収し，回収した資金の一部は次に使うまでの期間に運用できるわけで，商品の販売サイクルに合わせた金融サービスといえる。

動産担保融資は，中国でも以前から存在していたものの，在庫商品の評価やチェックが難しく，商品の状態・在庫数の偽装などによる詐欺被害が生じていた。こうした中，2015年９月に動産担保融資サービスを開始した京東金融は，倉庫会社との提携の下，担保商品の生産・輸送・在庫・販売といったデータを収集・チェックし，蓄積された価格データに基づいて将来価格を予想しながら在庫評価を行い，融資限度額を調整する。2017年の累計融資額は1000億元超である（『新浪財経』2018年９月12日付）。

これは，サプライチェーン金融におけるインターネット金融の応用であり，また，中国政府が2015年に発表した「インターネット＋（プラス）」戦略に沿っている。「インターネット＋」とは「インターネット＋各産業」の意味であり，インターネットと製造業・EC・物流・金融などの融合を進めて革新を促す国家戦略である。中国政府は特に EC における金融サービスの強化について，商業銀行・EC 企業が担保在庫管理会社と協力して無形資産・動産担保

などによる融資を展開することやファクタリング会社と協力してサプライチェーン金融・ファクタリングサービスを展開することを奨励している。

③消費金融

インターネット上の消費金融をみると，対個人向け信用分野においてもデータ分析が大きな役割を果たしていることがわかる。インターネット上の消費金融では，京東金融やアリババのサービスが代表的である。

京東金融の個人向け少額融資サービスには「白条」と「金条」がある。白条は，2014年に発表された国内初のインターネット消費金融商品であり，京東の利用者は，京東で商品・サービスを購入後，最長24カ月までの分割払いができる。限度額は顧客のデータに基づきシステムによって総合的に判断して決められる。そして分割手数料やサービス料が徴収される。

金条は信用状況が良好な京東利用者向けの少額融資である。金利は1日0.025％〜0.065％で，融資限度額は，京東における消費記録，借入・返済記録などからシステムにより決定される。返済遅延の場合，金利は1.5倍となる。2017年の白条の累計融資額は2000億元超である（『新浪財経』同上）。

一方，アリババをみると，2014年に設立した螞蟻金融服務（アントフィナンシャル）がそれぞれ白条と金条にあたる「花唄」と「借唄」を提供している。(4)

花唄は2014年に発表された分割払いサービスである。後述する「芝麻信用」の点数が高ければ高いほど，消費限度額が高くなる（廉他，2017，197頁）。分割払いは3，6，9，12カ月で，手数料が徴収される。

借唄は個人向けの少額融資サービスで，融資限度額や融資期間は芝麻信用などの利用者の状況によってシステムによって決められる。金利は1日0.015％〜0.06％で，返済が遅れた場合の金利は1.5倍となる。(5) 2017年の花唄の累計融資額は9000億元超，借唄は同じく5000億元超である（『新浪財経』同上）。

ここでアントフィナンシャル（螞蟻金融）傘下の芝麻信用が注目される。芝麻信用は，2015年1月に人民銀行から個人信用調査業務（試行）の許可を受けた民間会社8社のうちの1つである。担保を取らない消費金融業務では，当然のことながら借り手の信用調査が必要となる。人民銀行の「征信中心（CRC：

Credit Reference Center, 人民銀行信用情報センター)」は，商業銀行などの伝統的な金融機関を組織して作られたもので，インターネット企業は利用できない。また，ECサイトではそもそもこれまで銀行融資を受けたことがなく信用記録がない利用者が多い。

　芝麻信用は，以前からアリババのECサイトで蓄積してきたデータなどに加えて，数百のデータベースと協力関係を結び，それらを利用している。これらの外部のデータは利用データの90％を超える。具体的には，教育省の学歴，各地の公共料金支払い，社会保障費や納税などのデータが含まれる。これらのデータを，信用記録，行動パターン，返済能力，地位，交友関係の5分野から整理・加工した上で，個人の芝麻信用点数を計算する。点数の範囲は350点から950点で600点以上が良好とされる（廉他，2017，190-193頁）。点数が高いとホテル予約の際の保証金が免除されるなど，信用力がさまざまな場面でインセンティブとして利用されている。

　④ P2P

　中国ではP2Pも2010年頃から急増した。P2P（peer to peer あるいは person to person の略）は，インターネット上における個人対個人の貸借である。

　その情報仲介のプラットフォームを提供するP2Pの会社数をみると，正常経営の会社数は，2010年の10社から2015年11月の3515社に急増し，その後，減少し，2018年8月時点で1590社である。一方，同時期の営業停止や問題のあるプラットフォームの会社は累計4798社（2018年8月時点）に上る[6]。

　銀行の預金金利が低い中，P2Pの貸借の平均金利は一時期20％を超えていた（2014年当時）。加えて，余額宝ブーム以降のスマートフォン経由の資産運用の広がりにも後押しされたことが急増の背景である。

　しかし，新たな金融の形態であり，当初ほとんど規制がなかったことでさまざまな問題が生じた。P2Pプラットフォーム会社の中には，本来の個人間貸借用のプラットフォームでなくなり，実態的にはインターネットを通じて広く集めた資金を1つにまとめた上で（資金プーリング），個人や小企業に融資しているところも多かった。これはライセンスなしで銀行業務をしているに等しい。

また，地方政府のプロジェクト向け銀行融資に対する規制が厳しくなる中で，シャドーバンキングの一環として P2P が利用されることもあった。さらに一部の高利貸しが資金調達にインターネットを利用しているだけというものもあり，夜逃げのケースも増加した。

2014年から2015年には，リース会社への投資をうたった「 e 租宝」が急成長したが，実は投資に全く実態がないポンジースキーム（新規投資家の投資した資金で以前からの投資家の元利を返済する図式）であり，約760億元，投資家90万人が関わる大型事件も生じた（『捜狐』2018年5月30日付）。

一方，リスク管理を確立させた上で運営している P2P プラットフォーム会社も少なからず存在しており，P2P 業界は玉石混交であった。2015年以降は，後述する規制を受けて P2P 業界は淘汰の時期に入っている。

③ FinTech と TechFin

銀行などの伝統的金融機関が，規制金利下で一定の預貸利鞘（融資金利と預金金利の差）が確保できるというように長らく規制に守られていた中，余額宝の登場は2013年の発売当初，伝統的金融機関に対する黒船の襲来のように捉えられた。また，伝統的金融機関は，アリババなどのインターネット企業に決済や資産運用といった業務を一部奪われ，さらに，中小企業金融など潜在力のある市場においても先行された。

伝統的金融機関とインターネット企業の対立を予想する向きもあったが，2017年以降，大手銀行をはじめとする銀行とインターネット企業の協力が進展している。

2017年3月にアントフィナンシャルと中国建設銀行が戦略協力に合意した。同行のオンライン業務での協力などが含まれる。6月には，京東金融と中国工商銀行，検索エンジン大手のバイドゥ（百度）と中国農業銀行，テンセントと中国銀行がそれぞれフィンテック利用で協力することが明らかになり，8月には，EC 大手の蘇寧グループの蘇寧金融と交通銀行が戦略協力に合意した。五大銀行は全て BATJ（バイドゥ，アリババ，テンセント，京東）・蘇寧のイン

ターネット大手企業とフィンテック面で協力関係をもったことになる。8月には京東金融と光大銀行も戦略協力に合意するなど，同様の動きは五大銀行以外にも広がっている。

　長期的にみると，金利自由化による預貸利鞘の縮小や直接金融の拡大による優良顧客の資本市場で資金調達の増加が予想される中で，銀行業界が国有大企業向け融資に頼って利益を出すこれまでの方法は難しくなってゆく。中国の経済成長のエンジンは個人消費やサービス業にシフトしているが，それを支える消費者や中小企業を銀行はこれまであまり重視してこなかった。銀行にとっては，ECサイトやSNSなどを運営し，個人や中小企業を顧客にもつインターネット企業との協力にはメリットがある。

　一方，インターネット企業は，これまで各種の金融業務ライセンスを取得してきたが，技術面での優位性を活かして，金融機関にフィンテックのサービスを提供する方向に向かっている。

　アントフィナンシャルの戦略は，各種の金融ライセンスを得て自ら経営することによるデータ蓄積と経験を，インターネット上の開放された金融のエコシステム構築に活かすというものである。具体的には，保有するビッグデータとクラウド計算能力を金融機関に提供し，金融機関のITシステムの高度化・モデルチェンジ，コスト削減，効率向上を図る。アントフィナンシャルなどは，自らを「FinTech」企業ではなく「TechFin」企業と位置づけ（廉他，2017，232-233頁），金融ではなくテクノロジーの企業であることを強調している。

　例としては，螞蟻金融雲（2015年10月発表，雲はクラウド）がある。金融機関向けにクラウド計算サービスを提供するもので，金融機関は必要に応じてサービスを購入してシステムを短期間に安く構築できる。

　また，2016年に京東金融は，資金調達側の消費者金融サービス会社と投資家を仲介する資産証券化用のプラットフォームを構築した。インターネットを通じて多くの投資家から資金を調達できるため，資金調達コストの引下げにもつながる。さらに，2017年3月，京東金融は，この消費者ローンの資産証券化業務においてブロックチェーン（分散型台帳技術）の利用を開始した。原資産で

ある消費者ローンに関する情報を業務参加者が共有し，偽造や改竄の防止を可能にするものである。

④ インターネット金融に対する規制

P2Pにおいて問題が多発する中でも，金融当局は即座には規制をかけなかった。当局は，インターネット金融が中小・零細企業の資金調達難の緩和に役立つ可能性に注目しており，利用できる部分と悪い部分を見極めるために数年間，事態を観察していたためである。

そして，2015年7月，人民銀行などは連名で「インターネット金融の健全な発展の促進に関する指導意見」を発表した。インターネット金融を発展させる方針が示されると同時に，インターネット金融を機能面から分類した上で，インターネット決済は人民銀行，P2Pは銀監会というようにそれぞれの監督管理当局を定めた。この指導意見がインターネット金融規制の起点となる。

2016年4月の「インターネット金融リスク専門取締実施案」（国務院。10月公表。専門取締実施案）は，インターネット金融の各分野の問題点を列挙した上で，違法行為を2017年3月までに取締まるとした。ただし，実際には各地方における取締りに時間がかかっており，業務改善と検査の完了期限は，最長で2020年7月に延長されている。

ここでは，規制強化の具体例としてP2Pと第三者決済を取り上げる。

まず，問題の多発したP2Pでは，監督管理当局となった銀監会が，2016年4月に「P2Pインターネット貸借リスクの取締実施案」，同年8月に「インターネット貸借情報仲介機関の業務活動の管理暫定弁法」を発表・実施した。

同弁法は，インターネット貸借とは個人・法人・その他組織間のインターネットプラットフォームを通じた直接貸借であり，インターネット貸借情報仲介機関（P2Pプラットフォーム）はもっぱらインターネット貸借の情報仲介に従事する金融情報仲介企業である，と定義した。

その上で，第1に融資集中のリスクを防ぐため，少額融資を主とすることが徹底された。具体的には，同一個人の同一のP2Pプラットフォームからの借

入残高上限を20万元（法人は100万元），異なる P2P プラットフォームからの借入残高総額の上限を100万元（法人は500万元）と定めた。

　第2に，問題行為がリストアップされ，禁止された。具体的には，P2P プラットフォーム自社に対する融資，資金プーリングと融資（無許可の銀行業務），貸し手への担保提供・元利保証，資産証券化類似業務，資金調達側プロジェクトの収益見通しなどについての虚偽・誇張，借入用途が株式・デリバティブ商品投資などの高リスクの場合の情報提供などである。

　第3に，P2P の貸し手と借り手の資金は銀行で P2P プラットフォーム会社の勘定とは別に管理される。P2P プラットフォーム会社による顧客資金のプーリングや持ち逃げを防ぐためである。

　第4に，P2P プラットフォームは登録制となる。登録には顧客資金の銀行での分別管理を実行し，また電信業務経営許可を取得しなければならない。

　2018年時点で登録制は実施されていないものの，弁法の施行以降，実際には，強いプラットフォームがさらに強くなる形で淘汰が進んでいる。実力のあるプラットフォームではインターネット少額融資のライセンスを取得するものや，中小プラットフォームでは消費金融，農村金融など，一部の領域に特化するところが出ている。

　次に，インターネット上の第三者決済業務について，専門取締実施案は，銀行を跨ぐ決済は人民銀行の清算システム（あるいは，合法的な清算機関）を通して行わなければならないとした。

　この意図は，清算の透明化と金融当局による資金フローのリアルタイムでのモニタリングである。従来のデビットカード型の支払い（デビットカードとしての銀聯カードの利用など）では，人民銀行の清算システムを通して清算されるのに対して，第三者決済では，第三者決済機関が，複数の商業銀行に自らが開いている銀行口座（とそれにぶら下がる顧客口座）を利用して，人民銀行を通さずに清算・決済することが可能である（図8-1）。清算機関でない第三者決済機関が事実上の清算機関になっていることや，第三者決済機関内で清算が済んでしまうと商業銀行や人民銀行から取引やその内容がわからないことが違法行

第8章 モバイル決済・インターネット金融の普及

図8-1 第三者決済の清算モデル

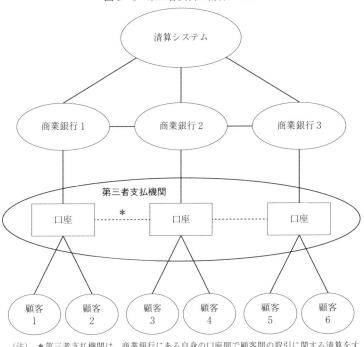

(注) ＊第三者支払機関は，商業銀行にある自身の口座間で顧客間の取引に関する清算をすることが可能であった。
(出所) 謝他（2014）などを参考に筆者作成。

為防止などの点から問題視されてきた。

このため清算システム「網聯」が設立された（2016年10月，人民銀行により設立認可）。2018年6月末以降，第三者支払機関を利用したインターネット上の支払い（銀行口座がかかわるもの）は，全て網聯を通して処理される。これにより第三者支払機関を利用した支払いも，従来のデビットカードの場合と同様の形で清算されることになる。

これらの取締りと並行して，個人情報保護も重視されつつある。これは，ビッグデータ利用などの面で重要である。個人情報保護については，2017年6月に2つの重要な展開があった。第1は「インターネット安全法」（サイバーセキュリティー法）の施行である。個人情報保護法が制定されていない中では，

個人情報保護に関する最も全面的な規定である。情報を収集する場合，収集する情報は必要最低限にとどめること，ユーザーに情報使用の目的・方式・範囲などを明示し，同意を得なければならないことなどが定められた。また，2017年6月に，最高人民法院（最高裁判所に相当）と最高人民検察院（最高検察庁）が刑法の解釈を発表し，個人情報保護の侵犯行為の量刑を厳格にした。

これまで，中国では個人情報の意識は高くないといわれていたが，2018年にアリペイの特定のサービス利用に際して個人情報収集・使用同意の文字が小さかったことが問題化した例もあり，人々の関心は徐々に高まっている。

第3節　インターネット金融の役割と意義

最後に，インターネット金融の役割と意義について考える。

第1に，金融業務がインターネット化することや，「インターネット＋」戦略において金融業が重要な役割を果たすことには必然性がある。

伝統的金融業においても，デジタル化されたデータの蓄積・処理のために巨額のIT投資がなされており，金融業はIT産業の側面をもつ。このためデータがオンラインで行き交うインターネットと金融業は相性がよい。足元では，インターネット企業の金融業への進出と伝統的金融機関のインターネット化の動きがあるが，これは端境期の状況にすぎず，伝統的金融機関とインターネット企業が協力・競争を続けゆく中で，2つの動きは混ざり合い，金融業務の多くがインターネット上でなされることが当たり前になる。そのときには，インターネット金融という言葉自体も中国で使われなくなろう。

第2に，インターネット金融により，金融の機能が今一度明確に分化され，また，金融の効率も高められた。並行して金融規制も，従来の業態別規制から機能別規制への移行を加速した。

インターネット金融は，中国の金融の歪みを突いた。これまで国有商業銀行を始めとする商業銀行は，信用リスクの小さい国有企業などへ融資し，規制で保護された一定の預貸利鞘を稼ぐ経営モデルに依存していた。余額宝などがこ

れに挑戦し，こうした銀行の経営モデルに風穴を開け，銀行をわずかながらも競争に引きずり出し，金利自由化・銀行の預貸利鞘の縮小を促進した。また，スマートフォン経由での投資などは，銀行の窓口販売以外にも金融商品販売チャネルがあることを広く知らしめた。

換言すれば，中国において，インターネット金融は，銀行が長らく金融を牛耳る中で漠然と捉えられていた銀行業務を機能毎にばらばらにし，しかも，低コストで実現できることを示した。長期的には，これまでの金融業態や金融機関経営をも大きく変えてゆくと思われる。

その一方で，これまでのような銀行，証券，保険という業態別の縦割り規制の下で，各種金融機能（決済，資産運用，販売など）を提供するインターネット企業が規制されていなかったことも事実である。現在，金融規制は公平性の観点から，業界・業態にかかわらず同じ機能をもつ金融商品・サービスには同じ規制をかける機能別規制に重点を移しつつある。

第3に，インターネット金融は中国でも重視されている金融包摂（Financial Inclusion）分野において重要な役割を果たす。

金融包摂は，全ての人々が，経済活動に必要な金融サービスを利用できる状況を作るという貧困対策上の世界的な取り組みであり，中国では2016年1月に国務院が，金融包摂発展の推進の5年計画を発表した。従来の金融体制下では金融サービスを受け難かった農民，小・零細企業，都市部の低所得層，身体障害者，老人などに，金融サービスを提供するものである。

インターネット金融の利点として，実店舗が不要なことなどから伝統的金融機関よりもコストが低いこと，地域的な限定性がなく広範囲で利用可能であること，インターネット上の少額融資でみられるようにECサイトで蓄積されたビッグデータなどの利用により，個人や小企業・零細企業などの信用リスク評価を改善できることなどが確認された。インターネット金融の規模は，中国の金融全体からみれば小さいが，10年前には存在しなかったことを考えるとその意義は大きい。

最後に，新たな技術の導入への道筋を開いた点である。前節までの例でも，

ビッグデータの利用(信用評価,京東金融の動産融資サービス)やブロックチェーンの利用(京東金融の消費者ローンのABS業務)などがみられる。インターネット金融の発展とそれに伴うデータの蓄積の上に,今や中国の金融業はビッグデータ・人工知能やブロックチェーンの利用といった次のステージに移行しつつある。

注
(1) 本章では,紙幅の都合からクラウドファンディングを取り上げていない。
(2) いわゆるエスクローサービスである。
(3) 実際には,当局の窓口指導などがあり,依然として銀行が完全に自由に預金金利を決められるわけではない。
(4) アリペイ,余額宝,浙江網商銀行もアントフィナンシャル傘下である。
(5) この部分はアリペイのアプリやオペレータの説明による(2018年10月)。
(6) P2P関連のデータの出所は「網貸之家」(https://www.wdzj.com/),CEICデータベース,王・徐主編,2014。

引用参考文献
○中国語文献
『鳳凰資訊』2017年3月22日付「区塊鏈技術首次落地資産証券化領域 京東金融ABS雲平台再拓疆土」http://news.ifeng.com/a/20170322/50815368_0.shtml
廉薇・辺慧・蘇向輝・曹鵬程編著,2017,『螞蟻金服』中国人民出版社。
『捜狐』2018年5月30日付「e租宝徹底終結,渉案762億,罰款超20億,111人入獄!」https://www.sohu.com/a/233339151_99903088
『捜狐』2018年8月10日付「易観:2018年第1季度中国第三方支付市場交易規模403645人民幣」http://www.sohu.com/a/246332874_644696
王家卓・徐紅偉主編,2014,『2013中国網絡借貸行業藍皮書』知識産権出版社。
謝平他,2014,『互聯網金融報告2014』Boao Forum for Asia.
『新浪財経』2018年9月12日付「京東金融浄利潤連続虧損4年2017年浄虧損達20億元」http://finance.sina.com.cn/money/bank/hykx/2018-09-13/doc-ihiycyfx9232217.shtml

(ウェッブへのアクセスは2018年10月11日)

(神宮 健)

第9章　フィンテックの発展と最新動向

　本章では，中国におけるフィンテックの歴史，現状と将来への展望を紹介する。フィールド調査での聞き取りや統計データをもとに，点から面まで中国におけるフィンテックの現状をしっかり認識した上で将来への展望ができるように，いくつか典型的な事例を取り上げる。フィンテックという分野は未開拓の領域が多く，大きな潜在力を秘め，その発展がどのような金融イノベーションをもたらすのか，興味深い。

Keywords ▶ サプライチェーン金融，ビッグデータ技術，スマートシティ，スマートな投資コンサルタント，デジタル通貨

第1節　コンセプトと発展のきっかけ

1　中国と海外のフィンテックの共通点と相違点

　フィンテックとは，大雑把にいえば，金融システムと金融業務を改善・変革させる新しい技術と発明を意味する。欧米諸国では，早い段階から最先端の技術を金融業務に導入した事例が1955年9月までさかのぼることができる。人の代わりに小切手を処理する機械を導入し，自動的に小切手の情報を読み込むことができるというフィンテックである。その後，電話取引システム，電子取引所，金融情報端末などが次々と登場した。金融業の発展は常に科学技術の進歩に伴い，両者は補完的かつ相互促進的な関係にあると指摘できよう。
　しかし，中国におけるフィンテックの発展には上記の補完的かつ相互促進的な関係がみられない。中国の場合は，欧米諸国に比べ金融業が遅れて出発し，先端技術の存在は，常に新しい業務内容を切り開き金融業の発展をリードする形で展開してきた。この点に関しては，金融と技術の両面から理解することが

できる。まず，近代以来，とりわけ新中国になってから，計画経済の実施によって長い間，中国の金融業は発展途上国の中でも発達が遅れた。1979年までは金融業務は銀行に限られていた。鄧小平が推し進めた金融改革の進展を受け，1980年代に入ってからようやく株式や先物などの金融業務が中国で広がるようになった。それでもなお，中国金融業の市場開放では依然として慎重さが保たれている。例えば，多くの欧米諸国などでかなり浸透している国債の先物やオプションなどの金融取引は，近年になって，ようやく中国で許されるようになった。[1]

技術の側面に転じれば，新中国になってからの計画経済期において，科学技術の進歩は最優先課題として発展戦略に取り込まれた。科学技術の進展は常に政府が奨励してきた。たとえ政治不安による激動の時代においても，軍事部門や科学研究部門の研究所では絶えず技術開発を行っていた。金融と密接な関係にある情報通信産業に限っていえば，確かに改革開放以前にはハードウェア製造の産業基盤が比較的脆弱であったが，ソフトウェアの面ではかなりの蓄積があったことは否定できない。したがって，中国の場合は，常に技術が金融をリードするフィンテックの存在がみられていた。典型な事例には2つのパターンが存在する。1つは，政府の強力な推進で成長するものである。例えば上海証券取引所は設立当初から電子取引システムを導入し，これは政府のサポートで当時のアジアにおいても有数とされるトランザクションが可能な電子取引システムだった。もう1つのパターンは，テクノロジー企業が技術のアドバンテージを利用し，規制のない金融分野で新しい金融商品を開発し市場を切り開くものである。過去10年間におけるインターネット金融の発達はこのパターンに属する。政府の規制は往々にして技術の進展を追う形で行われる。

実際には，インターネット金融の概念は中国の学者によって提案された。[2] 欧州や米国ではインターネットを技術手段として認識し，インターネット金融という概念を提唱しなかった。なぜ中国の学者はこれほどインターネット金融に注目し，金融の情報化や電子化という概念を強調したかったのだろうか。前述したように，中国における金融と技術の関係では，常に技術が金融をリードし

ていた。近年における中国の発展を象徴するものはインターネットの普及と発達である。これが中国におけるフィンテックの発展を理解する重要な切り口になるであろう。以下では，このような関係を念頭に，伝統的な金融部門の変容と金融業の進化から中国のフィンテックについて学ぶ。

2 銀行部門とフィンテックへの取り組み

　第3章でも解説したように，2018年4月8日に，銀行業と保険業の管理・監督を担う行政部門が統合し，新たに「中国銀行保険監督管理委員会」が誕生した。中国の金融行政は「中国人民銀行」，「銀監会」，「保監会」と「証監会」の「一行三会」から「一行二会」へと構図が変わった。ただし，銀行部門では，「工農中建」と交通銀行など大型商業銀行は，銀行業総資産の半分近くを占めており，株式制商業銀行，都市商業銀行，農村商業銀行と村鎮銀行も多数存在する中国の銀行業は比較的集中度の高い産業である。以下では，商業銀行最大手の中国工商銀行が行っている支払・決済，オンラインクレジット，AI（人工知能）を介する金融サービスを中心に，銀行部門におけるフィンテックへの取り組みを紹介する。

　多くの商業銀行では，競争優位を確保するため，フィンテックに関する研究と応用を行う部署が設置された。支払・決済の分野では，工商銀行は，独自のオンライン決済サービスを打ち出した。オンラインオーダーやオンライン支払の機能も備えるオンライン決済プラットフォームを開発し，比較的高性能のオンライン決済システムを立ち上げた。またQRコードをスキャンするだけで現金の引き出しができるATMの整備も進めている。オンラインクレジットの分野では，工商銀行は，一定の条件を満たす借り手に対して，無担保の個人消費ローンサービスを開始した。小企業主や個人経営の顧客に対して，POS（point of sales，販売時点情報管理）の売上記録とクレジットカードの支払記録とをリンクさせるマイクロクレジットの商品を開発した。そして中小企業と一般法人の顧客に対して，オンライン決済システムを通して申し込み・照会・引き出し・返済の全てがオンライン処理できる運転資金のローン商品を打ち出し

た。工商銀行は最大の顧客層を生かし，スマート決済やオンラインローンサービスを通じてフィンテックの力を発揮しようとしている（中国工商銀行江蘇分行金融科技課題組，2017）。ほかにも，AIによる金融サービスについて，中国の銀行も積極的に包括的かつ専門的なサービスを開発している。次に，中国におけるフィンテックの発展経路について解説する。

3　中国におけるフィンテックの発展経路

中国におけるフィンテックの発展は大きく4つの段階に分けられる[3]。2004年までのフィンテックは主にIT産業やインターネットの発展に伴うネット銀行の活動として現れた。なかでもいち早く電子取引とネット銀行を導入したのは中国の「招商銀行」であった。招商銀行は1996年に業界初のネット銀行システムである「一網通」を開通した。2004年から13年にかけて，中国はインターネット金融の成長期に突入し，2004年12月にアリババグループ（阿里巴巴，Alibaba：ネット最大手）がアリペイ（支付宝，Alipay）をネット販売の決済手段として導入し，中国におけるインターネット金融の時代を切り開いた。2007年に，「拍拍貸（Ppdai）」が設立され，中国初のネットクレジットローンプラットフォームが誕生した。これを機に，中国のインターネット企業が金融の中枢業務に参入するようになった。

2013年に，アリババの「余額宝」（ネット預金）がマネーマーケットファンド（money market fund）[4]の形で登場し，フィンテック企業による伝統的な金融業務への参入が開始した。それ以降，中国のフィンテックはインターネット金融の成熟期に入った。このため，2013年は「中国インターネット金融の元年」と呼ばれたこともある[5]。2014年から始まったテンセントのウィーチャット（WeChat）（SNSアプリ）の「紅包」サービスは，中国人が正月の際に赤い封筒にお金を入れて配る風習を利用して開発したものである。このサービスが登場してから間もなく少額支払の市場を独占するようになった。現在でもウィーチャットペイは中国の人々に最も親しまれているモバイル決済のアプリである。2014年に，テンセント，「百業源」，「立業」など有名な民間企業が共同で設立

図9-1 中国におけるフィンテック発展の流れ

(出所) iResearch, Nilson Report, Goldman Sachs Global Investment Research. に基づき筆者作成。

した民営銀行である「微衆銀行」は政府の認可を受け開業した。中国初の純民営銀行として、ネット銀行の営業形態をとって業務を開始した。その後、中国におけるフィンテックの発展はインターネット業界大手と伝統的な銀行部門とが協力し合う形で進められた。そして2017年からは、AIの飛躍的な進歩に伴って、中国におけるフィンテックの発展に新しい技術手段を提供し、2018年になってからは、ブロックチェーン（blockchain，分散型台帳技術）が注目を集め、これらの技術を応用するフィンテック企業が続出している（図9-1）。これらについては次節で述べる。

第2節　中国におけるビッグデータの利用

1 農業金融分野におけるビッグデータの利用

中国では、ビッグデータ技術が金融分野においてさまざまな場面で利用されている。近年、サプライチェーン金融は注目を集めているが、農業分野での応用が依然困難だとされる。その理由は、農家資産の質が低く、担保も不足し、

かつ農業にかかわる不測なリスクが多く存在することから，農家・農業向けの金融商品開発が極めて困難であることにある。以下では，ビッグデータ技術を利用してこの状況を変えようとする「農金圏」の事例を紹介する[7]。

　農金圏は，フィンテックを利用して農業金融サービスを提供する金融企業である。近年，中国においては農場が急速に発展しており，サプライチェーン金融に対して大きな需要がある。しかし，サプライチェーン金融の事業活動の多くは農業には適用されていない。例えば，農場の多くは遠隔地にあり，また農家がまばらに住んでいるため，農家へのアクセスが難しい。このほか，バリューチェーンの末端にある農家は往々にして取引記録を残さず，農家向けローンは製造業のそれと大きく異なる側面が存在する。農金圏は，ビッグデータを利用して多数のサプライチェーン金融事業を展開している。例えば生産原材料のグループ購入や，食品製造・販売の川上と川下のデータを利用する農家への評価，農家生産コストの最適化など，さらに作付け農産物の選択まで手伝っている。

　伝統的な融資の仕組みに基づく農業向けローンは，融資手続が複雑であることに加え，融資期間が長く，リスクも高い。農金圏は，農業生産の現場に入り込み，サプライチェーンと農産物流通を統合し，融資プロセスをスピードアップした。農金圏は，農場経営権を担保にする抵当貸付商品を開発した。この商品は農村部における土地使用権の流通を促し，農業技術をもつ専業農家に資金を集中させている。2018年4月現在，農金圏の決済プラットフォームにおける資金の残高は5000万元に達し，事業を立ち上げてから累積で120億元以上の短期融資を行った。満期が90日未満であるローンの不良債権比率は，わずか0.3％である。これほど低い不良債権比率を達成するには，ビッグデータ技術を利用することが不可欠である。例えば，農金圏は中国科学アカデミーと協力して，リモートセンシング技術を用いて害虫の分布をモニタリングし，スタッフの3分の1に相当する技術開発者は，ビッグデータを駆使する顧客像の描写技術（データマイニング技術）を利用してリスク防止にあたっている。

[２] 個人ローンにおけるビッグデータ技術の活用

　ビッグデータは重要なアプリケーションとして，個人ローンとオンライン銀行業務においても活用されている。個人ローンは，単一顧客に対して融資額が少なく，リスク管理が非常に難しい融資活動である。微衆銀行などのネット銀行は，ビッグデータ技術を導入し，個人ローンの分野において優れた業績を収めている。以下では，微衆銀行の事例を紹介する。[8]

　微衆銀行は，中国初のオンラインリテール銀行である。2014年に設立後から2018年4月現在まで，累積で3000万人に対して与信を行い，1000万人以上のローン融資を行ってきた。平均融資額は8000元以上であった。ローン融資のほとんどは微衆銀行が融資額の約20％を占める形で他の銀行と共同で行った。これを通じ，他の銀行と顧客をシェアすることができ，リテールバンキング業務においても他行の支援と協力を受けられる。

　微衆銀行の不良債権比率はわずか0.6％で，大型商業銀行に比べてはるかに低い。その理由はビッグデータを利用し，テンセントのSNSデータと他行の外部データ，そして中央銀行のクレジット記録を統合してリスク防止にあたることにある。預金額が500元から30万元までに及ぶ7000万人の顧客のうち，有効な顧客数は6000万人を超え，設立してからわずか4年で中信銀行と招商銀行の顧客規模に達している。しかもアクティブユーザーが2000万人を超え，口座数が1億を超えた。1日のトランザクション件数は9億を超え，1秒24万件のデータ処理速度を誇っている。

　微衆銀行はビッグデータ技術を生かしさまざまな場面での応用を重視し，多くの企業と協力している。例えば「優信」という中古自動車販売サイトと協力し，200億元以上のローン融資を行っている。顧客が中古車を購入する際，携帯アプリを通して直接，微衆銀行へローンの申し込みを行い，審査結果の通知やローン資金の振込もアプリを通じて数秒程度で完結できる。微衆銀行は「B to B to C」（business to business to consumer）戦略のもと，積極的にビッグデータ技術のアウトプット応用を行い，顔認証やロボットカスタマーサービス（robot customer service），AIによる投資と金融サービスのプラットフォームお

よびシナリオファイナンス（scenario finance または financial scene）[9]を提供している。スマートフォンに SDK（software development kit）あるいは API（application programming interface）さえインストールすれば，簡単に微衆銀行の金融商品を取り扱うことができ，同行は他業種の企業を網羅する独自のオンライン金融システムを構築している。

③ スマートシティ

スマートシティは，中国における AI 利用の最新動向として，ビッグデータ技術との組み合わせで進められている。中国において，県レベルの都市の95％，市レベルの都市の83％，あわせて500以上の都市では，「政府工作報告」または「第13次五カ年計画」でスマートシティを建設することが明記されている。すでに300を超える都市は，バイドゥ（Baidu）（ネット検索最大手），アリババ，テンセント，ファーウェイ（Huawei）（通信機器最大手），「科大」，「訊飛」などのハイテク企業，また通信キャリアである中国電信などのデジタルテクノロジー企業およびスマートシティオペレーションサービス企業（smart city operation service company）との間で，「戦略的提携協定」などを結んでいる（中国信息化研究與促進網・国衡智慧城市科技研究院，2018）。

スマートシティではフィンテックが重要な役割を担っている。ネット決済やモバイル決済と都市のビッグデータが融合し，旅行，医療，環境などのシーンに利用されることが，新たな技術開発の方向として注目されている。スマートシティでは，住民が光熱費などを便利に支払うことができ，ネットあるいはモバイル決済を通じて，さまざまな生活場面においてフィンテックが利用されている。公共交通の運賃支払は自動的に行われ，スーパーマーケットでの買い物も顧客の消費習慣に基づく商品の広告宣伝や顔認証の普及による無人店舗と無人銀行の展開が，技術進化の方向として予想できよう。

中国の金融企業もこの変革に深く関わってきた。例えば興業銀行は「スマート交通」というアプリの開発に取り組み，複数の都市に駐車場をマネジメントするアプリを導入した。車の運転手は駐車スペース探しや，アプリを通じた駐

車料金の支払いなどがワンクリックで実現できる。ビッグデータ技術を通じ，パーキング業界は人的・物的資源を節約することができ，少しずつ「無人管理」と「無感決済」（決済を感じないことを意味する）へとシフトしつつある。ほかにも，興業銀行は，同アプリを通じて高速道路，公共交通機関，地下鉄，バスターミナル，自動車講習所の燃料補給など，幅広いアプリケーションを開発している。2018年第1四半期だけでも，「スマート交通」は，1600以上の運送会社と4000万人以上の乗客にネット決済サービスを提供し，総取扱額が80億元に及ぶ規模に達した（興業銀行HP，2018年9月30日参照）。

　もう1つの事例は中国の平安保険である。保険顧客のビッグデータを利用し，スマート医療の分野に取り組んでいる。平安の医療保険プラットフォームは，全国250都市以上の8億人をカバーし，同プラットフォームを利用する各地の自治体に医療費管理やアカウント管理などのネットサービスを提供し，医療費の削減や医療サービスの向上を目指している。また公衆衛生の分野では，平安保険はビッグデータ技術を利用し，深圳や重慶などの都市で感染症や頻発する病気，慢性疾患などの予測・予防・管理のシミュレーションシステムを確立しようとしている（ファーウェイHP，2018年9月30日参照）。

第3節　証券業における人工知能（AI）技術の影響

1　中国におけるクオンツ運用の現状

　中国におけるクオンツ（quantitative investing）[10]の現状は非常に複雑である。早くも2004年に，中国初のクオンツファンド商品である「ファンドプレミアムアービトラージ（fund premium arbitrage）」が発売された[11]。初年度では，年利で10％の利回りを達成し，同時期のファンド商品に比べ比較的良好な収益をあげた。2005年からは，多くの金融機関がクオンツ運用を研究し始めた。ただし金融デリバティブの選択肢が限られていたため，クオンツ運用は取引銘柄と取引タイミングの選択を中心に考案されていた。

　2008年の世界金融危機をきっかけに，ウォールストリートで働く中国系金融

マンが帰国してビジネスチャンスを求め，クオンツ投資の発展に一石を投じることとなった。しかし，10年を経ても，中国のクオンツ運用は大きな発展をみせておらず，その理由は取引環境と規制および政府の監督体制にある。

　第1に，金融デリバティブ商品のラインナップ不足は著しくクオンツ運用の多様性を低下させた。中国は2010年に株価指数の先物を始め，2013年にコモディティオプション（commodity futures and options）のシミュレーション取引を行い，2015年に初のオプション商品として金の実物オプションを開始した。しかし，欧米や日本などの金融先進国には依然遅れをとっている。例えば，株式取引のリスクをヘッジするために，株価インデックスの先物を利用するのは一般的であるが，中国ではCSI300インデックスの先物があるものの，組入れられているのは大企業銘柄しかなく，市場リスクを完全にヘッジすることはできない。金融デリバティブ手段の欠如は，欧米市場で成熟したクオンツの仕組みを利用しようとする金融サービス展開の妨げとなっている。

　第2に，中国の証券市場ではT＋1（取引日＋1日）の取引システムをとっており，対象にはA株，ファンド，債券，レポ取引などが含まれる。言い換えれば，全ての注文は取引の翌日に売買されるようになっており，取引の頻度に規制が課され，時間を短縮するために設けられたアルゴリズム（コンピュータプログラム）を駆使するクオンツ運用のアドバンテージが発揮できない。また，ポジションのもちが長く延びれば延びるほど，高頻度取引を用いるアルゴリズム取引のリスクが高くなる。

　中国の先物市場はT＋0であるため，クオンツ取引が集中している。しかし，2015年7月には，中国のA株市場が過去最大の暴落を経験した。株価指数の先物は株式市場暴落の真犯人だと非難され，関連の取引は制限された。そのため，保証金の比率は40％に引き上げられ，手数料は0.23％に引き上げられた。[12]日中の過剰注文の認定基準は10ロットとした。これらの厳しい措置は高頻度の先物取引を駆逐し，厳格な取引規制がクオンツ運用を制限している。

　過去10年間，中国のクオンツ運用はさまざまな条件によって制約されていたが，2018年に入ってからその発展は加速した。特に，AIなどの新技術がこの

分野に新しい変化をもたらしている。いくつかのプライベートエクイティファンド（private equity fund）では，ディープラーニング（deep learning）の方法を利用してクオンツ運用を研究し始めた。例えば，伝統的な多因子分析の方法に深層ニューラルネットワーク（deep neural network）を取り入れて非線形モデルの構築を試みている。[13]

2 フィンテックに対する証券会社の取り組み

近年，クオンツ運用を除けば，中国の大手証券会社は，投資業務のあらゆる場面において相次いでAIを取り入れたアプリケーションを導入している。[14]例えば，AIによる投資コンサルタントやカスタマーサービス，証券取引，さらにAIによるリスク管理などが挙げられる。

まず，投資コンサルタントの分野では，多くの証券会社は顧客に「パーソナライズド（personalized）＋シナリオ（scenario）＋インテリジェント（intelligent）」をキーワードにするプライベートウェルスマネージャー（private wealth manager）のサービスを提供している。中泰証券は携帯アプリを通じて，投資内容のチェックや個別銘柄の診断，さらに因子銘柄選定法（因子分析），資産配分の最適化など，投資に際する意思決定の手助けとなるサービスを提供している。しかし実際には，業界ではAIによる投資コンサルタントに関する誤解が存在する。なぜなら，本当のスマートな投資コンサルタントはビッグデータを利用し，顧客のリスク選好やニーズをきちんと把握し，動的な追跡と変更も可能な，顧客一人一人に適応した資産配分のプランである。しかし，現状では，AI投資コンサルタント商品の多くは，簡単なアンケートに記入してもらい，自社のファンド商品を推薦して済ませようとするものばかりである。

AIカスタマーサービスの分野では，国泰君安証券は業界で初めてオンラインのAIカスタマーサービスを開始した。自然言語処理，深層ニューラルネットワーク，機械学習などの先端技術を導入し，正確に顧客のニーズを理解し，365日24時間のインタラクティブ（双方向的）なAIカスタマーサービスを提供している。問題はマシンによるカスタマーサービスは一般的な注文とクレーム

を理解することはできるが，緊急事態に対応することはできない点である。

AI投資研究の分野では，興業証券の研究管理プラットフォームは自動的にデータスクリーニング（data screening）やテンプレートの作成およびモデリング計算を実行することができる。また自動的に研究報告を作成することもできる。さらに興業証券が大学と共同でリアルタイムの世論調査システムを立ち上げ，投資者行動分析に有益なデータソースを提供している。

現在，アルゴリズムの同質化など，各証券会社がAI金融サービスのさまざまな問題に直面している。特にフィンテックへの取り組みが短く，人材と知識の蓄積が乏しい。独自にAI商品を開発するチームが少なく，アルゴリズムやソフト開発はアウトソーシングの形で行われている。本当の意味でのAI金融サービスの誕生には，まだ道のりが遠い。

第4節　中国におけるブロックチェーン技術の開発と応用

1　中国におけるビットコイン（Bitcoin）の生産

中国では，ブロックチェーンといえば，ホットなイシューとして認識される。中央銀行はデジタル通貨ICO（initial coin offering）を認めないことを明言しているが，ブロックチェーンに関連する技術開発と応用研究を奨励している。

まず世界における中国のプレゼンスから，中国におけるブロックチェーンの開発と応用をみよう。『火幣ブロックチェーン週刊』（第21号）によれば，2018年7月30日時点におけるビットコインのノード（Node，ビットコインのネットワークに接続し認証を行うコンピュータ端末）が9581に達し，1週間前より0.46％減少した。そのうち，米国は2454ノードで全体の25.73％を占め，ドイツは1762ノードで18.48％を占め，次いで中国は795ノードで8.34％を占めている。中国はデジタル通貨において3番手のプレイヤーになっている。また，2018年6～8月の3カ月間におけるBTC（btc.com）の統計によれば，上位10位のマイニングプール（Mining Pool，ビットコインを生成する工場のこと）のうち，中国は8プールを占めており，計算力の90％近くをもっている。

第9章　フィンテックの発展と最新動向

> ***Column 9***　ビットコイン（Bitcoin）と中国の水力発電開発
>
> 　周知のように，ビットコインは，コンピュータを使って特定のアルゴリズムを利用し，マイニング（採掘）といわれる方法で生成される。またビットコインの発行総量は事前に決められているため，発行量が総量制限に近づけば近づくほど，アルゴリズム計算の回数が増え実行時間が多くなり，消費する電力も膨大になる。このためビットコインのマイナー（Miner，生産者）たちは安い電源を求め，ビットコインのマイニングは次第に，米国から中国へとシフトした。中国中央テレビの報道によれば，2017年になると，ビットコイン新規マイニングプールの7割以上は中国に移った。(16)
>
> 　中国で安い電力を使えることには理由がある。まず，地理的に中国は山間部が多い。また山間部に数多くの中小規模水力発電所が建設されている。これらの水力発電所は計画経済期に工業化推進の一環として建設されたものもあれば，農村部の電源開発として作られたものもある。これと同様に，送配電ネットワークも複数の部門によって建設されてきた（門，2006）。そのため，産業が沿海部に集中するにつれ，中国各地の山間部に建設された中小規模水力発電所は電力消費ピークの調整以外に使う道がなくなり，また主力電力網へアクセスもできないため，破格の安い価格で電気を提供することができる。中国のマイナーたちは，四川や貴州などの点在電源を利用し，マイニングプールを開いた。ほとんどは直接に水力発電所の内部に作られたものである。
>
> 　中国に数多くのマイニングプールが立地するのは，意外にも中国の水力発電開発の歴史と密接に関係する。ビットコインのマイニングコストが高くなるにつれ，マイナーたちは辺境地に立地する電源を探し，新疆や内モンゴルなどにもマイニングプールを設け始めている。
>
> 　　　　　　　　　　　　　　　　　　　　　　　　　　　　　　　　（門　闖）

　中国では，ビットコインを所持する真の目的は，中国政府の資本規制を回避するために利用することにある。現時点では，中国国内企業の海外直接投資には量的規制がないが，自然人については海外直接投資のチャネルは依然不明瞭であり，専門会社の設立を通じて間接的に海外直接投資を行っている。有価証券の投資については，機関投資家が合法ルートを通じて国内外の証券投資および資金配分を行うことができるが，量的規制と為替兌換の制限がかけられてい

る。中国国内の居住者は2007年から年間5万ドルの為替兌換が許されたが、適正申告などの条件も設けられている。デジタル通貨は明らかに送金と為替の面においてアドバンテージをもっている。中国国内のビットコイナー（bitcoiners）は、政府の規制を回避する手段としてビットコインを所持している。このこともあって、中国政府は常にデジタル通貨に対して厳しい態度で臨んでいる。

　同様に、インターネット検閲のためにかけられたファイアウォールの存在はビットコイン取引のネットワーク接続にさまざまな制限を課す結果となっている。一時期、ビットコイン取引の遅延を引き起こしたこともあった。ところが、ブロックチェーンの技術開発に関する政府の公式見解はこれと異なるものであり、以下で詳しく説明する。

2　ブロックチェーン技術開発のエコシステム

　中国におけるデジタル通貨とブロックチェーン技術開発のエコシステムは開発者、取引プラットフォーム、メディアコミュニティと研究機関によって構成される。技術開発に対して、中国政府がインセンティブを引き上げる奨励政策を打ち出しているため、デジタル通貨と直接に関わりのないプロジェクトが活発化している。

　2017年の世界ブロックチェーン企業特許出願ランキング（Global Blockchain Enterprise Patent Ranking 2017）によれば、中国におけるブロックチェーン技術の特許出願は米国を抜いている。そのうち、アリババが49件の出願数で1位にランクされた。これらの特許は全て、アントフィナンシャル（Ant Financial Service Group；螞蟻金融、アリババグループの金融会社）のフィナンシャルテクノロジーラボラトリ（Ant Financial Technology Laboratory）によって出されたものである。

　アントフィナンシャルのブロックチェーン研究チームは技術開発の方向として、製造インフラとして大規模応用ができるコア技術の獲得を目指している。例えば、コンセンサスメカニズム（consensus mechanism）[17]、プラットフォーム

アーキテクチャ（platform architecture），プライバシー保護とスマートコントラクト（smart contract）などに力を入れている。アントフィナンシャルはアリババがeコマース（電子商取引）とロジスティック事業で築いたネットワークを生かし，「信用」というコンセプトにメスを入れ，「信用」とシナリオ（scenario）が融合するブロックチェーンのコア技術を開発している。例えば，アントフィナンシャルは寄付情報の追跡や食品トレーサビリティ（traceability，追跡），医療シナリオやロジスティック分析などの分野に力を入れている。

SNS最大手のテンセントは金融エコシステムの基盤を作り上げることでブロックチェーン技術の応用を進めている。テンセントは，アライアンスを通じてブロックチェーンと応用シナリオとの融合を考えている。ブロックチェーンのアライアンスに参加する関係者は大手企業が多く，そのノードの信頼性が高い。同時に，アライアンスの存在は，「マルチセンターシステム（multi-centered system）」を生かし，自己制御性，プライバシー保護および取引の効率性においてアドバンテージを発揮できる。中国のネット環境と規制に鑑み，アライアンスを生かし，ブロックチェーンの「分散化（decentralized）」したネットワークを「マルチセンター」のネットワークに換えることで，ネット規制の規定をクリアすることができ，より早くサービスを展開することができる。2018年8月10日に，テンセントは深圳市政府と共同で全国初のブロックチェーン技術を応用した電子領収書を発行した。深圳市もテスト都市として選ばれた。

デジタル通貨の分野では，中国はマイニングリグ（mining rig，ビットコインマイニングの端末）の製造と取引プラットフォームの構築に力を入れている。マイニングリグメーカーの上位3社とも中国のメーカーである。それは，「比特大陸（Bitmain）」，「嘉楠耘智（Canaan）」と「億邦科技（Ebang）」である。これらのハードウェアメーカーは，絶えず技術開発を行いマイニングリグの性能を高めている。また資本市場への上場も模索し，2018年，嘉楠と億邦は香港証券取引所に上場の申請を提出した。

公的に，中国政府に認められたデジタル通貨は存在しない。よって，中国のブロックチェーンの開発者はOKcoin,「火幣網（Huobi）」，中国ビットコイン

(CHBTC) などのネットトレーディングプラットフォーム（net trading platform）に集中している。2017年初頭におけるデジタル通貨のブームは，これらのプラットフォームに巨額の現金収入をもたらした。2017年9月以降，政府の取締りが厳しくなるにつれ，これらのプラットフォームは次々と拠点を中国から海外に移した。

メディアコミュニティでは，デジタル通貨を取り扱う「8 BT（www.8btc.com）」と「金色財経（www.jinse.com）」がある。8 BTはブロックチェーンのニュースサイトやオンラインコミュニティを運営し，金色財経は業界のニュース，情報，市場動向および統計データを公表するメディアプラットフォームを運営している。

他にも，数多くの大学と研究機関がブロックチェーンの技術開発に乗り出した。全国で15を超える都市においてブロックチェーンの研究所あるいはラボラトリが立ち上げられた。最も集中しているのは北京だが，杭州，上海，深圳，南京，西安，貴陽，香港，重慶，成都，長沙，福州，青島，東莞，瀋陽の14都市にも広がっている。

3 技術と規制のジレンマ

ブロックチェーンの技術開発に対して，中国政府は常に奨励する見解を示している。この点については，国務院などの中央省庁から出された政策からもみてとれる。2016年12月に公表された国務院の「第13次五カ年計画の国家情報化計画」でブロックチェーンがリストアップされた。そして2017年8月に出された国務院の「情報技術消費のさらなる拡大とアップグレードを通じた内需の拡大を持続させる指導意見」でもブロックチェーンを取り上げた。さらに2017年10月には，国務院弁公庁が「ブロックチェーンのイノベーションと応用を積極的に促進する指導意見」という専門政策を公布した。

関係の主管省庁でも，ブロックチェーンに関するアプリケーションと技術応用の計画と標準を策定している。2016年10月に，工業情報省は「中国におけるブロックチェーンの技術開発とアプリケーションに関する白書」を公布し，

2017年5月に，直轄の「中国電子標準化研究所」を通じて「ブロックチェーンのリファレンス・アーキテクチャー (reference architecture)」を公表した。

これに対して，デジタル通貨については，中国政府の公式見解は正反対である。中国人民銀行の専門家は，マネーロンダリングやテロ資金への悪用と貨幣流通秩序の崩壊などを理由にデジタル通貨の危険性を説いた。また中国人民銀行も通達を出してデジタル通貨の法的地位を否定し，許可を受けないICOの資金調達を認めなかった。例えば，中国人民銀行と関係省庁が連名で公表した「ビットコインのリスクを防止する諸事項に関する通知」，「ICO発行の資金調達リスクに関する公告」などが挙げられる（中国人民銀行HP，中国証券監督管理委員会HP，2018年9月30日参照）。

その一方，中国人民銀行は積極的にデジタル通貨に関する調査研究と実践を行っている。まず2014年に，中国人民銀行は「デジタル通貨の特別研究チーム」を立ち上げ，翌年に「法的デジタル通貨発行のスキーム案」をまとめた。さらに2016年1月に，中国人民銀行は「デジタル通貨セミナー」を開催し，11月に直轄の中国人民銀行印刷科学研究所を通じてデジタル通貨の専門家を募集し始めた。これらの活動をベースに2017年，中国人民銀行は「デジタル通貨研究所」を設立した。

注
(1) 中国における債券の先物取引は1992年にテストが行われたが，違法取引が多発したため，1995年に取引を停止した。2012年に国債の先物取引が実験的に再開され，2013年に正式に取引が再開された。
(2) 2012年4月7日に開催された「金融40人年会」で，謝平がインターネット金融というコンセプトを提案した。謝平は浙江省温州市出身で中央銀行のノンバンク部門の責任者や中央匯金の初代副総裁および中国投資公司の副総裁などを歴任した。
(3) それぞれ2003年までの萌芽期，2004～13年の成長期，2013～16年の成熟期と2017年からの新局面である。
(4) 主に債券を組み入れ資産とするファンド商品である。
(5) 金融業におけるインターネット企業の進出は「インターネット金融元年」の幕開けとなった。
(6) サプライチェーン金融は，企業の原材料購買―商品生産―商品販売といった営業活動（サプライチェーン）に着目し，金融機関が必要な資金をタイムリーかつ低廉なコストで提供する金融サービスである。

⑺　「農金圏」は2015年に設立した「深圳農金圏金融服務有限公司」の略称で，「理財農場」（https://www.lcfarm.com）という P2P サービスも行っている。以下では，2018年4月に行われた中央財経大学深圳フィンテック企業調査をベースに紹介する。
⑻　以下の紹介は，2018年4月に行われた中央財経大学深圳フィンテック企業調査のメモをまとめたものである。
⑼　金融業務の応用ができる場面の意味である。
⑽　高度な数学的テクニックを駆使してコンピュータに数理モデルを構築し，さまざまな金融取引および経済情勢などのデータを取り込み，数理モデルに従って資金を運用する方式である。
⑾　2004年12月23日に華宝信託より出された商品で，中国語名は「基金優選套利」である。発行総額は1535万元であった。
⑿　中国の金融先物取引所は2015年8月26日，8月27日，8月28日，8月31日と9月7日の5回連続で，「上海深圳市場300，上海証券50，中証500の株価指数先物取引における保証金の調整に関する通知」を出し，保証金の基準を順次12％，15％，20％，30％さらに40％まで引き上げた。
⒀　従来の数理モデルに新しいアルゴリズムの手法を取り入れたものである。
⒁　下記の事例は「2017証券業フィンテック会議」で選ばれた「中国証券会社アプリ大賞」よりピックアップした。
⒂　ブロックチェーンを取り扱う専門のネットコミュニティである火幣ブログ（https://blog.huobi.pro/）より，定期的に『火幣ブロックチェーン週刊』というネット情報誌が公表されている。
⒃　2017年7月11日付の中央テレビ財経番組報道。
⒄　ブロックチェーン技術に用いられた合意形成の承認方式であり，PoW，PoS，DPoS，PBFTなどの方式がある。

引用参考文献
○日本語文献
門闖，2006，「農村部の電気事業」田島俊雄編著『現代中国の電力産業』昭和堂。
○中国語文献
中国工商銀行江蘇分行金融科技課題組，2017，「商業銀行金融科技発展研究：以工商銀行為例」『中国城市金融』第9期。
中国信息化研究與促進網・国衡智慧城市科技研究院，2018，『2017〜2018 中国新型智慧城市建設與発展綜合影響力評估結果通報』国衡智慧城市科技研究院。

（戴　驊・彭　兪超）

第Ⅳ部

金融セクターの国際化

第10章　中国金融業の海外展開

　本章では，中国企業の海外展開を概観した上で，企業の国際化による銀行の国際業務の展開を，発展段階から理論的に分析し，中国の金融機関の国際化の背景を考察した。また，近年の中国の海外展開戦略，海外投資政策の動向と規制緩和を整理し，中国の金融業の海外展開の狙いを探るとともに，今後の金融業の国際化の方向性を展望した。

Keywords▶海外展開（走出去），M＆A，AIIB，一帯一路

第1節　企業と金融機関による海外展開の加速

　中国は改革開放が始まった1978年からの40年の間に世界で最も速いスピードで成長した。2010年には，経済規模（名目 GDP ベース）において，中国は米国に次ぐ世界第2位となった。

　中国政府は2000年以降，海外資源の獲得や，貿易摩擦の緩和，中国企業の国際競争力の強化などを目的に，海外展開（go overseas，中国語で「走出去」）を国家戦略として打ち出し，すでに20年近く実施してきた。2005～2017年の12年間の累計で，中国企業（金融機関を含む）の海外投資額（取引ベース）は，すでに約1.9兆ドル(1)の規模に達している。

　以前の海外展開は国有企業を中心とした途上国向けのエネルギー・資源分野への投資が中心であったが，近年は中国の金融機関などが先進国の金融業や不動産業などに，先端技術や収益性を求めて海外投資を急速に増加させている。これを反映して2016年には中国が外国企業買収（海外 M&A）に関して世界1位となった(2)。

加えて，中国政府は，近年，海外投資に関する規制を従来の厳しく制限するものから，支援促進するものへと変化させ，規制緩和を通じた投資環境の改善に注力するようになった。こうした中，中国の金融機関による海外投資の動きがより鮮明になっている。近年の中国の金融機関の海外投資の動向をみると，その目的としては，①企業の海外進出に対応した国際業務の展開，②海外企業（金融機関を含む）への積極的な M&A，③金融自由化と人民元の国際化の加速に対応したグローバル業務の拡大，④自由貿易協定（FTA）で生まれた投資機会，⑤アジアインフラ投資銀行（AIIB）と「一帯一路」に対応したインフラ投資，など大きく5つに分類可能である。

第2節　銀行の国際業務の展開：発展段階・要因の整理

1　銀行の国際化の発展段階

銀行の国際化を3つの段階に分類すると以下の通りである（Dufey & Giddy, 1978）。第1段階は，銀行が主に母国で国際銀行業務を行う段階である。銀行が国内の国際事業部またはコルレスバンク[3]を経由して，海外送金と国際決済などの業務を行うが，海外で支店などを開設しない。第1段階における銀行の主な任務は，海外市場とのビジネス関係を確立し，国内企業の貿易業務に基本的な金融サービスを提供することである。第2段階は，銀行がオフショアで金融業を発展させる段階である。銀行は，業務範囲をオフショアの金融市場へ拡大し，貸出業務などを手がけるようになる。第3段階では，グローバル銀行として進出国で業務を提供する。銀行は海外で代理機関，支店あるいは子会社を設立し，全世界の顧客に金融サービスを提供する。

2　中国の銀行の発展段階と国際化の背景

中国の銀行業の発展段階は，①1949～78年の「モノバンク」制度の形成期，②1979～1993年の国有専業銀行の創設と多元化競争の銀行体系の生成期，③1994～2000年の政策金融業務の分離と国有専業銀行から国有商業銀行への改革

期，④2001〜2007年の国有大型商業銀行の上場による株式制商業銀行の誕生期，⑤2008年の世界金融危機後〜2012年，国際競争力の向上と新たな市場と収益源を狙う国際業務展開の転換期，⑥2012年以降〜現在の海外展開の加速段階，の6つに分けられる（李，2011，2016）。

特に，2001年12月のWTO加盟後，国有大型商業銀行の株式会社化への再編時期（商業化）に入り，銀行業の国際化が可能になった。具体的には，①金融セクターに適用する国内のルールを国際的な基準に沿ったものとすること，②国際競争力をもつ中国の地場金融機関を育成すること，などに重点を置いて国際化が推進された。

さらに，後述の世界金融危機後には，商業銀行に対してM&A向け融資を解禁するなどして，海外投資を促進する環境整備を進めてきた。銀行業のみならず，保険業の海外投資についても，さまざまな規制緩和が実施されている。この時期の国際化の発展段階でいえば後述の第3段階を指している。なお，中国の金融機関が海外投資を積極化させた要因としては，①国際業務のウェイトが小さいため，世界金融危機の影響が軽微，②新たな成長市場の獲得，③国内市場の収益力低下，④外貨準備還流策，⑤リスク分散の模索，などを指摘できる（李，2016）。

このように，WTO加盟後，中国の銀行は，透明性・情報開示を含む企業統治の強化，および自己資本の強化，などを狙って国有銀行から株式会社に転換させるとともに，海外展開を一層加速している。

先進国では，世界金融危機後，近年の保護主義の台頭，金融規制の強化など不確実性が高まる中，中国の金融機関は着実に国際化を進めている。銀行業，保険業など中国の金融機関が国際化を進める背景について，以下5点の要因が指摘される。

第1は，中国の顧客（企業・個人）の海外進出・移動の拡大に伴う金融機関の国際業務の展開が加速していることである。第2は，世界金融危機後，中国の金融機関のプレゼンスが高まり，海外進出に有利な環境が現れたことである。第3は，中国政府が政策面で金融機関の海外進出を後押ししていることである。

第Ⅳ部　金融セクターの国際化

第4は，国内市場の競争激化によって，海外に活路を求める金融機関が増えていることである。第5は，人民元の国際化と為替管理制度の改革を受けて，国際業務のニーズが高まっていることである。

第3節　中国の海外展開政策の転換

中国政府は2001年の WTO 加盟後に，従来の厳しい規制を一転させて「走出去」と称される対外投資の促進政策を打ち出した。これは，中国が高い経済成長を維持するためには，豊富な資源および輸出市場の確保のほか，国際競争力が高いブランドの獲得，高付加価値生産を可能とする海外の先端技術やマネジメントノウハウの獲得が必要と考えているからである。

1　政府主導による新たな海外展開の政策
①中国の海外展開戦略

対外投資促進政策へ大きく舵を切ったことにより，中国の経済発展は新しいステージに突入した。1978年の改革開放から90年代は中国国内への外資誘致を進める第1段階の「引資」であった。2000年代の WTO 加盟以降に第2段階に入り，中国の企業・金融機関は単に海外に進出する「走出去」の戦略にとどまらず，2008年の世界金融危機後，第3段階として中国の企業・金融機関は積極的に海外投資，M&A を行い，本格的な国際化を目指し海外市場に定着する「走進去」に進んだ。さらに2012年以降の第4段階では，世界のトップ企業・国際的な金融機関を目指す「走上去」（海外をリードする）を打ち出している。加えて，2015年から現在に至るまでの第5段階では，「一帯一路」政策に伴うインフラ投資の増大とそれに伴う人民元決済の拡大を踏まえて，今後中国の金融機関は海外展開をさらに加速する可能性が大きいと考えられる（李，2011，2016）。

2004年には，国家発展改革委員会や商務省による対外投資の審査・認可および国家外為管理局による外貨管理などの対外投資に関する諸制度が定められた

ほか，海外投資を審査認可制から登録制・認可制へと変更し，具体的な認可範囲，内容および申請プロセスを明確にした。また，2009年には，対外投資の事前的な審査・認可権限の移管，認可手続の簡略化，認可基準の緩和などが実施された。[4]

② 金融機関の海外展開「走出去」の促進政策の発表

2012年6月に，中国国務院（日本の内閣に相当）は，「金融の国際化の推進」について，次の3点を指摘した。[5] 第1は，金融市場の開放である。具体的には，一定条件を満たした国際機関，海外通貨当局および海外金融機関が保持する人民元を中国国内の金融市場に投資できるよう，人民元建て債券を発行する海外事業体の対象範囲を拡大する。また，海外における中国の金融機関による人民元業務の展開と人民元建て債券の発行を推進する。さらに，上海における国際金融センターの建設ならびに，香港の国際金融センターとしての地位向上を支援する。加えて，対外投資先を開拓し，対外債権・債務の管理を強化する。証券投資が認められる投資家の範囲を秩序を保ちながら拡大し，証券投資の流動性を高める。外国機関が中国国内で株式や債券，ファンドに投資可能とすることが検討される。海外における中国の金融機関による有価証券の発行を緩和するとともに，国内投資家の対外証券投資先を拡大する。その他の資本項目のクロスボーダー取引に関する規制を緩和し，国内為替市場の参加者を開拓する。

第2は，人民元の国際化の促進である。資本勘定の開放を着実に推進し，人民元の資本取引の自由化を徐々に実現する。対外貿易，クロスボーダー投融資，対外プロジェクトおよび対外労務の請負などで，人民元建て決済を推進し，クロスボーダー人民元決済のスムーズな実施を保障する。国内の人民元市場の対外開放を推進する。2国間通貨スワップ協定の締結を推進し，準備通貨として人民元を採用する国々を支持し，人民元の国際準備通貨としての機能を強化する。

第3は，金融機関の国際化の着実な推進である。事業継続とリスク管理が維持できる前提の下，条件に適した金融機関による海外拠点の設立やM&Aなどを通じての海外展開を支持する。大型商業銀行による国内における金融サービスの品質向上，国際化戦略の着実な遂行，グローバル金融業務の運営能力お

よびマネジメント能力の向上を支援する。保険，証券などによる海外展開を推進する。

③金融機関による企業の海外展開の支援

さらに，対外貿易は，中国の改革開放の重要な部分であり，国民経済の発展にとって重要な原動力である。中国国務院は，2015年5月に，「対外貿易における競争優位性の育成加速に関する意見」を公表し，そこでは金融関連の政策の整備を示した。具体的には，金融機関による海外での企業融資を奨励する。金融機関が流動性資金を利用して，収益性のある企業に対する貸出拡大を支援する。外貨準備の運用多様化を推進し，外貨準備を活用した貸付による企業の海外展開を支援する。貿易保険といった長期的制度の設計を検討し，対外貿易の発展を推進する。クロスボーダー取引と投資における人民元の利用を拡大させ，人民元の為替制度を形成させる。金融機関の海外進出を奨励し，海外における拠点整備の拡大を通じて，企業に対するサービス能力を向上させる。

2 金融機関向けの海外投資・M&Aの規制緩和

①世界金融危機後に商業銀行向け海外展開の促進とM&A融資を解禁

近年では中国の金融行政当局も海外投資・M&Aの規制緩和で企業の海外展開を後押ししている。特に，中国銀行業監督管理委員会（銀監会）と中国保険監督管理委員会（保監会）は，中国の銀行・保険会社による海外投資を推奨している。

2011年3月の第12次5カ年計画要綱では，大型のグローバル企業とグローバル金融機関を育成し，経営レベルの向上を図ることが示された。2012年6月，国家発展改革委員会など8つの政府部門は連名で「国際協力と新しい競争優位性の育成加速に関する指導意見」を公表し，ビジネスが持続可能でリスク制御できるという前提のもとで，条件を満たす金融機関による海外拠点の設立やM&Aなどを通じた海外ビジネスの展開を促している。特に，国内大型商業銀行に対し，グローバル金融の運営スキルの強化ならびに国際化経営レベルの向上を求めている。さらに，2013年11月の第18期三中全会では，「走出去」戦略

の加速推進,企業国際化経営スキルの強化,新たな開放局面の構築などを打ち出し,中国銀行業による海外展開支持の方向性を一層明確にした。

また,2015年３月12日,銀監会は「商業銀行による買収・合併（M&A）向け融資リスク管理ガイドライン」（銀監発〔2015〕５号）[8]を改定した。この改定は,2008年12月に商業銀行による M&A 向け融資を解禁した同ガイドラインの導入時以来のものとなる。主な改定内容は,①M&A 向け融資期間を従来の５年から７年に延長,②M&A 向け融資の割合を M&A 取引全体の50％から60％まで引き上げる等の貸付基準の緩和,③M&A 向け融資に対する担保条件を強制から原則へと変更,の３つである。なお,中国では,自己資本比率が10％以上の銀行に限って,買収・合併向け融資の業務を手がけることができる。

②保険会社の海外投資・M&A を促進

保監会は従来,中国の保険会社の海外投資や M&A に対して,厳しい規制を課してきた。2012年10月に保監会が「保険資金海外投資管理暫定実行弁法実施細則」（保監発〔2012〕93号）を公表して,初めて中国の保険会社の海外投資のルールが明確化された。保険会社は,先進国25カ国・新興国20カ国と地域の金融市場,ならびに世界13カ国の主要証券取引所に上場した株式・預託証券など４種類の投資商品の中で海外投資を選択する必要がある。ただし,保険会社の海外投資残高は,前年末の総資産の15％を超えてはならず,新興国20カ国と地域とされた市場への投資残高は,前年末の総資産の10％を超えてはならない,と規定した。

さらに,2014年に国務院が発表した「新金十条」に代表されるように,政府は保険会社の発展を政策の面で後押ししている。そのほか,2015年３月には,保監会が「保険資金海外投資に関する政策の調整についての通知」（保監発〔2015〕33号）を発表し,中国の保険会社の海外展開に関する規制をさらに緩和した。

第Ⅳ部　金融セクターの国際化

第4節　中国の銀行業の海外展開

1　四大国有商業銀行の国際化の加速

　中国の銀行は，これまでの40年間にわたる金融改革を経て，財務体質を大きく向上させた。英国の金融専門誌 *The Banker*（2017年7月号）「世界トップ1000の銀行ランキング」（Tier1 自己資本ベース）の中で，中国資本の銀行126行がランクインしている。とりわけ，中国工商銀行1位，中国建設銀行2位が依然としてトップ2行を維持した。中国銀行4位（2015年4位），中国農業銀行6位（同5位）が引き続きトップ4行と10行に入っており，中国交通銀行11位（同13位）はランキングが上昇している。また，2016年12月末時点の世界大手銀行（トップ20位）の財務体質を比較すると，中国の銀行では，貸出金利と預金金利の差が大きい金利規制を背景として厚い利ざやが確保され，自己資本利益率（ROE）と総資産利益率（ROA）が高く，不良債権比率も低い。中国の銀行は健全な財務体質を維持し，確実に実力を向上させてきたといえる。

　一般的に，銀行の国際化水準の高低を判断する指標として，海外拠点数，海外資産と負債の規模，海外収益の割合，外貨貸出と外貨預金の規模などが用いられる。国際金融協会（IIF）の統計によれば，2017年末の中国の銀行業は，世界の63カ国と地域で1350の支店を有している。中国のクロスボーダーローンの規模は世界第8位と，6300億ドルを記録しており，2010年の5倍まで増大した。一方，2017年末の米国，日本，欧州の銀行によるクロスボーダーローンは2010年に対してそれぞれ13％，35％，5％しか伸びていない。中国の銀行のクロスボーダーローンは対名目 GDP 比で約5％，米国同12％，欧州同14％，日本同25％および英国同80％より低いものの，増加傾向にある。総じてみると，中国銀行業の国際化は，中国工商銀行，中国建設銀行，中国銀行，および中国農業銀行の四大国有商業銀行を中心に，着実に進んでいる。近年，四大国有商業銀行の国際業務の発展が持続し，主要な特徴としては，以下の4点が指摘できる。

　第1は，海外業務が拡大するが，成長率は低下している。2016年の四大国有

商業銀行の海外業務の資産規模，営業収入，税引き前利益は，それぞれ前年比13％，25％，31％増加した。2017年，四大国有商業銀行の海外資産規模の合計は，10.4兆元（前期比8％増），営業収入は2450億人民元（同11％増），税引き前利益は1097億人民元（同3％減）となった。2017年の成長率でみると，2016年より低下した。

第2は，四大国有商業銀行における海外資産の比率は安定的に推移し，海外収益の貢献度が上昇している。2017年の四大国有商業銀行の総資産に占める海外資産の比率は2016年と同水準を維持し，平均で11.8％であった。近年，四大国有商業銀行の総資産に占める海外資産の割合は11〜12％で推移している。四大国有商業銀行のうち，2017年の中国銀行の海外資産の比率は28％と最も高く，中国工商銀行，中国建設銀行，中国農業銀行の3行はそれぞれ同9％，8％と4％となっていた。2017年の四大国有商業銀行の海外総資産に占める海外営業収入と海外税引き前利益の比率は，それぞれ10.3％と9.7％となり，2016年（資産売却による一時収益除く）より微増した。

第3は，地域展開のバランスが適正化している。近年，四大国有商業銀行は，欧州と米州で拠点数を増やすとともに，後述の「一帯一路」沿線国家を中心に拠点を配置した。2017年末に，四大国有商業銀行は「一帯一路」沿線の26カ国と地域で計1127の拠点を開設した。ただし，「一帯一路」における拠点数は，2016年の1140，2015年の1180とやや減少した。

第4は，四大国有商業銀行の海外資産の質が良好である。四大国有商業銀行の海外資産の貸し倒れ比率は総じて低く，全体資産の水準よりも良好である。2017年末，四大国有商業銀行の海外資産の貸し倒れ比率は平均で0.46％，2016年より0.06％低下した。銀行別をみると，中国銀行は0.16％，中国建設銀行は0.28％，中国工商銀行は0.49％，中国農業銀行は0.89％となっている。一方，2017年末の四大国有商業銀行の不良債権比率の平均は1.53％と，中国の商業銀行の融資全体に占める不良債権比率の1.74％よりも低い。海外の市場環境の変化や国際的な規制強化に対応するため，四大国有商業銀行は，リスク管理体制やマネーロンダリングの管理業務をも強化した。

2　中国の銀行業による海外展開

　中国の銀行は，先進国における金融取引ウェイトが低かったことから，世界金融危機後，海外ビジネスを拡大させているといえる。すなわち，金融危機に直面した欧米の銀行がリスク管理や融資の削減，業務の見直しと売却などポートフォリオの再構築に苦慮する中，中国の銀行は海外大手金融機関の買収や出資に乗り出している。また，金融セクターに対する投資を促進するため，多くの国が市場参入ハードルを引き下げたことも，中国の銀行のM&Aに追い風となっている。

　従来，中国の銀行の海外進出は，主に現地で海外支店を設立する形で進められてきたが，最近はM&Aによる企業買収へと戦略転換しつつある。M&Aによる企業買収のメリットについて，以下の2点が指摘できる。

　第1に，海外市場進出の際に直面するオペレーションリスクを低減させることが可能である。中国の銀行が海外支店を開設する場合，現地での認知度が往々にして低いため，預金や融資を拡大するのに，莫大な資金と労力を投入しなければならない。また，中国企業も，現地の金融市場の環境や現地企業の信用情報に対して理解が不足しているため，地場の競合他社と比べ劣勢に立たされている。中国の銀行の主要顧客は，現地に進出している中国の企業であることが多く，市場拡大の持続性には限界がある。一方，M&Aでは，買収先が長年に渡って培った顧客基盤や成熟した事業モデルを獲得することができ，短期間で市場拡大の目的を達成できる。

　第2に，中国の銀行自身の脆弱な分野を補完することができ，競争優位性を強化することができる。現在，中国の銀行の収益源は，融資による利息収入に偏っている。今後，預金金利の自由化の加速や国内の競争激化により，利息収入に依存する銀行の多くが淘汰されると予想される中，競争力を維持するには，中国の銀行は，海外の先進的な事業モデルやリスク管理のノウハウを習得する必要がある。金融サービスのレベルアップを図るには，海外拠点の設立だけでは，実現は難しい。

　中国の銀行の海外投資は各行で異なる。**表10-1**に挙げた最近の事例などか

第10章 中国金融業の海外展開

表 10-1 中国の銀行業の海外投資（2006～2016年）

年・月		投資主体	100万ドル	株式シェア(%)	買収先	セクター(サブセクター)	国(地域)
2006	12	中国銀行	970		Singapore Aircraft Leasing	交通・運輸(航空)	シンガポール(東アジア)
2007	10	民生銀行	200	10	UCBH	金融(銀行)	米国
	10	中国工商銀行	5,600	20	Standard Bank	金融(銀行)	南アフリカ
2009	9	中国工商銀行	530		ACL Bank	金融(銀行)	タイ(東アジア)
2010	12	中国銀行	170			金融(銀行)	カンボジア(東アジア)
2011	1	中国工商銀行	140	80	Bank of East Asia	金融(銀行)	米国
	4	中国工商銀行	100			金融(銀行)	ブラジル(南アメリカ)
	6	中国工商銀行	680	75	Standard Bank	金融(銀行)	アルゼンチン(南アメリカ)
	11	中国工商銀行	100	5	Standard Bank	金融(銀行)	アルゼンチン(南アメリカ)
2012	5	中国建設銀行	200	100	WestLB	金融(銀行)	ブラジル(南アメリカ)
2013	5	中国建設銀行	100	2	VTB Bank	金融(銀行)	ロシア(西アジア)
	10	中国建設銀行	720	74	Banco Industrial e Comerical	金融(銀行)	ブラジル(南アメリカ)
2014	2	中国工商銀行	690	60	Standard Bank	金融(投資)	英国(欧州)
	2	中国銀行, 中国人寿, 厚撲投資	160	2	Global Logistics Properties	その他(鉱業)	シンガポール(東アジア)
	4	中国工商銀行	320	76	Tekstil Bankasi	金融(銀行)	トルコ(西アジア)
	6	中国建設銀行	190		Belgian Bank KBC (111 Old Broad Street, London)	不動産(建物)	英国(欧州)
	8	中国建設銀行	720	72	Banko Industrial and Comercial	金融(銀行)	ブラジル(南アメリカ)
	12	中国銀行	600		7 Bryant Park New York	不動産(建物)	米国
2015	5	交通銀行	170	80	Banco BBM SA	金融(銀行)	ブラジル(南アメリカ)
	6	中国建設銀行	1,500		Royal Bank of Scotland	金融(銀行)	豪州
	6	民生銀行	1,500			金融(投資)	シンガポール(東アジア)
	7	民生銀行	2,200	100		金融	スウェーデン(欧州)
	10	中国工商銀行	2,000		Petrobras	エネルギー(石油)	ブラジル(南アメリカ)
2016	5	中国銀行	110	100		金融(銀行)	トルコ(西アジア)
	9	中国銀行	100			金融(銀行)	豪州

（注）　空欄はデータ未公表。
（出所）　The American Enterprise Institute And The Heritage Foundation の The China Global Investment Tracker のデータベースおよび各種報道より筆者作成。

ら考えると，①成長市場・ノウハウの吸収を目的にグローバル展開を目指す「積極型」の中国工商銀行，②インフラビジネスチャンスを狙う「市場獲得型」の中国建設銀行と交通銀行，および③人民元関連業務の拡大にフォーカスする「伝統型」の中国銀行という，それぞれの特徴を指摘できる（李，2016）。

第5節　中国の保険業の海外展開

2012年末から，中国では規制緩和を背景に，中国人寿や安邦保険などの保険会社による先進国の銀行・保険の M&A や，商業不動産，高級ホテルの投資が活発となっている（表10-2）。とりわけ，2015年以降，保険会社のグローバル展開が加速している。

中国の保険会社が積極的に海外展開を進める背景としては，①国内景気減速と過剰投資によって，国内の投資環境が悪化したこと，②中国の金融・資本市場が未発達なため，資金の運用投資先として十分ではないこと，の2点が指摘できる。

中国の保険会社の海外投資・M&A には，①長期的資産運用としての不動産投資，②経営ノウハウ獲得のための保険会社・銀行の買収，の2つの方向性がある。①の具体例は，2014年10月に明らかになった，安邦保険が米国・ニューヨークにある老舗高級ホテル「ウォルドルフ・アストリア」を米ホテルチェーンのヒルトン・ワールドワイド・ホールディングスから19.5億ドルで買収した案件である。

その他にも，保険業界による海外不動産投資の案件が増えている。例えば，中国人寿は，2014年6月に英国の金融街にあるオフィスビルを9.5億ドルで購入した。また，中国平安は，2013年7月に独コメルツ銀行系の不動産会社から，3.9億ドルで英国のロイズ・オブ・ロンドンの本社ビルを取得した。2015年1月，中国平安はドイチェ・アセット＆ウエルス・マネジメント（DAWM）傘下の不動産ファンドの Grundbesitz Europa から，ロンドンの金融街にある複合ビルのタワー・プレイスを4.8億ドルで取得した。また，海外経営のノウハ

表 10-2 中国の保険業の海外投資（2007〜2017年）

年・月		投資主体	100万ドル	株式シェア(%)	買収先	セクター(サブセクター)	国(地域)
2007	11	中国平安	2,700	4	Fortis	金融	ベルギー(欧州)
2008	3	中国人寿	260	1	Visa	金融	米国
2013	7	中国平安	390		Commerz Real (Lloyd's of London Building)	不動産(建物)	英国(欧州)
2014	2	中国銀行, 中国人寿, 厚樸投資	160	2	Global Logistics Properties	その他(鉱業)	シンガポール(東アジア)
	6	中国人寿	950	70	Songbird	不動産(建物)	英国(欧州)
	8	中国人寿	250	2	TPG	金融(投資)	米国
	10	安邦保険	310	100	Fidea	金融	ベルギー(欧州)
	10	安邦保険	1,950		Hilton Worldwide (Waldorf Astoria New York)	旅行	米国
	11	陽光保険	400		Starwood	旅行	豪州
	12	安邦保険	230		Delta Lloyd	金融(銀行)	ベルギー(欧州)
2015	1	中国平安	480	100	Tower Place	不動産(建物)	英国(欧州)
	1	泰康人寿	300		AGC	不動産(建物)	英国(欧州)
	2	安邦保険	1,030	63	Tong Yang Life	金融	韓国(東アジア)
	2	安邦保険	1,670	100	Vivat	金融	オランダ(欧州)
	2	安邦保険	400		Blackstone (717 Fifth Avenue in New York)	不動産(建物)	米国
	2	陽光保険	230	100	Baccarat Hotel	旅行	米国
	4	中国人寿, 中国平安	330		Tishman Speyer	不動産(建物)	米国
	7	太平人寿	230		Witkoff Fisher Brothers and Howard Lorber	不動産(建物)	米国
	11	安邦保険	1,570	100	Fidelity & Guaranty Life	金融	米国
	11	中国人寿	1,010	30	GLP	不動産(建物)	米国
2016	1	中国人寿	260		Brookfield	不動産(建物)	英国(欧州)
	3	安邦保険	6,500		Blackstone	旅行	米国
	4	安邦保険	510	66		不動産(建物)	カナダ
	6	中国平安	190		Nu Skin	その他	米国
	11	安邦保険	260	4	Woori Bank	金融(銀行)	韓国(東アジア)
2017	12	平安保険	9,660	5	HSBC	金融(銀行)	英国(欧州)

(注) 空欄はデータ未公表。
(出所) 表10-1と同じ。

ウ吸収の一環として，中国平安は，2017年12月，HSBCに5.01％を出資し，同行の大株主に浮上していた。このように，中国人寿や中国平安，太平人寿などの大手保険会社は，海外優良物件への投資を通じて，安定した投資収益や海外経営のハウハウ獲得を狙っている。

　前述の2012年10月に保監会による「保険資金海外投資管理暫定実行弁法実施細則」では，保険会社の海外投資残高は前年末の総資産の15％を超えてはならないとされているが，現在，中国保険事業者の海外投資は総資産の１％に過ぎない。規制の上限である15％まで投資可能とすれば，今後，中国の保険業の海外投資・M&Aが拡大する可能性がある。

第6節　金融機関の海外展開の新局面

　そのほか，最近の自由貿易協定（FTA）の促進や，AIIBと「一帯一路」構想によるインフラ投資の増大とそれに伴う人民元決済の拡大などを踏まえて，今後，中国の金融機関の海外投資はさらに加速する可能性が大きい。

　例えば，2015年12月，中国は豪州と韓国とのFTAが発効した。中豪・中韓のFTAの締結は，両国の経済関係をより緊密にするとともに，中国企業による豪州，韓国への投資が今後増加すると予想される。FTAによる貿易投資拡大に伴い，中国の金融機関による人民元決済業務の拡大や金融業務のサポートも拡大すると見込まれる。

　一方，2013年，インフラ領域における事業機会を創出するため，中国政府は「一帯一路」戦略を打ち出した。「一帯一路」構想には，これを資金面で支える中国主導による「アジアインフラ投資銀行（AIIB）」ならびに「シルクロードファンド（SRF）」の創設なども含まれる。「一帯一路」の周辺国・地域における大規模なインフラ投資需要は，少なくとも今後５～10年は続くと見込まれる。

　「一帯一路」の建設を実現するには，さまざまな融資チャネルを確保し，継続的に資金を提供していくことが肝要である。資金面で，「一帯一路」を支えるため，中国は，政府主導で，AIIBやSRFを設立した他，政策性銀行，商

Column 10　AIIBと中国のシルクロード（一帯一路）構想

　AIIBは，アジアのインフラ整備を支援するため，2015年12月に中国主導で設立した国際金融機関である。2018年6月末に，参加メンバーは87カ国（アメリカと日本は未参加）まで増加し，アジア開発銀行（ADB）の67カ国を大きく上回る。資本金は1000億ドルのうち，中国が最大の出資者として30.68％の資金を拠出し，AIIBの事業運営において大きな影響をもつ。AIIBの初代総裁は，元中国財政省高官の金立群が選出されている。2015年12月から2018年6月まで，AIIBは，エネルギー（全体の48％），交通運輸（同25％），生活用水（同17％）などの関連プロジェクトを中心に，累計53億ドルの投資を承認した[12]。AIIBによれば，アジア関連のインフラ資金需要は，2020年以降さらに加速し，2025年前後から年間約100億ドルの規模に達する見込みである。

　「一帯一路」は，2013年に，習近平政権が打ち出した広域経済圏構想である。「一帯」とは，陸を通じて中国から中央アジア，中東，欧州まで結ぶシルクロードのことである。「一路」は，21世紀海上シルクロードともいわれ，東南アジアとアフリカを経由し，海を通じて中国と欧州を結ぶルートのことを指す。国内経済が減速する中，中国企業による新市場開拓を支援し，経済の緊密化を通じて，ユーラシアにおける中国の政治的，経済的影響を強化するのが，「一帯一路」構想の狙いとみられる。

　「一帯一路」沿線国家は，新興国や発展途上国が多く，インフラ建設に対する需要が旺盛である。再保険会社のスイス・リーの予測によれば，2015年から2030年までの15年間，「一帯一路」沿線諸国からの，交通，エネルギー，電気通信，生活用水，衛生施設などのインフラ建設に対する需要が20兆ドルを超えると試算している[13]。

業銀行などを総動員して，中国企業の資金支援を支えた。

1　政策性銀行の動向

　政策金融が「一帯一路」の戦略遂行においてAIIBより重要な役割を果たしている。政策性銀行である国家開発銀行（CDB）と中国輸出入銀行（Eximbank）の2行は，「一帯一路」の構想を金融面で支える[14]。国家開発銀行は，国務院直属の政策性銀行として，1994年に設立された。同行は，中長期的な投融資を通

じて，主に鉄道，電気通信，生活用水等の国家戦略プロジェクトに資金を提供している。2017年5月，習氏は北京で開催された「一帯一路」国際協力サミットフォーラムで，国家開発銀行を通じて，「一帯一路」に2500億人民元相当の投資枠を用意すると宣言した。国家開発銀行のアニュアルレポートによると，同行は2015年から2017年までに「一帯一路」関連のプロジェクトに累計451億ドル相当の融資を実施した。⁽¹⁵⁾

　中国輸出入銀行は，対外貿易の発展を促進するため，国家開発銀行と同様に，国務院直属の政策性銀行として，1994年に設立された。同行によれば，2018年6月時点，1500以上の「一帯一路」関連プロジェクトに関与し，貸出残高は累計8000億人民元を超えている。⁽¹⁶⁾ 2015年4月，SRFの最初の投資案件として，パキスタンの水力発電関連プロジェクトへの出資が決まった。この中で，SRFはプロジェクトの建設を請け負う中国長江三峡集団の子会社に資本参加するとともに，中国輸出入銀行などと企業連合を組み，デットファイナンスを提供する手法をとった。

２ 四大国有商業銀行の動向

　「一帯一路」のインフラ投資に対応する四大国有商業銀行（中国工商銀行，中国建設銀行，中国銀行，中国農業銀行）の役割が大きい。2013年の「一帯一路」構想が提唱されて以来，中国の四大国有商業銀行は，「一帯一路」関連のプロジェクトに積極的に融資を実施した。

　2015年4月，習近平国家主席のパキスタン訪問に合わせ，中国工商銀行は，パキスタンの地場企業とエネルギー電力事業における融資契約を締結した。融資総額は43億ドルにも及ぶ。融資対象となったスキ・キナリ水力発電所，ダウード風力発電所，サヒワール石炭火力発電所，タール石炭発電所の4つのプロジェクトは，それぞれ中国とパキスタンを結ぶ経済回廊の沿線に点在し，両国が共同推進する重大インフラ事業と位置づけられている。2017年末に，同行は358件の「一帯一路」関連プロジェクトに関与し，計945億ドル相当の融資を承認した。⁽¹⁷⁾ これらのプロジェクトは，電力，交通，石油・ガス，鉱業，通信，

機械設備，工業団地建設，農業などに及び，中国が推進する「走出去」の戦略的重要産業のほぼ全てをカバーしている。

　中国建設銀行は2015年から2017年3月末まで，ロシア，パキスタン，シンガポール，ベトナム，マレーシア等18カ国で50件の「一帯一路」関連プロジェクトに関与し，98億ドル相当の融資を引き受けた。また，同行は，200強のプロジェクトが計画され，合計1100億ドル超の資金需要があることも明らかにした。[18]これらのプロジェクトは，主に鉄道，エネルギー，電力などのインフラ施設に集中しているという。同行は，「一帯一路」戦略に基づき，その沿線上にある国・地域への事業拡大を視野に，2020年に海外支店を約40カ所まで増設する計画を打ち出している。同行が「一帯一路」の沿線地域において，人民元決済銀行という優位性を活かして，海外における人民元取引業務の普及拡大にも注力していく方針を示している。[19]

　中国銀行は，2015年から2017年まで，同行は約500件の「一帯一路」関連プロジェクトに関与し，「一帯一路」沿線諸国に対して，計1000億ドルの融資枠を用意した。[20]一方，中国農業銀行は，2014年から2018年6月まで，海外進出の企業に対して貸出，信用保証状，オフショアでの債券発行などの業務合計1540億ドルを提供し，「一帯一路」関連45カ国で累計126億ドルの融資を行った。[21]2016年から2018年上半期まで，「一帯一路」の沿線国との農業関連の貿易取引が2100億ドルを記録し，同行の国境を越えた人民元建ての決済は8兆人民元超に達した。このように，「一帯一路」の経済圏構想の実現に向け，政策性銀行と四大国有商業銀行が積極的に動き出している。

第7節　今後の展望

　以上のことを踏まえて，今後の中国の金融業の海外展開の方向性について，以下の4点を指摘しておきたい。

1 進出先とのパートナーシップ構築の必要性

今後の展望について,コンサルティング会社 KPMG によれば,中国の海外投資は今後数年間10％台のペースで増加すると予測される。また,中国の海外投資は,量と速さの追求から質と効率への転換という新たなフェーズ(段階)に入った。今後は,あらゆる国と地域において,民営企業による農産品,ハイテク,先端技術などの高付加価値分野への投資が増えると予想される。

一方,今後,海外展開する中国企業には,新たな市場におけるパートナーシップ(協力)の確立が必要である。国際的なビジネス社会において,知名度や事業経験をもたない中国企業は,経験がありかつ評判のよい地場企業と協力していくことにより,信用や経験のギャップを効率的に補え,事業のスムーズな展開が可能となろう。こうした協力関係構築のために,中国の金融機関の役割が重要となる。

2 中国の銀行業の国際化の展望

2017年以降,保護主義の台頭により,グローバル経済や金融市場における不確実性が高まり,中国の銀行を取り巻く経営環境がますます複雑になっている。政府による「一帯一路」戦略の推進と人民元国際化の加速が,銀行に新たな機会をもたらす一方,保護主義が海外における規制の強化につながれば,銀行にとって,新たなリスクとなりかねない。

また,新興国や発展途上国の経済成長の増大に伴い,こうした国々と中国の貿易取引量は堅調に拡大している。中国当局による「一帯一路」戦略の推進に伴い,中央アジア,西アジアおよびアフリカなどの「一帯一路」沿線地域は,中国の銀行の重点的な投資先となろう。

中国の銀行の海外事業戦略は,規模と量の拡大から質の重視へと方針転換している。銀行は,これまで参入した市場において,経営能力を高め,サービスの強化に注力する一方,新規開拓の対象として,「一帯一路」沿線の新興国や発展途上国に重点をシフトさせている。今後,中国の銀行による海外市場の参入方法は,コルレスバンクとの協業や,拠点開設に限らず,海外 M&A など

多様化することが予想される。

また，人民元の国際化は，人民元オフショア市場の発展を促進している。オフショアでの人民元預金貸出，人民元債券の発行，為替取引および為替デリバティブ商品販売などのビジネスは，今後さらに拡大する見通しである。実際に，大型商業銀行は，クロスボーダーの人民元業務を重点業務の1つとして，オフショア人民元決済銀行の資格を申請し，清算業務の展開を加速化させている。

さらに，人民元の国際化は，商業銀行によるオフショア取引について総合サービスのイノベーションをも促す。銀行は，決済や融資などの基本的な金融サービスの提供から，多種多様な金融サービスを束ねたパッケージサービスの提供に注力し始めた。今後，銀行は国内外の銀行拠点を活用して，企業に対してオフショアでの人民元による社債発行を支援するだけでなく，オフショアでの人民元による投資活動，クロスボーダーの融資，海外送金などを一体化した総合金融サービスをも提供可能となる見通しである。

3　中国の保険業の国際化の展望

保険業の海外 M&A も拡大していく見込みである。その理由の1つは，海外 M&A を通じ，低コストの保険資金の獲得が期待できることである。もう1つは，2014年に国務院が発表した「新金十条」に代表されるように，政府が政策の面で後押ししていることである。加えて，保険業における買収対象の分散化が加速する見込みである。中国の保険業による海外 M&A は，今後も異なる地域や異なる事業領域への分散投資が続くと予想される。

また，「一帯一路」の国家戦略に沿って，海外事業を積極的に展開する見込みである。例えば，中国の保険会社は，リスク管理のノウハウを活用して，企業に対してさまざまな保険商品を提供していく。また，融資機能を活用して，「一帯一路」のインフラプロジェクトに対して資金を提供する。さらに，「一帯一路」のプロジェクトが集中する国々に拠点を開設するなど，現地における事業を強化することなどを通じて，「一帯一路」における潜在需要を取り込む可能性が大きい。

4　金融業とフィンテック企業との提携による海外展開の加速

第8章および第9章で詳述したように，中国は世界最大のフィンテック大国[23]の1つである。インターネット利用人口が世界最大であることに加え，スマートフォンを使用した個人向けサービスの利用が盛んであり，個人のデータ蓄積が他国より圧倒的に速い。また，巨大なプラットフォーム企業BAT（バイドゥ，アリババ，テンセント）が存在するため，さまざまな分野のデータを組み合わせることが容易である。そのため，ビッグデータの活用において先進的な取り組みが先行している。

このような先進的な金融サービスの海外進出の拡大が期待される。これまで，第三者決済機関が銀行口座と連携して自らのサービスを深化させる例は存在したが，2017年に発表された既存の金融機関と海外展開を積極的に取り組むフィンテック企業との提携（中国工商銀行と京東金融，中国建設銀行とアリババ・グループ，アント・フィナンシャル・サービス・グループ，中国農業銀行とバイドゥ，中国銀行とテンセント）は，四大国有商業銀行が揃ってパートナーとなることや包括的な提携であることが注目される。中国の銀行が国内フィンテック企業と協力することで，金融業全体の競争力を高め，フィンテックサービスの海外輸出を促進するだけでなく，中国企業の海外進出をも下支えする効果をもつ。

一方，中国の保険業は，中国のフィンテック企業の技術を利用して，国内市場における保険の普及率の向上を図る一方，国内における運営経験およびフィンテックの技術の優位性を活用して，今後新たな海外展開を加速する可能性が高いであろう。

注
(1) 足元は2018年6月値（2018年9月18日付）。The American Enterprise Institute And The Heritage Foundation's China Global Investment Tracker（2005年1月～2018年6月）。
(2) 2016年1～6月の中国企業による海外M&A総額は1225億ドルと，過去最高だった2015年通年をすでに上回った。これは世界全体の海外M&A総額の20.7％を占めており，ドイツ（18％）と米国（12％）を抑えて首位に立っている。
(3) コルレスバンク（Correspondent Bank）とは，外国に送金するにあたり，その通貨の中継地点となる銀行である。コルレスは略称である。多くは国際決済機関にオンライン接続している。

⑷　中国華東政法大学法律学院教授・法治政府研究所所長・弁護士・江利紅「第3章　中国における海外投資管理制度の発展と課題」『世界経済の新潮流となった"走出去"（中国の対外展開）の現状とその行方』国際貿易投資研究所，2015年2月を参照。
⑸　国務院「関于加快培育国際合作和競争新優勢指導意見的通知」国弁発〔2012〕32号，2012年6月2日。
⑹　国務院「関于加快培育外貿競争新優勢的若干意見」（国発〔2015〕9号），2015年2月12日。
⑺　2018年4月8日に，銀監会と保監会は統合され，「中国銀行保険監督管理委員会」となった。
⑻　銀監会「商業銀行併購貸款風険管理指引」（銀監発〔2015〕5号）（2015年3月12日付）（2018年9月15日閲覧）http://www.cbrc.gov.cn/chinese/home/docDOC_ReadView/7DABC8D29C0148B6B35F0B4A7DA804EC.html
⑼　中国平安「平安資管通過港股通成為匯豊控股重要投資者」（2017年12月6日付）（2018年9月16日閲覧）http://pingan.cn/zh/common/cn_news/1512703029417.shtml
⑽　シルクロードファンド（Silk Road Fund, SRF）は，2014年12月，外貨準備（出資比率65％），中国投資有限公司（CIC）（同15％），中国輸出入銀行（同15％），国家開発銀行（同5％）の共同出資により設立された「一帯一路」関連プロジェクトの投資ファンドである。資本金は，400億ドルと1000億人民元の2つから構成される。中国の経済日報の報道によると，2014年12月から2018年6月まで，シルクロードファンドは，資源開発，産業協力および金融協力などの領域で約20件のプロジェクトに累計80億ドルの投資を実施した。このうち，約70％は株式投資の方式を採用している。
⑾　KPMG, "China Outlook 2015".
⑿　Asian Infrastructure Investment Bank, September, 2018.
⒀　Swiss Re, "China's Belt & Road Initiative, and the impact on commercial insurance," October, 2016.
⒁　2行は，これまで中国企業，とりわけ国有企業の海外進出に資金を提供するとともに，中国からの商品購入や雇用受入を提供する外資企業に融資を行ってきた。
⒂　中国開発銀行「2017年年度報告」（2018年9月22日閲覧）http://www.cdb.com.cn/gykh/ndbg_jx/2017_jx/
⒃　中国進出口銀行「進出口銀行成立一帯一路金融研究院（上海）」（2018年6月15日付）（2019年9月23日閲覧）http://www.eximbank.gov.cn/tm/Newlist/index_343_30893.html
⒄　中国工商銀行年度報告（2017年），39頁。
⒅　「中国建設銀行：加大対"一帯一路"建設的金融支持力度」2017年5月17日付。
⒆　中国建設銀行「王洪章総裁の講演内容」中国経済参考報，2015年10月30日付。
⒇　中国銀行年度報告（2017年）。
㉑　農業銀行以己特色服務「一帯一路」，2018年8月28日付。
㉒　注⑾と同じ。
㉓　フィンテック（FinTech, Financial Technology）は，FinanceとTechnologyを組み合わせた言葉で，実態的にはICTの発達によって出現した，従来存在しなかったようなさまざまな金融ビジネスの態様，あるいはネットベンチャー企業などが提供する金融サービスおよび金融関連サービスを指す。

引用参考文献

○日本語文献

李立栄, 2011, 「中国の銀行の国際化に向けた動向――加速する海外進出と人民元国際化への対応」 *Business & Economic Review*, 日本総合研究所, 4月, 60-93頁。

李立栄, 2013, 「中国人民元の国際化の動向と金融自由化の展望」『JRI レビュー』Vol. 6, No. 7 日本総合研究所, 117-162頁。

李立栄, 2016, 「中国の新たな海外展開戦略と銀行・保険会社の動向――加速する海外 M&A」『野村資本市場クォータリー』Vol. 19-4 Spring, 206-224頁。

○英語文献

Eurasia Group, 2015, "State financing for One Belt, One Road will be substantial," 26 October.

Dufey, Gunter and Ian H. Giddy, 1978, *The International Money Market*, Prentice Hall.

The Economist, 2015, "The big Anbang," February 7th.

(李　立栄)

第11章　為替管理と人民元の国際化

　2009年7月に，海外との決済を人民元で行うクロスボーダー人民元決済が開始された。一方，人民元の為替レートは2005年7月以降管理変動相場制に移行した。本章では，資本取引を含む人民元を使用した対外決済や各国との金融協力の進展状況，人民元為替レート制度の改革の動向，それと関連して国際収支の状況を取り上げ，人民元国際化の現状と今後の見通しについて概観する。

Keywords▶為替管理，人民元国際化，人民元為替レート，資本取引規制，金融協力

第1節　中国の為替管理制度の変遷

1　為替管理

　為替管理とは，国際収支の均衡と為替相場の安定を目的として国家が外国為替取引に直接制限を加え，外国為替の取引を管理，規制することである（中山他，1979，75頁）。

　中国は，1978年に改革開放政策が開始される以前は計画経済体制の下にあり，厳しい為替管理が行われていた。対外貿易は全て国営貿易会社によって行われ，個人，企業，政府機関を問わず，外貨収入は全て当時中国人民銀行の一部門であった中国銀行に売却しなければならなかった（洪他，1998，6頁）。これは，外貨集中制と呼ばれる制度であり，乏しい外貨準備の下で，できるだけ国家の管理する外貨を増加させようとする施策であった。同時に，対外的な資本取引も厳しく規制されていた。

　1978年に，改革開放政策が開始された後，中国は，1980年に国際通貨基金（IMF）に加盟し，為替制度改革に取り組むこととなった（斉，2006，79頁）。

1980年12月には資本取引のうち,海外からの直接投資の受け入れによる外商投資企業の進出が開始され,海外からの外貨資金の借入も始められた。外商投資企業については外貨の保有は自由とされた。

2 1994年の改革

中国は,1994年からIMF8条国への移行を見据え,為替管理のさらなる改革に取り組み始めた。

まず,1994年1月に人民元対ドル為替レートの一本化が実施された。それまでは主に非貿易取引に適用される「公定レート」と貿易取引に従事する企業が外貨使用枠を売買する「調整センターレート」(1980年代半ば以降,各地に設立)の2種類の為替レートが存在し,調整センターレートは公定レートに比べて大幅に人民元安水準にあったが,1994年1月1日に1ドル=8.7元の水準で公定レートを大幅に人民元安とすることによって一本化を行った。それと同時に,人民元の為替レートは「市場の需給を基礎とした,単一の,管理された変動相場制」に移行した。

次に,1994年初めに輸入企業については,一定の証拠文書をもって外国為替専門銀行において外貨を購入することができた。この段階で経常取引にかかる人民元の交換性が条件付きで認可された。

3 経常取引の自由化

中国は1996年12月にIMF8条国へ移行した。8条国の義務として,貿易・サービスなどの経常取引を自由化し,経常取引に関する為替管理を撤廃することが求められる。これによって,経常取引については外貨と人民元の交換が自由に行えるようになった(深尾他,2006,17-19頁)。

1997年10月には,中資企業は,前年の輸出入総額の15%まで外貨をそのまま保留できるようになった。この外貨保留分は,その後順次拡大されていき,2007年8月に制限が撤廃された。

一方,人民元の為替レートは1994年初の1ドル=8.7元から徐々に人民元高

に推移したが，1997年のアジア通貨危機を受けて経済の混乱を回避するため為替レートの安定を図ったため，1998年初め以降2005年7月に至るまで，1ドル＝8.28元弱の水準で事実上対ドル固定レート制となった。

第2節　人民元の国際化の開始と進展

1　人民元国際化

2009年7月1日，中国は対外取引の決済に人民元を使用することを認めた。それまで，人民元は対外取引の決済に使用したり，海外で取引決済を行ったりすることのできない通貨であった。それでは，どのようにして使用を禁じていたのであろうか。この点を明らかにするために，まず，人民元が対外取引や海外での取引に使用できる場合にどのように使用されるかを考えてみよう。

人民元で中国の輸入企業Aが日本の輸出企業Eに代金を支払う場合を考える（図11-1）。

図のバランスシートの数字が無印の場合は残高を示し，+，-はそれぞれ残高の増加と減少を示す。当初中国の輸入企業Aは中国所在の銀行Bに100人民元の預金をもっているものとする（図中の①，以下同様）。また，銀行Bは中央銀行である中国人民銀行に100人民元の預金をもっているものとする。日本の輸出企業Eは日本所在の銀行Dに人民元建て預金口座を保有し，銀行Dは中国国内所在の銀行Cに人民元建ての口座（コルレス口座）を保有している。輸入企業Aは100元の輸入代金を日本の輸出企業Eに支払うことを必要な情報とともに銀行Bに依頼する。銀行預金口座を通じた支払いは，次のように行われる。

依頼を受けた銀行Bは，顧客企業Aの預金口座から100人民元を引き落とし（②），人民銀行にある預金口座に保有する100人民元を銀行Cの口座に振替えるよう人民銀行に依頼する（③）。銀行Cは人民銀行に保有する口座で受け取った100人民元を見合いに日本の銀行DがCに保有する預金口座に100人民元を預入する（④）。日本の銀行Dは銀行Cに保有する預金口座で受け取った100人民元を見合いに顧客企業Eの預金口座に100人民元を預入し（⑤），送金決済

第Ⅳ部　金融セクターの国際化

図11-1　人民元による貿易決済

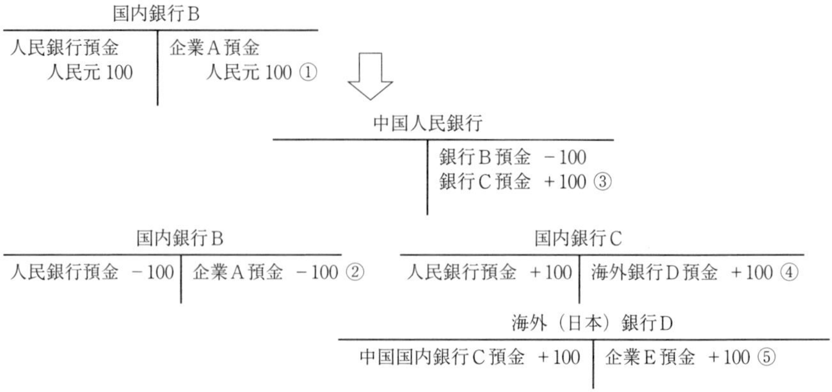

```
           国内銀行B
人民銀行預金    企業A預金
 人民元100 ①   人民元100 ①
                          ⇩
                   中国人民銀行
                          │銀行B預金 －100
                          │銀行C預金 ＋100 ③

        国内銀行B                    国内銀行C
人民銀行預金 －100│企業A預金 －100 ②  人民銀行預金 ＋100│海外銀行D預金 ＋100 ④
                                    海外（日本）銀行D
                          中国国内銀行C預金 ＋100│企業E預金 ＋100 ⑤
```

（出所）　露口，2017，98頁。

が終了する。

　次に，東京市場において，日本所在の銀行Dが同じく日本所在の銀行Fから人民元を買い，円を売る為替売買取引を行う場合について考えてみよう（**図11-2**）。

　簡単化のために，人民元と円の交換レートは1人民元＝1円と仮定する。当初日本所在の銀行Fは中国所在の銀行Bに保有する預金口座（コルレス口座）に100人民元を保有しており（①），銀行Dは日本銀行に100円の預金を保有している（②）。銀行Fと銀行Dの間で銀行Fが100人民元を売り，100円を買う取引が成立した場合，その決済は次のように行われる。円については，銀行Dが日本銀行に保有する100円を，日本銀行に銀行Fが保有する預金口座に振替えることを日本銀行に依頼し（③），これが実行されることによって決済が終了し，銀行Fは100円を保有することになる（④）。一方，人民元については，銀行Fは中国所在の銀行Bに対し銀行Fが保有する100人民元を，銀行Dが人民元預金口座を有する中国所在の銀行Cに引き渡すよう依頼する（⑤）。以後のプロセスは上記貿易決済の場合と同様であり，銀行Cは受け取った100人民元を見合いに，日本所在銀行Dが銀行Cに保有する預金口座に100人民元を預入する（⑥）。これによって日本所在銀行Dはその資産として100人民元を中国所

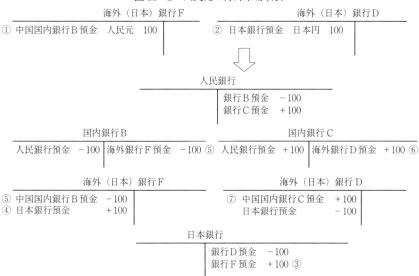

図 11-2 人民元の海外市場取引

(出所) 露口，2017，99頁。

在銀行Cにある預金口座に保有することとなり（⑦），人民元の決済が終了する。

　以上で明らかなように，海外との間で人民元による送金で取引の決済が行われる場合や，海外の為替市場で人民元が売買される場合，中国所在の銀行が海外の銀行のために開設した人民元預金口座（コルレス口座）を通じて，最終的には中央銀行である中国人民銀行に保有する人民元口座間で人民元を振替えることによって決済される。従って，中国当局はこのような取引を禁じたければ，中国所在の銀行に命じて海外の銀行のために人民元建ての口座（コルレス口座）を開設することを禁ずればよい。2009年7月までは，このような状態であった。この時点までは，貿易などの経常取引であれ，直接投資を含む資本取引であれ，海外との間で行うことが認められた取引の決済は，基本的には全てドルなど外貨で送金決済され，人民元との交換は中国国内で行われていた。

2 クロスボーダー人民元決済の開始

　2009年7月1日にクロスボーダー人民元決済が開始された。海外で人民元決

済に参加する参加銀行は，中国国内の代理銀行に代理勘定と呼ぶ人民元口座（コルレス口座）を保有することが認められた。この人民元建て口座を通して，クロスボーダーの人民元決済を行うことが可能になったのである。

　この背景として，1997年のアジア通貨危機や2008年の世界金融危機を経て，当局が対外取引を過度に米ドルに依存することの危険性を強く認識したことが挙げられる。2009年7月にクロスボーダー人民元決済の試行が開始された際の人民銀行の公表文では，人民元を対外取引の決済に使えるようにする理由として，第1番目に「世界金融危機の影響を受け，米ドル，ユーロなどの主要な国際決済通貨の為替レートが大幅に変動し，わが国と近隣国家や地域の企業が第三国通貨を使用して貿易決済を行う場合大きな為替リスクに直面した」ことを挙げている。この「第三国通貨」は明らかに米ドルを指している。

　当初，2009年7月に人民元のクロスボーダー決済が認められた際には，対象取引は貨物貿易に限られ，中国国内で上海と広東省の4都市（深圳市，広州市，東莞市，珠海市）の合計5都市にのみ人民元決済が認められた。また，海外の対象地域としては，香港，マカオ，ASEAN に限られるなど，人民元の国際化は非常に限定された形でスタートした。

　なお，香港とマカオは中国の領土ではあるが，一国二制度の下，特別行政区として人民元とは異なる通貨である香港ドルとマカオパタカが流通しており，外国為替管理上は中国本土からみて海外扱いである。人民元によるクロスボーダー決済の仕組みは（図11-3）のとおりである。CNAPS は中国人民銀行の人民元決済システムである。決済銀行は，中国所在の企業がクロスボーダー人民元決済のための口座を保有する銀行である。クリアリング銀行とは中国本土において海外銀行の人民元決済を処理する代理銀行の機能を中国本土外において果たす銀行である。

3　人民元国際化の進展

　その後，以下のような経緯で人民元のクロスボーダー決済にかかる規制は順次緩和，整備され，人民元国際化のプロセスは進展を示してきた。

図11-3 クロスボーダー人民元決済の概要

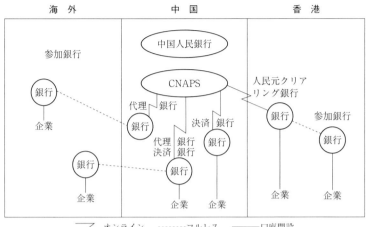

(出所) 露口, 2012, 15頁．

①2010年6月　対象取引を経常取引全体に拡大，国内の施行地域も拡大。海外の対象地域制限は撤廃。
②2010年7月　香港において人民元の銀行間為替市場創設（オフショア人民元 CNH 誕生）。香港内における人民元取引は取引の種類にかかわらず自由になった。一方で，香港の銀行がクリアリング銀行（中国銀行香港現法）を通じて中国国内市場との間で為替売買を行ってポジション調整を行うことが可能なのは，貿易取引など香港と中国本土の間で送金可能な取引に基づくものに制限された。
③2010年8月　中国国内の地域制限撤廃。
④2010年8月　海外中央銀行，クリアリング銀行，海外参加銀行の3種の銀行が中国国内銀行間市場で中国国債などの債券に対して人民元で投資することが認められた。
⑤2010年12月　香港の銀行がクリアリング銀行との間で為替売買を行うことができる取引は3カ月以内に決済される商品貿易取引に制限された（2015年8月，2018年6月に緩和）。
⑥2011年1月　対外直接投資を人民元で行うことが認められた。

⑦2011年6月　香港以外の海外の銀行が中国本土の銀行との間で為替売買を行うことができる取引も3カ月以内に決済される商品貿易取引に制限された（2015年8月，2018年6月に緩和）。

⑧2011年10月　対内直接投資を人民元で行う際の手続きが明確化され，人民元建て対外借入の手続きも規定された。

⑨2011年12月　香港に人民元建て海外適格機関投資家制度（RQFII）導入。人民元建てで送金して中国国内の証券に投資することが可能となった。

⑩2013年9月に中国（上海）自由貿易試験区が上海に開設され，同試験区においてオフショア借入が開始された。従来，中国所在の外資系企業の対外借入れの総規模は，認可された総投資額と登録資本金の差額（投注差）を限度とすることとされていた。2014年2月に上海の試験区内に設立された企業がオフショア人民元ローンを借り入れる場合は，「投注差」による限度額管理に換えて，払込資本金に人民銀行が定める一定の係数を乗じたものを限度額とする残高管理が可能となった。2015年4月には，上海に続き，広東，天津，福建にも自由貿試験区が開設された。2016年1月には，上海・広東，天津・福建の4自由貿易区に設立された企業は，払込資本金ではなく純資産額に一定の係数をかけた金額を上限として人民元，外貨を問わずクロスボーダー資金調達が可能となる「マクロプルーデンス管理モデル」が導入された。さらに2016年4月にはこのモデルを中国全国に拡大した。

⑪2014年2月，自由貿易試験区内に設立した企業が国内外のグループ企業間で余剰人民元や余剰外貨資金をクロスボーダー・双方向で融通して利用するクロスボーダー・プーリング業務を行うことが可能となった。その後，クロスボーダー外貨プーリングは2014年6月，人民元プーリングは2014年11月に中国の全国で取り扱いが可能となった。

⑫2014年2月，クロスボーダー集中決済が認められた。従来多国籍グループ企業内のクロスボーダーの人民元や外貨決済は取引ごとに行われなければならなかったが，海外および中国国内のグループ企業との間でのクロス

ボーダー人民元・外貨決済を自由貿易試験区内において設立された企業に集中して決済することが可能となった。2014年6月には中国全国で取り扱いが可能となった。

⑬2014年11月　人民元建て国内適格機関投資家制度（RQDII）導入。国内機関投資家が人民元建てで送金し海外証券投資を行うことを認めた。

⑭2014年11月に，上海証券取引所と香港証券取引所を連結することで，一方の取引所で取引される証券に対して他方の取引所に参加する証券会社を通じて相互に投資することが可能となった。これを上海・香港ストックコネクトと呼ぶ。海外の投資家は香港証券取引所のメンバーである証券会社に取引口座を開設することによって上海証券取引所で取引されるA株などに投資することが可能となった。2016年12月には同様に深圳証券取引所と香港証券取引所の間で深圳・香港ストックコネクトがスタートした。これら2つのストックコネクトには1日あたりの取引額の上限が設けられており，スタート当初はどちらも中国から香港への投資上限は1日105億元，香港から中国への投資上限は1日あたり130億元と定められていた。この上限は2018年5月から中国から香港への投資上限は420億元，香港から中国への投資上限は520億元とそれぞれ4倍に拡大された。

⑮2015年7月，海外の中央銀行・通貨当局，国際金融機関，ソブリンウエルスファンドについて，中国国内の銀行間債券市場で投資を行うことが認められた。投資金額は投資者が自主的に決定できることとされている。さらに，2015年9月，海外の中央銀行・通貨当局，その他公的準備管理機関，国際金融機関，ソブリンウエルスファンドについて銀行間外為市場の取引に参加することが認められた。取引金額に限度は設けられていない。

⑯2015年12月，海外の人民元売買業務参加行の銀行間外為市場への参入が認められた。取引には実需原則が適用される。2016年2月には，海外の商業銀行，保険会社，証券会社，ファンド管理会社などの金融機関が銀行間債券市場で投資を行うことが認められた。投資規模に限度額は設けられないが，人民銀行によるマクロプルーデンス上の管理が行われることとなって

いる。

⑰2017年7月には，海外の機関投資家が，香港経由で中国本土の銀行間債券市場で売買を行うことができるボンドコネクトと呼ばれる制度が開始された。海外機関投資家は中国人民銀行に登録を行った上で香港の債券決済機関（CMU）に口座を設けてこの口座を通じて中国本土のマーケットメーカーと直接取引を行うことができる。取引額に上限は設けられていない。

以上のように，人民元のクロスボーダー決済は経常取引だけでなく，資本取引についても徐々に幅広い取引範囲で認められるようになった。

4 各国との金融協力

①日中金融協力

2011年12月，当時の野田佳彦首相と中国の温家宝首相との間で「日中両国の金融市場の発展に向けた相互協力の強化」が合意された。その中に，相互に密接に関係するⓐ両国間のクロスボーダー取引における円・人民元の利用促進，ⓑ銀行間市場における円・人民元間の直接交換市場の発展支援の2点が含まれていた。

日中間の貿易取引等の決済通貨については，従来3〜4割程度が円建てでこれ以外の大部分は米ドル建てとみられていた。2国間の取引において米ドル建て比率を低下させ，円と人民元建ての比率を上昇させることがⓐの内容である。

ⓑの銀行間市場の取引については，従来，中国の外貨交易センター（CFETS）において，人民元の取引相手通貨はほぼ100％米ドルであった。銀行が対顧客取引で円と人民元の為替売買を行っても，銀行間市場では，円・人民元取引の相手方が常に探し出せるとは限らないので，これを円・ドル，ドル・人民元の2つの取引に分解して行うことが通例であった。このような取引はコスト高である可能性があるし，米ドル・人民元の為替取引の米ドル側の決済はニューヨークで行われることが一般的であるので，時差の関係でニューヨークにおいて米ドルの受け取りを確認する前に，中国において人民元を支払わなければならないというリスクが存在する。過度の米ドル依存からの脱却という観点から

も，必要以上の人民元と米ドルの取引減少が望ましい。

　2012年6月1日，東京と上海で同時に銀行間市場における円・人民元直接交換取引が開始された。中国では銀行間外為取引は上海にある中国外貨交易センターに集中する義務がある。そのため当局が外為取引の手法を取引所のルールによって定めることができる。中国当局は邦銀3行を含む10行を円・人民元取引のマーケットメーカーに指定した。この10行は常時円・人民元の売値と買値を提示し，取引に応じる義務を負う。これによって，銀行間市場で円・人民元の取引を希望する銀行は常に取引相手を得ることが可能となり，当局は円・人民元取引を，ドルを介在させることなく直接取引で行うことを義務づけた。

　一方，東京市場では2012年6月1日以降，大手銀行が円─人民元の取引価格の提示を始め，円・人民元直接取引が開始された。

　円・人民元の直接交換取引の開始に伴い，コストとリスクの低下を反映して，中国の大手銀行がウェブサイトで公表している顧客向けの人民元・円売買スプレッドが，従来中間値から売値，買値までの乖離幅が中間値に対して0.4％であったが，0.35％に一斉に縮小した。日本でも2012年6月から8月にかけて，大手銀行の顧客向け円・人民元売買の公表スプレッドが従来の片道40～50銭から30銭に縮小した。企業など日中間で取引を行う主体にとっては円・人民元の交換コストが低下し，クロスボーダーの決済に円や人民元を使用することが米ドルに対して相対的に有利になったことを意味する。これは，日中間の合意のⓐ「両国間のクロスボーダー取引における円・人民元の利用促進」を推進することとなる。

　銀行間市場における円・人民元直接交換の開始によって，上海の外貨交易センターにおける人民元の取引相手通貨に占める米ドルの比率は2012年第1四半期の99.18％から2013年第1四半期に92.14％に低下し，円の比率は同時期に0.14％から6.65％に増加し，ドルに次ぐ第2位となった。

　最近時点の2018年第1四半期の外貨交易センターの取引高をみると，次にみる通り，多くの通貨が人民元との直接取引を開始したが，逆にドルの比率が回復しており，96.79％となった。ユーロが第2位で1.9％，円は第3位で0.5％

となっている。

②双方の通貨の直接交換取引

人民元との直接交換は円以前にもマレーシアリンギットとロシアルーブルについてそれぞれ2010年8月,2010年11月から行われていたが,メジャー通貨との直接交換取引は円とのものが初めてであり,専門のマーケットメーカーを指定するなどのシステムは円との直接交換開始時に整備された。これ以降,中国が各国と金融協力協定を結ぶ際に,相手国通貨と人民元の銀行間市場における直接交換が,各国との間の協定の重要な要素として組み込まれることとなった。中国の観点からみると,人民元と相手国通貨の交換をより低コストで便利なものとし,相手国との取引決済において人民元の利用比率を向上させる効果が期待できる。2018年5月末時点で,米ドル以外に22通貨について人民元との直接交換取引が行われている。すなわち,円,ユーロ,英ポンド,豪州ドル,ニュージーランドドル,シンガポールドル,スイスフラン,マレーシアリンギット,ロシアルーブル,カナダドル,南アフリカランド,韓国ウォン,UAEディルハム,サウジアラビアリヤル,ハンガリーフォリント,ポーランドズロチ,デンマーククローネ,スウェーデンクローナ,ノルウェークローネ,トルコリラ,メキシコペソ,タイバーツである。

③通貨スワップ協定

通貨スワップ協定とは,協定の相手国で人民元が不足し,人民元決済が滞る恐れが生じた場合に,相手国の中央銀行が自国通貨を中国人民銀行に提供し,替わりに人民元を受け取って,自国銀行に貸付けるなどして人民元を供給することを可能とする協定である。これも中国と各国との金融協力の重要な要素である。2008年12月に韓国との間で人民元と韓国ウォンの通貨スワップ協定を締結し,その後,香港,マレーシア,シンガポールなどと締結していき,2017年6月末で33カ国・地域と総計3兆660億元相当の協定を締結している。これらのスワップ協定は「貿易投資を促進すること」を目的として締結されている。例えば,相手国で人民元が十分調達できなくて貿易や投資の支払いが滞りそうな場合に中央銀行が人民元を調達して供給してくれるというバックアップが備

わっていれば，安心して人民元を使用した貿易や投資の支払いを行うことが可能となる。もちろん，中国において相手国通貨を使った貿易・投資についても同様の効果がある。

日本は，ASEAN と日中韓３カ国の間でアジア通貨危機への対応として合意されたチャンマイイニシアティブの下で，2002年３月に中国との間で30億ドル相当の円・人民元の通貨スワップ協定を締結した。しかし同協定の目的は国際収支危機など混乱が生じた場合に金融為替市場を安定させるために短期の流動性供与を図ることが目的であり，2008年以降中国が各国との間で締結した通貨スワップ協定とは性格が異なるものであった。さらに日中間の同協定は2013年に満期を迎えた際に継続されずに失効した。2018年５月の李克強首相訪日の際，安倍総理との会談において，両首脳は再開に合意した。

④人民元クリアリング銀行

人民元クリアリング銀行は，当初香港とマカオに設置されていたが，2013年にシンガポールに設置されてから海外各国に設置が認められてきた。2016年にはニューヨークとモスクワに，2016年12月に UAE のドバイに認められて，この時点でロンドン，フランクフルト，パリ，ソウルなど23カ国・地域に設置が認められている。2018年２月にはニューヨークで２行目の人民元クリアリング銀行として JP モルガン・チェースが認められた。それまで認められた人民元クリアリング銀行は全て各国・地域に所在する中国系銀行であったが，初めて所在国の銀行が認められた。日本については，2018年５月の日中首脳会談で設置が合意された。

当初，オフショア人民元の送金経路はクリアリング銀行に限られていたが，クロスボーダー人民元決済システム（CIPS）が2015年に稼働した後は CIPS 経由で送金できるようになったため，クリアリング銀行の存在価値は低下している。しかし，中国当局がクリアリング銀行と認定し，中国本土の店舗から容易に人民元の供給を受けることのできる銀行には，所在地の人民元の決済口座が集中しやすく，人民元の送金・決済をより安全・効率的に実施できるため，依然としてクリアリング銀行の設置は人民元取引をスムーズに行うために意味が

あるといえる。

⑤人民元建て海外適格機関投資家制度（RQFII）

人民元建て海外適格機関投資家制度（RQFII）は、中国当局によって適格機関投資家に認定された海外の投資家が人民元を使って中国に送金して中国国内の人民元建て証券に投資することが許される制度である。2011年にまず香港において同制度の限度額の枠が設定された。その後、2013年に英国、シンガポールにも RQFII 枠が設定され、2017年9月末時点で18カ国・地域に合計1兆7400億元の枠が設定されている。日本については2018年5月の日中首脳会談において2000億元の枠が設定された。

第3節　人民元為替レート制度の改革

1　人民元為替レート制度改革の進展

第1節で述べた通り、1994年1月以降、中国人民元の為替レートは「管理された変動相場制」に移行したが、アジア通貨危機において、他のアジア通貨の対ドルレートが大幅に切り下げられる中、人民元は切り下げを回避し、1998年初めから事実上の米ドルペッグに移行し、2005年7月21日まで、8.28元弱のレベルで事実上固定された。

アジア通貨危機以後、中国の経常収支黒字の拡大が続き、世界貿易に占める比率が上昇するにつれて、海外からの人民元切り上げ圧力が高まっていった。

中国人民銀行は2005年7月21日に、人民元の対ドル基準レートを1ドル＝8.2765元から8.11元に約2％切り上げると同時に「市場の需給を基礎に、バスケット通貨を参考とする管理された変動相場制」に移行すると公表した。バスケット通貨とは、主要通貨の変動を貿易取引量などでウエイト付けして指数化したものであり、バスケット通貨の変動に自国通貨の為替レートを連動させることによって国際収支などの安定を図ることとなる。

その後、最近に至るまでの人民元の対ドル基準レートの動きをみると、基本的にバスケット通貨に対して増価基調で連動しながら変動している。ただ、世

界金融危機後の2008年6月から2010年6月の期間と，欧州危機時の2014年春以降2015年8月までの時期は，ユーロが対米ドルで大幅に減価したため，バスケット通貨に機械的に連動すると人民元の対米ドルレートも大幅な低下を示すこととなるため，それを避けるために一時的に米ドルペッグに復帰した。2015年8月以降はこのような対米ドルの下方硬直性を取り払い，再びバスケット通貨に連動する形で変動している。

② 国際収支の動向

人民元の為替レートの変動に影響を与えるもう1つの要因として「市場の需給を基礎に」の部分が挙げられる。これは，外貨と人民元の需給関係を指すが，そこに大きな影響を有するのが国際収支の動向である。国際収支統計の大項目は経常収支，資本移転等収支，金融収支，誤差脱漏に分かれている。このうち，資本移転等収支は通常少額である。経常収支は財・サービスの貿易収支と第1次，第2次の所得収支からなる。また，金融収支は外貨準備の増減と，準備資産以外の金融収支に分けられる。市場の需給という場合，経常収支の黒字，赤字や準備以外の金融収支の動向が人民元と外貨の売買市場における需給に与える影響が重要である。

「資本流出」と呼ばれる状況は，金融収支あるいは外貨準備以外の金融収支が流出超になることと同義に考えられ，「資本流出」は人民元安の要因とされる場合が多い。しかし，「資本流出」の意味についてはより詳細な検討が必要である。

対外的な送金が外貨で行われる場合について考えてみよう。貿易収支の黒字などによって経常収支が黒字となると，輸出企業は外貨を受け取ることになる。外貨を受け取るということは，通常海外の銀行に直接あるいは自国の銀行を通じて外貨建ての預金を保有するということを意味する。従って経常収支の黒字は外貨準備以外の金融収支の流出超あるいは外貨準備の増加という形で，自動的に金融収支の流出超となる。経常収支の黒字は為替需給上，一般的には人民元高要因とみられる場合が多い。

Column 11 中国の国際収支統計の特徴

　各国の国際収支統計は，国際通貨基金（IMF）の国際収支マニュアルに準拠して作成される。日本は2014年1月分から，同マニュアルの最新版である第6版に準拠したものに移行したが，中国も2015年1月から移行している。日本の国際収支統計をみるとその大項目は，①貿易・サービス収支や所得収支を含む経常収支，②資本移転等収支，③金融収支，④誤差脱漏で構成されている。金融収支は直接投資，証券投資，その他投資など外貨準備以外の金融収支項目と外貨準備によって構成される。中国の国際収支統計の構成も基本的には同じである。しかし，同じ第6版でも中国の国際収支統計には日本を含めた他国とは大きく異なる特徴が存在する。

　第5版まで，金融収支にあたる部分は資金の流出入という側面に着目し，流入超をプラス（＋），流出超をマイナス（－）と表現していた。しかし第6版では対外資産の増加，減少という側面に注目し，従来の流出超は対外資産の純増加であるためプラス（＋），従来の流入超は対外資産の純減少なのでマイナス（－）と表現することとし，符号が逆になった。ところが，中国では，これまで習慣となってきたので混乱を避けるという理由で，金融収支の流出超をマイナス（－）と表記する従来の方法を維持した。第6版に移行しながら，その変更の重要なポイントである金融収支の符号の逆転を採用していないのである。

　中国では資本が純流出し，対外資産が増加した場合，国際収支統計上の符号は従来通り（－）であり，金融収支の「赤字」と表現する。日本では同じ現象の符号は（＋）であり，「純資産の増加」と表現される。同じ現象でありながら，イメージはずいぶん異なる。本文でも述べた通り，中国の資本の流出入を問題とする際にも，単に金融収支の符号のみをみて判断するのではなく，統計の符号が他国と異なるという点にも十分留意して，実態に即した分析を行う必要があろう。

　2014年第2四半期まで，中国の経常収支は黒字であり，金融収支は継続的に流出超であった。外貨準備も増加し続け，対外資産負債残高も資産・負債とも増加し続けた。このような状態は国際収支として問題のない状態であり，人民元高圧力が続いた時期といえよう。

　次に2014年第3四半期以降も経常収支は黒字を維持し，金融収支も流出超が続いたが，金融収支のうち外貨準備が減少し始めた。一方，2014年末までは，

ストックの対外資産負債残高は資産・負債ともに増加していた。増加する対外資産の中で外貨準備から外貨準備以外の資産に振り替わっていたので，中国の対外資産が全体として減少したわけではない。しかし，人民元為替レートという観点からみると，人民元安圧力が生じており，前述のとおり，人民元は一時的に対米ドルペッグに移行した。対ドルレートを維持するために人民銀行はドル売り介入を行った。その結果，外貨準備が減少した。

2015年になると，年間で経常収支は黒字，金融収支は流出超，外貨準備は減少という状況は2014年後半と変わらなかったが，対外資産負債残高が資産・負債ともに減少した。この時期は，それまで海外から流入していた資金が回収され，それに伴って中国の対外資産が減少した状態であり，対外資産の減少を伴う典型的な「資本流出」が生じたといえよう。人民元対米ドル為替レートは2015年8月に大幅に切り下げられた後，バスケット通貨への連動に復帰した。

2016年は経常収支黒字，金融収支流入超，外貨準備減少，2017年は経常収支黒字，金融収支流入超，外貨準備増加と国際収支の状況が頻繁に変化しているが，外貨準備の水準は比較的に安定しており，対外資産負債残高の資産・負債も増加を続けている。人民元為替レートもバスケット通貨に対して比較的安定した動きを示した。

以上のように，金融収支全体や外貨準備以外の金融収支の流出入の状況が，人民元為替レートにどのような影響を与えるか，中国の対外資産・負債がどのように変化するかなどの点については，経常収支や対外資産負債残高の動向などさまざまな観点から分析することが必要である。

第4節　人民元の現状と今後の展望

1　人民元国際化の現状

中国人民銀行の「2017年人民元国際化報告」によると，2016年の中国のクロスボーダー受払に占める人民元の比率は25.2%となった。また，グローバルな送金メッセージシステムであるSWIFTによると，2018年4月の全世界の

SWIFTを使用した送金において，人民元は1.66％を占め，ドル，ユーロ，英ポンド，円，カナダドルに次いで第6位となっている。クロスボーダー受払に占める人民元の比率のピークは，2015年の28.7％であり，SWIFTの人民元比率のピークは2015年8月の2.79％で円を抜いて第4位の通貨だった。これらの時点に比べるとそれぞれ若干低下しているが，これらの数字がほぼ0に等しかった2009年6月以前と比べると，大きな変化といえる。

また，人民元は2016年10月からIMFの特別引出権（SDR）構成通貨入りした。SDR構成通貨は外貨準備適格とみなされる。この後，IMFは公式に人民元を公的準備通貨として統計に含めることにした。今のところ，各国が人民元を公的外貨準備として保有する額は増加しているものの2017年末の公的外貨準備に占める人民元のシェアは1.2％であり，ドル（62.7％），ユーロ（20.1％），円（4.9％），英ポンド（4.5％）だけでなく，SDR構成通貨ではないカナダドル（2.0％）や豪州ドル（1.8％）よりも少額にとどまっている。

とはいえ，これまでのところ，中国と海外との間の受払通貨や対外支払い準備のための公的外貨準備としての人民元の利用は，順調に拡大してきていると評価することができよう。

一方，中国では，資本取引について，その対外決済が外貨によるものも，人民元によるものも，それぞれさまざまな自由化措置が進展しているとはいえ，依然として厳しく規制されている。国際決済銀行（BIS）の2016年4月の統計を使って，各通貨の世界全体の外為市場での取引高が当該通貨発行国の貿易額（輸出額＋輸入額）の何倍かを計算してみると，ドルや円などの国際通貨については200倍前後に達するのに対し，人民元はまだ11倍と低い水準にとどまっている。

ドルや円など資本取引が自由な国際通貨では，為替売買取引のほとんどが資本取引によるものであり，その金額も巨額に上るのに対し，人民元は資本取引にあたる売買額が非常に小さい。これは，人民元の資本取引がドルや円に比べて厳しく規制されていることを示している。

前述のとおり，資本取引についてさまざまな規制緩和措置が取られてきたが，

その多くがストックコネクトのように取引上限が付されていたり，あるいは取引資格が定められていて，中国当局の監視が有効におよぶ体制となっている。今後，人民元が国際的に幅広く使用されることを目指すのであれば，資本取引規制のさらなる緩和が必要であろう。

2 今後の展望

2017年5月，人民銀行の周小川行長（当時）は北京で開催された「一帯一路国際フォーラム」においてスピーチを行った。周行長は，「一帯一路」における協力の具体的な内容の1つとして，現地通貨を積極的に使用することを挙げている。これはドルなど第三国通貨ではなく域内の自分たちの通貨を使おうということを意味しており，人民元の国際化推進を意味するものである。そして，現地通貨の利用については中国の経験が利用できるとして，具体的に中国がこれまで行ってきた人民元と相手国通貨の間の通貨スワップ協定，人民元と相手国通貨の直接交換取引，人民元クリアリング銀行の設置，クロスボーダー人民元決済システム（CIPS）などを挙げている。さらに，「一帯一路」の協力の中で共同して現地通貨の使用を拡大する方策を検討していきたい，と述べている。

以上の「一帯一路」沿線国家との間の協力方針にみられるように，中国政府は，海外との間の経常取引や取引可能な資本取引について，人民元と相手通貨による取引をより便利にすることによって，米ドルなど第三国通貨の使用を減らし，人民元による決済比率を上げようとしている。

一方，中国では，依然として資本取引が厳しく規制されており，規制の緩和のテンポは今後もゆっくりとしたものとなる可能性が高い。中国政府は，世界で人民元が幅広く使われるという意味での人民元の国際化を進めるのではなく，当面，中国が各国と行う取引について人民元建て比率を高めるという意味で人民元の国際化を進めようとしている。これはそもそもの人民元国際化の当初の目的である過度のドル依存からの脱却を果たすという目的に沿ったものである。

2018年3月の全人代政府活動報告でも，「着実に，漸進的に，資本項目の自由化を進めるが，なおいくらか規制が存在する」としている。そして人民銀行

の2018年第1四半期金融政策執行報告においては「人民元のクロスボーダー貿易および投資取引における使用を支持する。国際情勢の変化が資本の流動に与える影響を詳しくモニターし，クロスボーダーの資本の流動に対するマクロプルーデンス政策を整備する」と述べている。当面の間，中国政府は，資本取引については監督を強化しつつ，規制の自由化についてはゆっくりと行い，人民元の国際化は，経常取引とすでに認められている資本取引についてのクロスボーダー決済における人民元の使用比率を上げていくという方向で進める方針と考えられる。

引用参考文献
〇日本語文献
斉中凌，2006，「中国の通貨・為替制度の変遷」深尾光洋編『中国経済のマクロ分析——高度成長は持続可能か』日本経済新聞社。
露口洋介，2012，「中国人民元の国際化と中国の対外通貨戦略」『国際金融』第1234号。
露口洋介，2017，「人民元の国際化」梶田幸雄・江原規由・露口洋介・江利紅『中国対外経済戦略のリアリティー』麗澤大学出版会，第1部第3章。
中山伊知郎・金森久雄・荒憲治郎編，1979，『経済辞典』有斐閣。
深尾光洋・伊藤隆敏，2006，「中国経済と人民元の行方——戦後日本の通貨・為替政策との比較」深尾光洋編『中国経済のマクロ分析——高度成長は持続可能か』日本経済新聞社。
〇中国語文献
洪志華・許満剛・劉雅君・曹利群，1998，『外匯管理法規 解釈和説明』中国民主法制出版社。

（露口洋介）

終章　経済成長，金融行政，金融政策の展望

　　中国沿岸部は高所得経済水準にあり，GDP 世界一も近い。他方，医療・年金が未整備で将来不安から貯蓄率は高い。貯蓄は商業銀行や政策性銀行を通じて海外事業にも貸し出される。同時に減少に入る人口問題からも，金融はじめ改革の速度を上げたい。中国国内エコノミストの危機感は強い。だが，中国は債務問題，資金逃避への恐れから，変動相場制への完全移行，資本移動の自由化などが遅れる可能性がある。よって漸進的改革は続く。

Keywords ▶ 名目 GDP，情報の非対称性，グローバルインバランス，2019年銀行資本強化，モラルハザード

第1節　米中の名目 GDP 逆転はいつ起きるのか

1 建国80年の2029年逆転シナリオ

　前章までの知識や，データベースなどでアクセスできる統計，論文，報告書なども参照しながら，「金融経済」を応用（展望）してみよう。中国の政策動向解説に対して「実施状況」の確認作業でもある。

　中国人民銀行は，金融政策の最終目標として，通貨価値の安定ととともに，それを通じた経済成長の促進を目指すと法で規定されている（本書第2章）。中国人民銀行は国有商業銀行が上場を始めた2005年から「中国金融安定報告」をまとめている。同報告はマクロ経済分析から始まり，2014年版から，「第1章　国際経済環境」，「第2章　中国金融経済動向」と内外のマクロ経済報告を充実させている。また金融機関のエコノミストらは，GDP，物価，金利など1年以内の短期予想から3年程度の長期予想を公表し，定期的に見直す。不確実な

将来を予測するのが彼らの仕事である。「情報の非対称性」を補う仕事と言えるだろう。「予想は外れるもの」などとは言えない。機関投資家によるアンケート調査[1]で年間人気ランキングも決まる。彼らの予想は，英米経済通信社のロイター，ブルームバーグなどが集計し，世界に配信される。最高値，最低値，平均値や中位値など基本統計も公表される。これが経済見通しの市場コンセンサスである。金融政策の変更が物価の調整，最終的に GDP 成長に寄与したとしても，例えば半年間から１年半程度のラグ（時間差）が生じる。中央銀行総裁らがしばしば記者会見や報告書で言及するフォワード・ルッキング（Forward Looking）と，不確実な経済や金融政策の効果を予測，解説する点で，エコノミストも同様である。中央銀行は，不確実な経済や金融について，市場参加者や国民に説明する責任を負うのである。

　米中の名目国内総生産（GDP）逆転は起きるのだろうか[2]。言い換えれば，今後も中国は高い成長を続けるのだろうか。中国の金融経済を展望する上で，重要なテーマである。統計処理方法によってはすでに米中の GDP は逆転している。国際通貨基金（IMF）が算出する購買力平価（PPP）ベースの名目 GDP では2014年以降，中国が米国を上回っている。PPP は米中の物価水準の違いから為替レートを調整したものである。

　では，購買力平価ベースではない GDP 逆転はいつ起きるのだろうか。中華人民共和国は2029年，建国80年を迎える[3]。日中逆転の20年後でもある2029年で逆転するシナリオ（名目 GDP 成長率と為替水準）を算出してみる[4]。米国の名目成長率は２パターン（4.2％，3.3％），中国は３パターン（8.7％，7.0％，6.3％）用意した。

　中国の2014年から2018年までの名目 GDP 成長率は平均8.7％である。これを楽観シナリオにしている。この水準が毎年続くと仮定すると，米国の楽観シナリオ（4.2％）でも，人民元が１ドル＝8.00元のような極端な人民元安にならない限り，2029年までに逆転する。かりに，さらに減速して名目成長率が平均7.0％にとどまっても，米国悲観シナリオ（3.3％）なら，１ドル＝6.50元の水準であれば，2029年までに逆転する。

終　章　経済成長，金融行政，金融政策の展望

中国が悲観シナリオ（6.3%）の場合は，米国悲観シナリオ（3.3%）で，人民元レートが6.00元なら2029年までに逆転する。

繰り返すが名目成長率で比較している。米中逆転は10年程度先の起こりうる経済現象と考えておきたい。

2　中国は高所得経済で，IMF も米中逆転予想

上記の推計は，社会にとって，非常に重要な人口を考慮していない。中国は人口減少国として，猛烈な勢いで日本を追いかけようとしている。人口のピークは国連の2017年人口推計によると，ちょうど建国80周年にあたる2029年である[5]。名目 GDP の米中逆転シナリオの年と重なっている。

国際開発金融機関の世界銀行は，一人あたり国民所得（GNI）[6]で各国を高所得経済，中所得経済などと分類する。2019年に提供される水準は，1万2056ドル以上が高所得経済である。

中国の最も上位の地方政府は，省・自治区・直轄都市（合計31）で構成される。2017年の地方政府別の一人あたり名目 GDP でみると，北から，北京市，天津市，そして江蘇省，上海市，浙江省，福建省の6つが「高所得経済」の水準に達している。

名目 GDP の成長率平均8.7%，1ドル＝7人民元で，国連推計の人口を利用して一人あたり GDP を算出すると，約2万4000ドルになる。2029年の世界銀行の基準が現在より1万ドル上昇しても，中国の一人あたり GDP で示される経済水準は，日本や韓国同様，高所得経済のグループ入りも同時に達成する可能性がある。

公式の目標ではないが，習近平指導部は一人あたり国民所得を2035年ごろには，イタリア（約3万ドル）程度に引き上げたいとの報道がある（『日本経済新聞』2017年10月16日付）。

国際社会との関係では，中国が世界一の GDP になれば，日米が上位を占める IMF や世界銀行の出資問題にも発展する。高所得経済で占められる経済協力開発機構（OECD）加盟など国際経済体制・国際金融システムに与える影響

は大きい。

なお,IMF も,「ショック〔危機〕がない」限り,2030年までに米中の名目GDP は逆転するとの推計を示している。

中国はこれ以降,人口減少を続けながらも,成長を続けるのかという,より困難なステージに入る。同時にインドも世界の経済大国入りをする可能性があり,インドの存在も大きくなる。

第2節　経済社会政策の形成構造

1　5年に1回の党大会と5年間の総合計画

中国で最も重要な会議体は5年に1度の党大会で,党の人事と方針が決まる。その間は,党の中央委員会が毎年開催され,党大会の翌年は,中国の5カ年計画が決まり,翌年3月の全国人民代表大会(全人代)で採択される。5カ年計画は,国家発展改革委員会で草案がまとめられる。同委員会は,国有企業改革をはじめ経済政策立案で,重要な役割を担い,党や国務院の幹部,国有企業改革,科学技術,経済,財政,金融,都市化,国防など,広範囲にわたる5カ年計画が示される。最新は,13次5カ年計画で,2016年から2020年までの5年間である。

5カ年計画には,経済社会発展の数値目標が示される。2001年からの過去4回合計20年間の計画では,第10次が15,第11次が22,第12次が24,第13次が25項目の目標を掲げた。目標とする項目は毎回,かなり入れ替わるが,常にトップに掲げられる目標は GDP(名目 GDP と実質成長率)である。このほか,都市化率,GDP に占める第3次産業の割合などが含まれる。研究開発費の GDP 比なども目標の常連である。13回目の5カ年計画では,労働生産率(万元／人)が新しく加わっている。韓国やシンガポールを除けば,中所得国から先進国入りした国は少ない。「中所得国の罠」として生産性の向上はエコノミストの関心も高い。ただ,名目 GDP や実質成長率を目標にするのであれば,物価目標もセットであるべきだろう。名目 GDP から実質 GDP を算出する係数が

物価指数のGDPデフレーターである。GDP統計の過大論や逆に過小論が出てくるのも，物価，企業倒産件数・負債額などを含めた精緻で体系的な経済分析が不足しているのも原因だろう。

経済社会統計の基本である人口数の目標は過去3回の計画には明示されたが，13回目の計画から消えている。1979年に始まった一人っ子政策や，北京市や上海市など沿岸部の所得水準が上昇し大学進学率も高まり，少子高齢化が懸念されているが，出生率目標も含まれていない。

5カ年計画のトップにGDP目標が来ることは，次に説明する年間の経済政策，さらには中国人民銀行の金融政策の制約にもなっている。中国が決めたGDP目標の達成は，当然ながら中国人民銀行政策にもあてはまる。GDP目標を5カ年計画から外すのも改革の1つだろう。

アジア通貨危機後の積極的な財政政策について，日本の財務省に在籍しながら中国ウォッチを続ける田中修は「日本と比べても中国は政策の慣性が強く，いったんマクロ経済政策の方向を決定してしまうと容易に変更ができない」とし，5カ年計画方式との硬直性とも関連する問題としてきた（田中，2005，9頁）。

なお，13回目の5カ年計画の本文には，影の銀行などで注目される債務・レバレッジの問題が言及されている。過去3回にはなかった。

2　中央経済工作会議：12月に翌年の方針

党や政府の国務院が金融政策を含む経済政策を議論する機会はいくつかある。そのひとつ中央経済工作会議は，党と国務院が12月に，翌年の経済政策運営の基本方針を議論するために開催される。総書記ら党最高指導部に加え，閣僚，地方政府や大手国有企業，軍の幹部らが参加し，経済成長率や物価など経済運営の目標を議論する。具体的な目標値は翌年3月の全人代の政府活動報告で公表する。この会議や全人代にも中国人民銀行は参加している。

李克強首相は13次5カ年計画の3年目にあたる2018年3月の全人代の政府工作報告（政府活動報告）の冒頭で，「13次5カ年計画が実施され，GDPは54兆元から82兆7000億元，平均年間成長率7.1％と増加し，世界経済の割合は

11.4％から約15％に増加し，世界経済の成長に30％以上貢献した」と経済成長を強調する報告をした。統計を確認すると，GDP は2012年と2017年のそれぞれの名目値を使っている。では，平均成長率も同じ期間でみると，名目成長率は8.9％，実質成長率は7.4％である。5 カ年計画の文脈にもかかわらず，6 年間であることに気づき，2012年を除いて計算すると7.1％になっている。聞き手や読み手をミスリードしかねない。

第 3 節　金融政策の有効性

　中国人民銀行の変遷や役割は，本書の序章，第 1 章，第 2 章，第 3 章，第11章で説明されている。改革開放前は人民銀行に金融機能が集約され，財政部門の一部となった時期もある。食料も配給制のため，紙幣やコインがあれば，自由に買い物ができたわけではない。
　中国人民銀行は，中国の中央銀行であり，国務院の指導の下，金融リスクを予防および解決し，金融の安定性を維持するための金融政策を策定し，実行すると規定されている（中国人民銀行法第 2 条）。
　他方，日本銀行は，日本銀行法の第 3 条や第 5 条で「自主性」という表現で独立性が規定されている。
　他方，先進国の中央銀行は独立しており，同時に金融政策決定プロセスの説明責任を負う。金融政策を決める会議日（年 8 回が主流）は事前に公表され，終了後，資料配付と中央銀行総裁会見（動画配信）があり，議事要旨のほか，議事録もいずれ公表される。中国人民銀行の預金準備率や貸出金利・預金金利の基準値の変更より，中国銀行保険監督管理委員会との協力による，銀行に対する「窓口指導」が依然，重要な金融コントロールの政策手段となっている。ただし指導の量的な内容や効果を継続的に把握しにくい。しかも，金利の変更には国務院の承認が必要とされる（田中，2015，27頁）。
　そこで，世界金融危機前後の預金準備率の動きを確認してみる。金融危機の震源地，米国は2007年 9 月，利下げに転じ，中国が金融緩和に転じたのは2008

終　章　経済成長，金融行政，金融政策の展望

年6月だった。米連邦準備理事会（FRB）は米連邦公開市場委員会（FOMC）で政策金利の変更など金融政策を決める。政策金利のフェデラルファンド（FF）金利は，2006年初は4.25％で，それから半年間で4回，1％幅の利上げを実施した。FRBはさらなる利上げは見送るとの見通しを市場に伝えながら，2007年9月18日になって，5.25％から4.75％へと0.50％ポイントと大幅にFF金利を下げた。それから7カ月後の2008年4月末まで合計6回利下げを続け，通常の物価水準を前提とする金融政策では最低水準とみなされる2.0％まで低下させていた。

　他方，中国の預金準備率は2006年初7.5％から同年は3回，2007年は10回，引き上げて14.5％まで上昇していた。2008年も引き締めを続けて，6月25日まで合計6回，引き上げて17.5％とした。結局，引き下げに転じたのは，リーマンショック後の9月25日になってからとなった。これを含めて，年内2カ月間に4回の引き下げを迫られた。国の4兆元経済対策，中央経済工作会議を受けて大きく金融緩和に動いた。

　中国の金融機関や政府系ファンドの中国投資（CIC）は2007年後半から，中東石油産油国とともに，国家開発銀行の英国バークレイズへの出資など欧米金融機関の資本増強に参加している（小原，2009，181-183頁）。

　こうした国際展開から，中国は欧米の金融機関の異変を知ることができる立場になったのではないだろうか。同時に，預金準備率の動きを見る限りは，米国発の金融危機がやがて中国経済にも波及するという，フォワード・ルッキングで，機動的な金融政策とは評価しがたい。

第4節　金融危機は起きるのか

　本書第6章などで，アジア通貨危機の影響を受けた1990年代後半の不良債権とその対応，第7章では，シャドーバンキング（影の銀行）について説明されている。地方政府は2009年から地方政府債券の発行が認められ，その後，発行が恒常化し，2017年，その発行額は国債を超えている（第2章）。

保護主義が目立つ国際貿易とは違い，国際金融では世界金融危機の協力体制が残っていることもあり，今のところ，国際協調の枠組みが機能している。国際金融でも米国の経常赤字，中国などアジアの経常黒字から世界的な資金の不均衡が起き，それが金融市場を不安定化させる要因だという指摘がある（グローバルインバランス）。

　中国は世界の経済・金融大国になったため，世界金融危機直後，世界20カ国から構成されるG20で，金融システムの対象国に組み入れらることで合意している。アジア通貨危機後に生まれた組織で，IMF，国際決済銀行（BIS）など国際組織が金融システムの監視を行う。四大国有商業銀行は世界的な金融システムに重要な銀行（合計30行）として指定され，日本の三大メガバンクも含まれている（IMF, 2017, p.5）。IMFは中国人民銀行，中国銀行保険監督管理委員会などの協力を得ながら調査をし，いくつかの危機シナリオを想定して，銀行経営への影響度をテストして（ストレステスト），2017年末，商業銀行の資本強化を求めた（IMF, 2018）。

　2008年9月，リーマンショックによる世界金融危機で，中国は「4兆元」の大型景気対策を打ち出し，財政・金融政策を大幅に緩和した。2007年の名目GDPの約27兆元と比較すると15％の規模になる。2010年になると，地方政府の地方融資平台の借入残高は約9兆元にのぼり，このうち2割に返済リスクがあると報道された。9兆元は2009年の名目GDPの25％に相当した。

　名目成長率は2002年後半から10％以上の成長で世界金融危機前年の2007年には20％と，中国は高度成長を謳歌していた。それが輸出などを通じて急落し大型景気対策でV字回復した。そこで今度は中国人民銀行などが引き締め政策をとり，地方融資平台，シャドーバンキングなどが中国の「隠れた債務」として知られるようになった。安易な金融機関の支援や救済はモラルハザードの批判も受けかねないため，難しい状況に入ってきた。

　最近の四半期別名目GDPの前期比成長率（名目成長率）をみると，世界金融危機対策の「効果」がわかりやすい。名目GDPは大きく上下しているが，実質成長率は政府目標をやや上回る水準で，直線的でなだらかな下降線である

（2018年7-9月期は6.5％，10-12月期は6.4％で，2019年は6～6.5％に下げた）。

　2018年12月の経済工作会議で金融政策のスタンスを緩和的にすることが確認されると，金融危機を防ぐ対応が一気に具体化していく。中国人民銀行は2018年12月26日のウェブサイトで，国務院の金融安定発展委員会は12月25日，銀行による永久債発行を促すため会合を開いたことを翌26日，中国人民銀行のウェブサイトで明らかにした。永久債は普通の債券より返済の優先順位が低いものの利率が高く，銀行にとっては自己資金を充実させるのが目的である。2019年1月，国有商業銀行のうち，国際業務の比重が高く業績が懸念されていた中国銀行が，400億元規模で永久債（利率は4.5％）を発行した。保険会社など140の投資家が入札に参加し，募集金額の2倍余りの応募があった。永久債発行により中国銀行の Tier 1（基本的項目）の自己資本比率が0.3％ポイント引き上げられる（2019年銀行資本強化）。

　シャドーバンキングなど隠れた債務は帳簿のオフバランスと呼ばれ，金融監督者，会計士，投資家，取引相手，そして銀行内部でも経営実態の把握を不透明にする。この問題への対応は，金利自由化の実施（窓口指導の廃止），完全変動相場制への移行，内外の短期資金移動を円滑にする資金勘定の自由化など改革や，一帯一路プロジェクトへの融資，中国金融機関の海外 M&A など国際化の足取りにも，影響が出かねない。

注
(1) 筆者は2009年から2010年に，日系証券会社の香港子会社に駐在し，海外で初めての株式調査部の認可取得に関わり，初代株式調査部長に就いた。中国系フィンランド人の専任エコノミスト沈建龍氏（ECB 出身）が採用されるまでの間，エコノミストを兼務し経済・市場予想に参加していた。将来予想は確かに不確実だが，投資家や社内の信頼を失えば，ポジションを失うことだろう。エコノミストはアシスタントなどチームに支えられるが，外部メディアでは通常，個人名（一人）が示される。企業担当のアナリストと合わせてチーム（会社別）でも人気投票で評価される。世界的に競う主力投資銀行では，シニアエコノミストは中央銀行，IMF などの経験，債券アナリストは，S&P，ムーディーズなど格付け会社経験が求められることが多い。Institutional Investors（https://www.institutionalinvestor.com/research）はエコノミストらの代表的調査である。
(2) 川島は，中国の優位性は軍事力よりも世界第2位の経済力にあり，まず経済面で世界展開し，その後に政治，軍事が続くとしている（川島，2018）。経済以外では，科学技術のうち，次世代

モバイル通信の5Gも中国が優位な分野で，米中貿易戦争の対象となっている。
(3) 日中の名目GDP逆転は2010年の統計で初めて確認されたが，その後，中国がGDPを上方修正したため，現在では，逆転は2009年となっている。なお，筆者は，2005年に，2010年の名目GDP日中逆転シナリオを算出している。
(4) 米国の名目GDP成長率は2017年までの過去20年間の平均値は4.2％，下位25％で3.3％である。米国の名目GDP成長率についてはこの2つを用いている。中国の名目GDP成長率では，2018年までの過去20年間で低めの実績値を重視した。アジア通貨危機後で不良債権が拡大した1999年の実績が6.3％，これを悲観シナリオとした。2008年以降の最低は7.0％，これを中位シナリオ，過去数年の動きから8.7％を楽観シナリオとした。為替レートは1ドル＝6.0，6.5，7.0の3つのケースを想定した。予想図表はwww.moneyuginza.comで公開予定。
(5) United Nations, 2017。
(6) 厳密には，世界銀行が算出するGNIと中国の名目GDPは同一ではないが，比較のため利用する。2017年，世界銀行は中国の一人あたりGNIを8690ドルとしている。他方，筆者が算出に使用しているのは2017年の一人あたり名目GDPは8768ドルである。
(7) IMFは，アジア通貨危機の後，1999年から金融セクター評価プログラム（Financial Sector Assessment Program, FSSAP）を実施している。日本に対するIMF審査を担当した金融庁職員は「国際機関による世界の経済関係の審査の中で，最大規模の作業」と（神田，2017，54頁）表現している。
(8) IMF, 2018, p.1。2017年の為替レートを使うとしている。だが，それ以外の前提条件は示されていない。
(9) 国務院の中核組織。国家発展改革委員会は，国家計画委員会，国家発展計画委員会を経て，温家宝首相就任時に改組されている。
(10) 資料名は，「中華人民共和国国民経済和社会発展第十三個五年規画概要」2016年3月。13次とは，13回目の5カ年計画という意味である。中文は11次まで「計画」で12次から「規画」となった。しかし和訳は「計画」で統一した。
(11) 中央経済工作会議と全人代の間には，クリスマスや旧暦の正月（春節）を挟むが，12月から2月末は，中国の金融経済分析にとって重要な時期となる。
(12) 市場経済を重視する国では，経済統計を政治目標としないものである。日本の場合，1月に，実質と名目のGDP成長率，消費者物価指数（CPI）などの見通しを発表している。
(13) 政治活動報告では中国語文献と統計でダブルチェックした。中国ウォッチャーは法律・諸規則，新聞報道など中国語文献から一連の政策の流れや変化を見つけ出し，分析を続けている。
(14) 中国人民銀行は2008年9月15日，預金準備の引き下げを決め，16日から貸出基準金利を引き下げた。唐，2011は，マクロ経済政策の決定プロセスに詳しい。
(15) 金融機関の貸出が金融監督当局の規制から外れるほか，預金者に対しては，通常の預金とは別に，高利回りの投資商品「理財商品」を提供することで，資金を集めた。預金金利が消費者物価に比べても相対的に低いことから，人気を呼んだ。2009年の中国訪問で，銀行店舗の外にまで，10％前後の利回りを示した広告を見つけ，将来のトラブル，救済，そして救済によるモラルハザードを懸念した。変動リスクがある理財商品の投資家への影響度を考え，国が銀行などに対して救済を指導すると，金融機関だけではなく投資家にも，リスク管理・回避に対する意識が希薄になる副作用が懸念される。

終　章　経済成長，金融行政，金融政策の展望

引用参考文献
○日本語文献
小原篤次，2013，『政府系ファンド』日本経済新聞出版社。
川島真，2017，「中国バブル不安の実相（下）――中国，非対称な世界観前面に（経済教室）」『日本経済新聞』朝刊，8月3日付，27頁。
神田眞人，2017，「対日金融審査について」『ファイナンス』第53巻6号，54-63頁。
田中修，2005，「中国におけるケインズ的財政政策の政治過程」『信州大学経済学論集』第52号，1-10頁。
田中修，2015，「中国人民銀行の金融政策について（〈特集〉主要国における金融政策の展開）」『CUC view & vision』第39号，26-32頁。
唐成，2011，「中国におけるマクロ経済政策の決定プロセス」佐々木智弘『中国「調和社会」構築の現段階』アジア経済研究所。
永井央紀，2017，「習氏，30年後ビジョン　毛・鄧氏に続く長期目標」『日本経済新聞』朝刊，10月16日付，1頁。
○英語文献
IMF, 2017, Global Financial Stability Report, IMF.
IMF, 2018, People's Republic of China : Staff Report for the 2018 Article IV Consultation, IMF, June 28, pp. 1-95.
United Nations, Department of Economic and Social Affairs, Population Division, 2017, World Population Prospects : The 2017 Revision, custom data acquired via population.un.org（2019年2月14日）。

（小原篤次）

中国の金融統計：歴史，種類，探し方

[1] 中国金融統計の歩み

　改革開放以前，中国の金融は国の財政に付属していたため，中華民国期より発達しはじめた銀行業も計画経済の実施によってモノバンク体制に変容を遂げた。そのため，1980年代まで中国金融に関する公式統計は公表されてこなかった。初めて公式の金融統計が公表されたのは1981年のことである。中国人民銀行は81年に『中国金融』という専門誌に金融統計を公表し始め，翌年に『中華人民共和国金融統計資料』（1981）という公開資料をまとめた。これをきっかけに，『中国金融統計』という出版物が刊行され，中国の金融を研究するには欠かせない統計資料となっている。

　1986年に中国金融出版社より出された『中国金融統計（1979〜85）』は，80年代前半の金融統計をまとめている。翌87年には中国金融学会より中国金融業に関する年次情報をまとめた『中国金融年鑑』も刊行され始め，以降，年次発行となった。これまで公表しなかった改革開放以前の金融統計も88年に再整理が行われ，52年まで遡って金融統計を整理した『中国金融統計（1952〜87）』が刊行された。これまで刊行された『中国金融統計』は6冊，それぞれ『中国金融統計（1979〜85）』，『中国金融統計（1952〜87）』，『中国金融統計（1952〜91）』，『中国金融統計（1952〜96）』，『中国金融統計（1997〜99）』，『中国金融統計（1949〜2005）』（上，下）である。

　1990年代に入ると，上海と深圳証券取引所の設立および業種ごとの金融管理当局である証監会，保監会の設置，さらに関連の学会や協会の設立につれ，『上海証券取引所統計年鑑』や『深圳証券交易所市場統計年鑑』や『中国証券業年鑑』や『中国保険年鑑』などの部門別統計資料が公表されるようになった。そして現在ではインターネットの急速な普及により人民銀行や銀監会などの

ウェブサイトからも容易に金融・銀行統計をみることができる。さらに工商銀行，農業銀行などが自ら銀行統計年鑑を発行する一方，人民銀行が管轄する『金融時報』に年次報告書を公表する銀行や信託・証券会社も少なくない。他には，北京，上海，河北，河南，山東，浙江，湖北，安徽，雲南，甘粛では地域ごとの金融年鑑を刊行し，地域金融市場の動向と関連統計を提供している。

２　中国金融統計の種類と構成

2007年刊行の『中国金融統計（1949～2005）』（中国金融出版社）を例に，中国金融統計の種類と構成を見てみよう。同金融統計は上下２冊で，それぞれ年度別の金融統計と主要指標の時系列データ（月別）を公表している。分厚い上巻は，年度別に貸借収支統計（信貸収支統計），現金収支統計，貨幣統計と国際金融統計から構成される。下巻は貸借収支統計の主要指標の時系列データを月別に公表し，付録に個人消費融資，農業融資と不良債権処理というコラムを設けている。90年代の金融統計では取り上げた金融機関支店統計を取りやめた。

　分量的に最も多く提供しているのは貸借収支統計，いわゆる銀行部門のバランスシートである。また銀行部門の現金収支を重視するのも中国の特徴である。なぜ銀行部門の資金往来を重視するかというと，計画経済体制下で形成された資金の計画的配分に関係する。計画経済では，生産活動および資源配分は市場の価格調整メカニズムによるものでなく，政府の物財バランスに基づいた任務の配分といった形を取っていた。その中で，金融活動も計画に基づく資金配分が中心となり，銀行部門は政府の出納係になった。そのため，資金配分にとって銀行の貸借収支および現金収支が重要になってくる。1952～77年までの長い間，中国の金融統計は，資金の出入りを中心とする統計を行っていた。改革開放以後，信用創造や金融仲介機能を重視するにつれ，資金循環および資産運用の観点からの統計を整備するようになった。

　具体的にみると，貸借収支統計では，金融機関の人民元貸借収支統計，外貨建て貸借収支統計，内外貸借収支統計，預貯金統計（城郷貯蓄預金統計）および地域ごとの預金・貸出金統計を公表し，金融機関の類別に関わる貸借収支統

計を提供している。現金収支統計では，金融機関の現金業務を中心に，国有銀行，他の銀行および都市と農村信用組合などの現金業務統計を公表している。貨幣統計では，M0（現金通貨）からマネーストックのM2（現金通貨と預金）までの貨幣供給量統計を提供する一方，貨幣要覧，銀行要覧および各部門の資産負債表を通じ，中央銀行，預金性金融機関（銀行，信用組合，フィナンシャル・カンパニー等），特定預金性金融機関（信託，リース，政策性銀行等）の準備資産勘定や中央銀行勘定（貨幣当局資産負債表）および預金性金融機関の主要勘定をみることができる。国際金融統計では準備資産としての金，外貨準備および人民元・米ドルの為替レートについて年次統計を提供している。

［3］インターネット資料の調べ方

今日では，速報性のため政府官庁が公開するウェブ情報を利用することが多い。最も重要な情報源は人民銀行のウェブサイトである。同サイトの「調査統計」項目より年度別・四半期別の社会融資規模統計，貨幣統計，金融機関貸借収支統計，金融市場統計および企業商品価格指数がみられる。『中国金融統計』では確認できない社会融資規模統計は，金融セクターから実体経済へ流される資金の規模と構成を示すものであり，大まかな部門間の資金循環をみることができる。金融市場統計では株式市場統計（股票市場統計），債券市場統計，短期金融市場としての銀行間コール市場（銀行間同業拆借交易統計表）と銀行間レポ市場（銀行間質押式回購交易統計表）の取引状況を確認できる。またコールレートやレポ金利と並行して上海銀行間取引金利（Shibor）も公表している。企業商品価格指数はかつての卸売物価指数で，月に3回公表する。

ほかには，人民銀行のウェブサイトより，「報告下載」という項目から関連報告書をダウンロードすることができる。オンラインでみられる報告書は6つある。それらは「金融統計データ報告」，「貨幣政策施行報告」，「中国地域金融市場発展報告」，「金融安定報告」，「中国決済システム発展報告」と「中国アンチ・マネーローンダリング報告」である。「金融統計データ報告」は，「調査統計」で確認できる金融統計以外，貸出金の融資先や貸付会社の融資についても

関連情報を公開している。「貨幣政策施行報告」は，マネーサプライや公開市場操作，預金準備の変動などを比較的詳細にみることができるだけではなく，貸出金利や預金金利，コールレートや債券の利回りに関する解説もあり非常に便利である。「中国地域金融市場発展報告」は「貨幣政策施行報告」の付録として出されたもので，地域金融市場の動向や金融機関統計のみならず，同地域の実体経済・物価・財政についても関連統計を網羅している。「金融安定報告」は，マクロコントロールやプルーデンシャル政策の観点から業種別の金融資産運用状況を詳細に検討し，金融機関の安全性と収益性指標を確認するのに適している。「中国決済システム発展報告」は決済に関わるシステム構築や運行状況について情報を提供し，決済統計を確認するのに不可欠である。「中国アンチ・マネーローンダリング報告」は，字面の通りアンチ・マネーロンダリングをめぐる政策の実施状況と関連制度づくりについて情報を提供している。

　ほかに重要な情報源として，保銀監会と証監会のウェブサイトがあげられる。2018年に新設した保銀監会は以前の銀監会と保監会と同様な統計情報を提供し，銀行業に関する資産・負債統計およびプルーデンシャル規制に求められる銀行経営指標を公表している。2006〜17年までの「中国銀行業監督管理委員会年報」も年次ごとに公開している。また全国に広がる各銀行の支店情報については，金融ライセンスの登録情報を利用して調べることができる。保険業については，月報で「保険統計データ報告」，「保険業経営状況」，「損害保険会社保険料収入状況」，「生命保険会社保険料収入状況」，「年金保険会社保険料収入状況」（四半期別）および「各地域保険料収入状況」を公開している。証監会のウェブサイトでは，証券市場の状況に合わせて「証券市場速報（日報）」，「証券市場月報」，「先物市場週報」，「先物市場月報」および「各地域（出先機関）統計」を公表している。また非上場企業を含む株式公開企業の情報公開システムを運営している。もちろん契約すれば，「Win.d」（萬得），「CEIC」のような商業データベースを利用できる。

（門　闖）

主要用語対訳一覧（日本語・中国語・英語）

日本語	中国語	ピンイン	英　語
ADR	美国存托凭证	měi guó cún tuō píng zhèng	American Depositary Receipt（ADR）
ISIN	国际证券识别码	guó jì zhèng quàn shí bié mǎ	International Securities Identification Number
M&A	合并与收购	hé bìng yǔ shōu gòu	mergers & acquisitions
MOU	备忘录	bèi wàng lù	memorandum of understanding
アクチュアリー	保险精算师	bǎo xiǎn jīng suàn shī	actuary
アジアインフラ投資銀行	亚洲基础设施投资银行	yà zhōu jī chǔ shè shī yín háng	Asian Infrastructure Investment Bank
アドバイザリーサービス	咨询服务	zī xún fú wù	advisory services
アンダーライター	承销商	chéng xiāo shāng	underwriter
アンブレラファンド	伞子基金	sǎn zǐ jī jīn	umbrella fund
イールドカーブ	收益率曲线	shōu yì lǜ qǔ xiàn	yield curve
インフラ	基础设施	jī chǔ shè shī	infrastructure
インフレーション	通货膨胀	tōng huò péng zhàng	inflation
印紙税	印花税	yìng huā shuì	stamp duty
インターバンク市場	银行间市场	yín hang jiān shì chǎng	inter-bank market
営業キャッシュフロー	营业现金流	yíng yè xiàn jīn liú	cash flow from operations
エコノミスト	经济学家	jīng jì xué jiā	economist
オフバランスシート	资产负债表外项目	zī chǎn fù zhài biǎo wài xiàng mù	off-balance sheet

239

海外送金	跨境汇款	kuà jìng huì kuǎn	cross-border remittances
会計士	会计师	kuài jì shī	accountant
会計保守原則	会计稳健性原则	kuài jì wěn jiàn xìng yuán zé	conservatism principle in accounting
格付け機関	评级机构	píng jí jī gòu	rating agency
貸し渋り	信贷紧缩	xìn dài jǐn suō	credit crunch
為替リスク	外汇风险	wài huì fēng xiǎn	foreign exchange risk
株の最大下落幅	跌停板	diē tíng bǎn	downward circuit breaker
株価下落	熊市	xióng shì	bear market
関連会社	关联公司	guān lián gōng sī	affiliated companies
期末残高	期末余额	qī mò yú é	closing balance
キャッシュバランス	现金余额	xiàn jīn yú é	cash balance
キャピタルゲイン	资本收益	zī běn shōu yì	capital gain
金融緩和	货币宽松	huò bì kuān sōng	monetary easing
金融サービス	金融服务	jīn róng fú wù	financial services
金融システム	金融制度	jīn róng zhì dù	financial system
金融引締	货币紧缩	huò bì jǐn suō	monetary tightening
銀行免許	银行牌照	yín háng pái zhào	banking license
銀行持ち株会社	银行控股公司	yín háng kòng gǔ gōng sī	bank holding company
クリアリングハウス	清算所	qīng suàn suǒ	clearing house
クレジットカード	信用卡	xìn yòng kǎ	credit card
現金口座	现金账户	xiàn jīn zhàng hù	cash account
硬貨	硬币	yìng bì	coin
国債先物	国债期货	guó zhài qī huò	treasury bond futures
個人投資家	股民	gǔ mín	individual investor
個人所有制	个体所有制	gè tǐ suǒ yǒu zhì	ownership
コスト管理	成本控制	chéng běn kòng zhì	cost control

主要用語対訳一覧（日本語・中国語・英語）

日本語	中国語	ピンイン	英語
コーポレートガバナンス	公司治理	gōng sī zhì lǐ	corporate governance
コール市場	短期拆放市場	duǎn qī chāi fàng shì chǎng	call loan market
コマーシャルペーパー	商業票据	shāng yè piào jù	commercial paper
裁定取引	套利交易	tào lì jiāo yì	arbitrage
時価総額	市値	shī zhí	market capitalization
自己資本比率	資本充足率	zī běn chōng zú lǜ	capital adequacy ratio
支店	分支機構	fēn zhī jī gǒu	branch
自動車ローン	汽車金融	qì chē jīn róng	auto finance
受益者	受益人	shòu yì rén	beneficiary
消費者保護	消費者保護	xiāo fèi zhě bǎo hù	consumer protection
シンジケートローン	辛迪加貸款	xīn dí jiā dài kuǎn	syndicate loan
信用履歴	信貸記録	xīn dài jī lǜ	credit history
ストックオプション	股票期権	gū piào qī quán	stock option
スマートフォン	智能手機	zhì néng shǒu jī	smartphone
生命保険	人寿保険	rén shòu bǎo xiǎn	life insurance
ゼロクーポン債	零息債券	líng xī zhài quàn	zero coupon bond
増値税	増値税	zēng zhí shuì	value added tax (VAT)
損害保険	財産保険	cái chǎn bǎo xiǎn	casualty insurance
タックスヘブン	避税港	bì shuì gǎng	tax haven
長期投資	長線投資	cháng xiàn tóu zī	long term investment
定額法	直線法	zhí xiàn fǎ	straight-line depreciation
低価法	成本与市価孰低法	chéng běn yǔ shì jià shú dī fǎ	lower of cost or market value method
定率法	定率法	dìng lǜ fǎ	fixed rate method
デフォルトリスク	違約風険	wéi yuē fēng xiǎn	default risk
デフレーション	通貨緊縮	tōng huò jǐn suō	deflation
デューデリジェンス	尽職調査	jìn zhí diào chá	due diligence

店頭市場	柜台交易市场	guì tái jiāo yī shī chǎng	over the counter market
電子商取引	电子商务	diàn zī shāng wù	e-commerce
投資信託	投资基金	tóu zī jī jīn	investment funds
取締役会	董事会	dǒng shì huī	board
取引カレンダー	交易日历	jiāo yì rì lì	trading calendar
年次株主総会	年度股东大会	nián dù gū dōng dà huì	annual general meeting
配当落ち	除息	chú xī	ex-dividend
破産申し立て	破产申请	pò chǎn shēn qǐng	petition of bankruptcy
発行市場	一级市场	yī jí shì chǎng	primary market
反マネーロンダリング	反洗钱	fǎn xǐ qián	anti-money laundering
不当競争	不正当竞争	bù zhèng dàng jìng zhēng	unfair competition
不良債権	不良贷款	bù liáng dài kuǎn	non-performing loans
ヘッジファンド	对冲基金	duì chōng jī jīn	hedge fund
複利	复利	fù lì	compound interest
普通株	普通股	pǔ tōng gǔ	common stockholder equity
プライベートエクイティファンド	私募股权基金	sī mù gǔ quán jī jīn	private equity fund
ビジネスリスク	业务风险	yè wù fēng xiǎn	business risk
ヘッドハンティング	猎头	liè tóu	headhunting
弁護士	律师	lù shī	attorney
返済期日	还款日期	huán kuǎn rì qī	repayment date
ベンチャーキャピタル	创业基金	chuàng yè jī jīn	venture capital
簿価	账面价值	zhàng miàn jià zhí	book value
保険料	保险费	bǎo xiǎn fèi	insurance premium
ボラティリティ	波动性	bō dòng xìng	volatility
無記名債券	无记名债券	wú jì míng zhài quàn	bearer bonds

主要用語対訳一覧（日本語・中国語・英語）

預金保険	存款保险	cún kuǎn bǎo xiǎn	deposit insurance
理財商品	理财产品	lǐ cái chǎn pǐn	wealth-management product
流通株	流通股	liú tōng gū	tradable share
連結財務諸表	合并财务报表	hé bìng cái wù bào biǎo	consolidated financial statement
ロールオーバー	借新还旧	jiè xīn huán jiù	roll over
有価証券報告書	年报	nián bào	annual report

（出所） Hong Kong Exchanges and Clearing, 2018, "HKEX/GLOSSARY" および World Bank, 2008, "English-Chinese glossary of the microfinance terms,"（2018年8月4日閲覧）などより作成。

あとがき

本書の誕生

　本書で説明したように2015年以降，金利規制や預貸率上限75％の規制が撤廃，預金保険が創設され，銀行と保険の金融監督が一体化した。実に大きな制度変化ではあるが，企画段階では，それらを受けた中国金融に関する日本語書籍は皆無に近かった。しかも，中国は世界金融危機後の積極的な経済政策を経て，低成長に入り，不良債権拡大のほか，金融危機さえ懸念されている。2015年以降の一連の制度改革の真価が問われる局面もあるだろう。

　本書企画は2018年5月の連休，門と大阪で骨格をまとめた。小原が2017年秋，「一帯一路」に関する共同研究のため，東南アジアと国境を接する雲南省の雲南大学に在籍していた門に連絡を取ったところから始まる。米中関係の悪化が表面化する2018年初め2度，ワシントンDCを訪問，その後，北京で神宮に協力を依頼し，日中金融協力に関わってきた露口から出版の意義を助言された。同時に門が伊藤，王のほか，中央財経大学金融学院フィンテック学部に参加を呼び掛けた。門が中国の有力大学から学恩のある日本の教壇に立つため，テキストを求めていたのが，直接的きっかけとなった。童の『中国の金融制度』など先行文献を踏まえ，詳細な企画案となった。門は，復旦大学から日本の大学に移った童の経歴とも重なっていた。童はこの分野の先達として，中国金融に関する学会報告で，李や小原の討論者を引き受けていた。李の精力的な研究成果は学会でも注目の的だった。とくに露口，李は2018年度に職場を変わられたばかりながら参加していただいた（敬称略）。

　金融自由化，金融機関の国際展開の進展など，編著者の間でも若干，意見やニュアンスが異なるところがある。その違いも共著の良さだと考えている。中国の金融経済は変化を続けており，願わくは続編で分析を続けたい。

読者の方へ

　現金は最下位，1位はアリペイだった。上海と長崎を往復するクルーズ船客に2017年12月，アンケート調査で，日常生活（中国）で使用する決済方法を2つまでの複数回答で聞いた設問への回答結果である。選択肢には，クレジットカード，銀聯カード，ウィーチャットペイも含まれていた。逆に長崎での使用では現金が2種類のモバイル決済を上回った（小原篤次・瀧田水紀，2019「クルーズ船インバウンド客の決済方法に関する研究」『東アジア評論』第11号）。調査には日本の学生と中国人留学生が各7名参加し，ともに日中間の決済方法の違いを確認した。中国人の団体ビザは2000年，個人ビザは2009年から発給されている。「爆買い」が新語・流行語大賞となったのは2015年である。2019年春に大学・短大入学者で最も若い人は2001年4月1日生まれ。爆買いは中学生で接したニュースで，アップルの iPhone 発売，世界金融危機，日中の GDP 逆転は小学校低学年に起きている。このような世代はすでに中国が巨大な経済であることを前提にし，同級生が中国出身ということも珍しくない。中国出身者が日本の教育機関を経て中国ビジネスに参加することも増えていく。私どもが考える日中の経済関係をさらに多様にしながら深化させてくれることを期待している。

　［謝辞］　編集者の梶谷修氏と，同氏を紹介いただいた相沢幸悦先生に感謝したい。梶谷氏の硬軟あわせもつ激励に導かれた。門は，公益財団法人石井記念証券研究財団の平成30年度研究助成（研究代表者：門闖），小原は，JSPS 科研費 JP18K11821 の助成や，同研究助成（研究代表者：川野祐司）の支援を受けている。

2019年3月

編著者を代表して

小原篤次

索　引

あ　行

RTC（整理回収機構）　109
IMF 8 条国　204
IMF の特別引出権（SDR）　220
アジアインフラ投資銀行（AIIB）　45, 194
アジア金融（通貨）危機　2, 8, 62, 110
アリババ（阿里巴巴）　7, 145, 164, 168, 174, 175
アリババ少額貸付（阿里巴巴少額貸款）　149
アリペイ（支付宝）　7, 8, 145, 164
アントファイナンシャル　151, 174, 175
暗黙の元本保証　136
委外　135
一帯一路　9, 45, 194, 221
一網通　164
インターネット安全法（サイバーセキュリティー法）　157
インターネット金融　7, 8, 143, 147, 155, 162, 164
インターネット＋（プラス）　150
インバウンド観光　9
インフラ投資　196
ウィーチャット（WeChat）　164
ウィーチャットペイ（微信支付）　146
ウォールストリート　169
迂回融資　131
永久債　231
8BT（www.8btc.com）　176
A 株　27, 69, 170
ABS 証券　119
S&L 危機　109
SNS アプリ　164
億邦科技（Ebang）　175
M&A　182

追い貸しゲーム　108
OKcoin　175
オフショア　197
オフバランスの取引　131
オペレーションリスク　190
温州銀行　58
温州金融改革　58
温州民商銀行　58

か　行

海外送金　182
海外展開（走出去）　181
海外投資　181
改革開放　1, 3, 55, 63
外貨集中制　203
開発性金融　76
華夏証券　43
隠れた債務　230
影の銀行　→シャドーバンキング
貸付会社　40
華潤集団　63
過剰債務　108
科大　168
嘉楠耘智（Canaan）　175
株式制商業銀行　38, 56, 62, 64, 112, 163
貨幣政策委員会　32, 33
貨幣仲介会社　42
火幣網（Huobi）　175
花唄　151
為替管理（制度）　184, 203
為替デリバティブ　199
為替取引　199
華融資産管理会社（華融 AMC）　41, 42, 113, 116, 117

華融湘江銀行　117
間接金融　1, 3, 4, 110
監督管理方法　78
広東発展銀行　59
機関投資家　224
期間ミスマッチ　133
基金管理会社　122, 126
基金子会社　127
徽商銀行　62
規制アービトラージ　133, 136
規制回避　132, 136
機能別規制　159
貴陽銀行　62
基本建設投資　57
銀監会　→中国銀行業監督管理委員会
銀監局　56
銀行間市場決済株式会社　45
銀行管理暫定条例　60
銀行業監督管理法　56, 60
銀行資本強化（2019年）　223
銀行預貸基準金利　34, 35
金条　151
銀信合作（銀行・信託会社の協力）　131
京東　150
京東金融　150
銀保監会　→中国銀行保険監督管理委員会
金本位制　13
金融安定発展委員会　231
金融改革　6, 56, 57, 138, 146
金融監督　6
金融機関の資産管理業務の規制化に関する指導意見（2018年4月27日）　136
金融行政　6, 56
金融許可証制度　56
『金融研究』　110
金融コングロマリット　6, 8, 62
金融債発行　78
金融資産管理会社（AMC）　6, 8, 41, 106, 109-112, 114-120

金融資産管理会社条例　111-114, 116
金融深化　1, 2
金融包摂　9, 64, 159
金融抑圧　3
金融抑制　4
金利自由化　138, 159
クオンツ（運用）　169, 170
クラマイ商業銀行　63
クリアリング銀行　208, 209, 215, 221
クローズ・システム　81
グローバルインバランス　230
クロスボーダー人民元決済システム（CIPS）　207, 215, 221
クロスボーダー取引　9, 186
経済特区　57
決済銀行　208
建元　114
建信金融資産投資有限公司　119
公開市場操作　32, 35, 36
興業銀行　168, 169
興業証券　171
工業情報省　176
杭州銀行　62
剛性兌付　134
江蘇銀行　62
光大集団　61
交通銀行　37, 41, 44, 60, 119, 163
コーポレートガバナンス　96, 114
国際競争力　183
国際決済　182
国泰君安証券　171
国泰証券　43
国務院　33, 56, 57, 59, 60, 118, 176
国務院証券委員会　43
国有大型商業銀行　2
国有企業　90
国有商業銀行　1, 2, 6, 9, 18, 37, 56, 58, 59, 61-64, 109-112, 115, 116
国有専業銀行　10, 59, 60

248

個人情報保護　157
国家外貨管理局　98
国家開発銀行　40, 49, 111
国家経済貿易委員会（経貿委）　115
国家資本主義　92
国家電網　61
国家発展改革委員会　119
湖北銀行　62
コルレスバンク　198
混業経営（ユニバーサルバンキング）　61
金色財経　176
崑崙銀行　63

さ　行

債権整理支持証券　114
最後の貸し手　55
財務省　112, 114, 115, 117, 118
雑種幣制　13, 14
サプライチェーンファイナンス（金融）　150, 165, 166
310モデル　149
参加銀行　208
三角債　22
産業貿易政策　74
三農金融事業部制　85
三農問題（農民・農村・農業）　8
GDPデフレーター　227
G20　230
資金（金銭）信託　124
資金調達　79
資金の流用　80
資金プーリング　133
自己資本利益率（ROE）　188
資産運用商品（財テク）　8
資産管理（アセットマネジメント）　122
資産管理商品　122
資産証券化　113, 115
資産証券化商品（ABS）　149
資産担保証券　49, 119

資産負債総合管理　60
四川儀隴恵民村鎮銀行　63
自動車金融会社　42
私募証券投資基金　128
資本流出　217, 219
借唄　151
SHIBOR（シャイボー）　34
シャドーバンキング（影の銀行）　8, 124, 130
上海華瑞銀行　58
上海外為取引センター　46, 47
上海銀行　62
上海銀行間取引金利　→SHIBOR
上海証券取引所　20, 45, 69, 162
上海浦東銀行　59
上海・香港ストックコネクト　5, 8, 211
重慶銀行　62
自由貿易区　59
自由貿易試験区　59, 210
珠海華潤銀行　63
珠海市商業銀行　62
少額貸付会社　46, 63, 64
商業銀行　123
商業銀行法　41, 43, 56, 60
証券会社　125
証券投資基金法（2013年6月）　127
証券投資基金管理会社　43
証券投資コンサルタント会社　44
証券取引所　15
証券法　41
招商局集団　61
招商銀行　59, 60, 119, 164
消費金融会社　42
情報の非対称性　224
シルクロードファンド（SRF）　45, 194
新型農村金融機関　39, 40, 86
信元　114
人工知能（AI）　9, 160, 163-165, 167, 168, 170-172
深圳・香港ストックコネクト　211

249

深圳証券取引所 20,45
深圳都市合作銀行 60
深圳発展銀行 59
深圳前海微衆銀行 58
信託会社 124
信託会社管理弁法 124
信託法 41
信達 AMC(信達資産管理会社) 41,114,115,
　117
訊飛 168
芝麻信用 151
人民元建て海外適格機関投資家制度(RQFII)
　90,210,211,216
人民元の国際化 7,9,10,57,184
信用組合 63
信用保証状 197
スウィフト(SWIFT) 219
ストック・コネクト 90
ストレステスト 230
スマート決済 164,168
スマート交通 168,169
スマートシティ 168
正規金融機関 84
政策性銀行 20,36,59,72,77,194,195
生損保分離 66
政府系金融機関 195
世界金融危機 3,9,33-35,116,169,183
世界貿易機関(WTO) 2,183
浙江網商銀行 58,150
設立根拠法 78
銭荘 14
全国社会保障基金 45
全国人民代表大会(全人大) 60,226
創業板 91
総資産利益率(ROA) 188
蘇寧金融 153
蘇寧グループ 153
ソフトな予算制約 107
村鎮銀行 40,63,64,85,163

ゾンビ企業 108

た　行

第三者決済 145
対外経済貿易合作省(商務省) 112
太平洋保険公司 19,44,65
代理勘定 208
代理銀行 208
タオバオ(淘宝) 145
大連銀行 117
担保 88
地方政府系投融資機関(投融資平台) 118,131
地方版 AMC 118-120
チャネル(通道)業務 132
中央匯金公司 49,93
中央経済工作会議 227
中央銀行総裁会見 228
中央国債登記決済有限公司 45
中原銀行 62
中国科学アカデミー 166
中国銀行 7,23,37,41,119
中国銀行業監督管理委員会(銀監会) 42,55,
　59,61,64,106,110,114,117,123,163
中国銀行保険監督管理委員会(銀保監会) 32,
　55,56,163
中国銀聯 145
中国建設銀行 2,7,23,37,41,117,119
中国工商銀行 7,23,31,37,41,43,59,93,113,
　116,119,163,164
中国国際信託投資会社(CITIC) 41
中国証券監督管理委員会(証監会) 32,43,55,
　98,112,163
中国証券登記決済有限公司 46
中国人民銀行 1,3,17,18,31-33,35-37,42,43,
　46,48,55-60,106,110,112,115-117,119,
　163,177
中国人民銀行法 32
中国人民保険公司(PICC) 17,44,64
中国石油 63

索　引

中国煙草　61
中国鉄道会社　49
中国電子標準化研究所　177
中国電信　168
中国農業銀行　2, 7, 23, 37, 41, 117
中国農業発展銀行　40, 49, 83
中国ビットコイン（CHBTC）　175
中国保険監督管理委員会（保監会）　55, 59, 61, 117, 163
中国郵政貯蓄銀行　40
中国輸出入銀行　40, 49
中所得国の罠　226
中信集団　61
中信信託　113
中泰証券　171
長城華西銀行　117
長城資産管理会社（長城 AMC）　41, 116, 117
直接交換取引（円・人民元）　213, 214, 221
通貨スワップ協定　185, 214
手形法　48
適格投資家　124
デジタル通貨　172, 174–177
TechFin　154
デット・エクイティ・スワップ（DES）　109, 111–115, 118, 119
天弘基金管理会社　148
電子商取引　7, 143
天津金城銀行　58
テンセント　146, 164, 167, 168, 175
天猫（Tモール）　149
東元　114
動産担保融資　150
鄧小平　17, 41, 162
投資連結保険　67
東方資産管理会社（東方 AMC）　41, 114, 116, 117
都市商業銀行　39, 61–64, 112, 118, 163
都市信用組合　39, 63
都市投資債券　118

な　行

南巡講話（南方講話）　20, 60
南充市商業銀行　63
南方証券　43
南洋商業銀行　117
日中金融協力　212
人間開発指数　93
ネット預金　164
農家経営請負制　68
農業・農村基盤整備融資　79
農業・農村融資残高　86
農業経営体　84
農業産業化促進融資　82
農業生産請負制度　39
農金圏　166
農産品安定化融資　79
農村協同組合銀行　39
農村金融改革（2003年以降）　84
農村金融機関　6
農村資金互助会　40
農村商業銀行　39, 40, 63, 118, 163
農村信用組合　39, 40, 63
農地経営権　88

は　行

パートナーシップ　198
バイドゥ（百度）　153, 168
螞蟻金融雲　154
白条（問題）　75, 151
拍拍貸（Ppdai）　164
バスケット通貨　216
パターナリズム　107
撥改貸　57
バンクアシュアランス（銀行保険）　67
パンダ証券　49
PEファンド　135
P2P　152
B株　27, 69

251

比較金融システム　4
非企業組織　87
徴衆銀行　165,167
ビッグデータ　9,147,160,165-169,200
ビットコイナー　174
ビットコイン　172,173
比特大陸（Bitmain）　175
非標準化債権資産　135
百業源　164
票号　14
非流通株　24
ファーウェイ（華為）　168
ファクタリング（売掛債権回収）　150
ファンドオブファンド（FOF）　135
フィンテック（FinTech）　5,7,8,154,161,163-165,168,200
フォワード・ルッキング　224
福建興業銀行　59
プラットフォーム企業BAT　200
不良債権　22,88,189
ブルームヴバーグ　224
ブロックチェーン（分散型台帳技術）　9,154,160,165,172,174-177
平安銀行　44
平安証券　44
平安信託　44
平安保険　19,44,59,61,65
平安保険集団　44,169
ペトロチャイナ　94
ベンチャー企業　90
報道の自由指数　93
宝武鋼鉄　61
保険会社　129
保険企業管理暫定条例　64
保険資産管理会社　129
保険法　44

保護主義　198
浦東新区　59
香港株式市場　40
香港上海銀行　15
ポンジースキーム　134
ボンドコネクト　212
紅包　164

ま・や・ら　行

馬雲　145,146
マイニングプール　172
マッキノン　97
窓口指導　228
マネーロンダリング　7,177,189
マネーマーケットファンド　164
名目GDP　223
網聯　157
モノバンンク（体制）　1,3
モバイル決済　7-9,145,168
モラルハザード　230
優信　167
融資　80-82
預金準備金制度　35
予算法　49
預貸差額管理　57
余額宝　147,164
4G　147
四大国有商業銀行　119,188
「4兆元」の大型景気対策　131
理財（資産運用）　123,132
利差配当付保険　67
リスク管理　190
立業　164
量的緩和（QE）　33
レバレッジ率　136
ロイター　224

執筆者紹介

(＊は編者，執筆分担，執筆順)

＊小原 篤次（おはら　あつじ）はしがき，序章（共同執筆），第5章，終章，あとがき
　　同志社大学法学部卒業，国立フィリピン大学大学院（MA）修了。米国経済学会会員
　　新光証券（現みずほ証券）で，人民元改革，GDPの日中逆転などの予想を担当
　　現　在　長崎県立大学国際社会学部准教授
　　主　著　『政府系ファンド』日本経済新聞出版社，2009年
　　　　　　『東アジアのグローバル化と地域統合』（編者）ミネルヴァ書房，2007年

＊神宮　健（じんぐう　たけし）第7章，第8章
　　早稲田大学政治経済学部卒業，米国 University of California Los Angeles (UCLA) Anderson Graduate School of Management, MBA
　　現　在　野村総合研究所　金融イノベーション研究部上席研究員
　　主　著　『中国証券市場大全』（共著）日本経済新聞出版社，2007年
　　　　　　"Private Equity in China," *The Oxford Handbook of PRIVATE EQUITY*, Oxford University Press，2012年

＊伊藤　博（いとう　ひろし）第1章，第3章3，4節
　　東京海上日動火災保険勤務を経て，東京大学研究員
　　現　在　中国コンサルタント（博士　学術：東京大学）
　　主　著　『中国保険業における開放と改革』御茶の水書房，2015年
　　　　　　『資料集：日中経済知識交流会』東京大学社会科学研究所，2020年

＊門　闖（Men Chuang）序章（共同執筆），第3章1，2節，第6章，第9章翻訳，「中国の金融統計」
　　東京大学大学院経済学研究科博士課程単位取得退学
　　現　在　大阪産業大学経済学部教授（博士　経済学：東京大学）
　　主　著　『中国都市商業銀行の成立と経営』日本経済評論社，2011年

　童　適平（Tong Shiping）第2章
　　(中国)復旦大学大学院経済研究科博士課程修了。(中国)復旦大学経済学院講師，副教授，松山大学経済学部特任教授，明治大学法学部特任教授を経て
　　現　在　独協大学経済学部教授（博士　経済学：復旦大学）
　　主　著　『中国金融制度』勁草書房，2013年
　　　　　　『中央銀行論』(中国)復旦大学出版社，2003年

王　雷軒（Wang Leixuan）第4章
東京大学大学院農学生命科学研究科博士後期課程単位取得退学
現　在　（株）農林中金総合研究所調査第二部主事研究員
主　著　「中国の農村信用社の組織再編成と農業融資」『農林金融』2017年4月号
「農村部の資金需要と農村金融の構造」田島俊雄・池上彰英編『WTO体制下の中国農業・農村問題』東京大学出版会，2017年

戴　　 華（Dai Wei）第9章1，3，4節（共同執筆）
(中国)清華大学大学院数学科学研究科博士課程修了
現　在　(中国)中央財経大学金融学院フィンテック学部学部長・准教授（博士 理学：清華大学）
主　著　(単著) "Quadratic Entropy of Uncertain Variables," *Soft Computing*, Vol.22, No.17, 5699-5706.
(共著) "Entropy of function of uncertain variables," *Mathematical and Computer Modelling*, Vol.55, No. Ⅲ-4, 754-760.
(共著) "Maximum Entropy Principle for Uncertain Variables," *International Journal of Fuzzy Systems*, Vol. 13, No. 3, 232-236.

彭　俞超（Peng Yuchao）第9章第2，4節（共同執筆）
(中国)中央財経大学大学院金融学研究科博士課程修了
現　在　(中国)中央財経大学金融学院フィンテック学部副教授（博士 金融学：中央財経大学）
主　著　「房地産投資與金融效率」『金融研究』2018年第8号
「結構性貨幣政策，産業結構昇級與経済穏定」(共著)『経済研究』2016年第7号
「企業脱実向虚與金融市場穏定」(共著)『経済研究』2018年第10号

李　立栄（Li Lirong）第10章
早稲田大学大学院アジア太平洋研究科修士課程・博士後期課程修了
日本総合研究所主任研究員，野村資本市場研究所主任研究員を経て
現　在　京都先端科学大学経済経営学部准教授（博士 学術：早稲田大学）
主　著　『変貌する金融と証券業』（共著）日本証券経済研究所，2018年
『パーソナルファイナンス研究の新しい地平』（共著）文眞堂，2017年

露口洋介（つゆぐち　ようすけ）第11章
東京大学法学部卒業，日本銀行初代北京事務所長などを経て2018年4月から現職
現　在　帝京大学経済学部教授
主　著　「人民元の国際化」『中国対外経済戦略のリアリティー』（共著）麗澤大学出版会，2017年
「中国人民元の国際化と東京市場の活性化」『經濟學論纂』第59巻第3・4合併号（中條誠一教授古希記念論文集），中央大学経済学研究会，2019年

中国の金融経済を学ぶ
――加速するモバイル決済と国際化する人民元――

2019年 6 月20日	初版第 1 刷発行	〈検印省略〉
2020年 9 月 1 日	初版第 2 刷発行	

定価はカバーに表示しています

編著者：小原篤次・神宮健・伊藤博・門闖

発行者　杉田啓三
印刷者　坂本喜杏

発行所　株式会社　ミネルヴァ書房
607-8494 京都市山科区日ノ岡堤谷町 1
電話代表　(075)581-5191
振替口座　01020-0-8076

© 小原・神宮・伊藤・門ほか, 2019　冨山房インターナショナル・清水製本

ISBN 978-4-623-08565-1
Printed in Japan

現代中国経済論［第2版］
――――――――梶谷 懐／藤井大輔 編著　Ａ5判　336頁　本体3200円

中国の現状を平易な文章で多角的に解説する入門書。「一帯一路」などの最新トピックを盛り込んだ第2版。

アジア経営論
――――――――――――陳　晋 著　Ａ5判　274頁　本体2800円

●ダイナミックな市場環境と企業戦略　各国主要企業の発展形態と躍進する現状を詳解し，今後のアジアの市場構造と企業経営の展開を捉える。

現代アジアの企業経営
――――――――中川涼司／高久保 豊 編著　Ａ5判　292頁　本体3200円

●多様化するビジネスモデルの実態　国別の視点と職能別の視点というマトリックス的な視座から経済発展を支える各国企業の実態を的確に捉え，理解を深める一冊。

世界を翻弄し続ける中国の狙いは何か
―――――――――――濱本良一 著　4-6判　464頁　本体4500円

●二〇一四～二〇一五年　一極支配体制へと変貌した共産党政権。「新常態（ニューノーマル）」の時代にはいった中国と世界情勢の変化をたどる。

中国がつくる国際秩序
――――――――――――中園和仁 編著　Ａ5判　272頁　本体3000円

中国は現在の国際秩序の中でどのような外交を展開していくのか。国際政治史のなかで中国を位置づけ中国外交を理解する。

文化大革命の真実　天津大動乱
――王　輝 著・橋爪大三郎／張　静華 監修・中路陽子 訳　4-6判　728頁　本体4800円

元・天津市幹部であり社会学者の著者が，文化大革命の「通説」を塗り替える指摘に加え，天津市政府や党委員会に対する攻撃や奪権のプロセスなど，その凄まじさを克明に描く。

―――― ミネルヴァ書房 ――――

http://www.minervashobo.co.jp/